故宫

博物院藏文物珍品全集

故宮博物院藏文物珍品全集

四王吳惲繪畫

繪畫

主編：蕭燕翼

商務印書館

四王吳惲繪畫

Paintings by Wang Shimin, Wang Jian, Wang Hui,
Wang Yuanqi, Wu Li and Yun Shouping

故宮博物院藏文物珍品全集

The Complete Collection of Treasures
of the Palace Museum

主　　編 …………… 蕭燕翼

副 主 編 …………… 傅紅展

編　　委 …………… 文金祥　張　彬　婁　偉

攝　　影 …………… 馮　輝　劉志崗　趙　山

出 版 人 …………… 陳萬雄

編輯顧問 …………… 吳　空

責任編輯 …………… 陳　杰

裝幀設計 …………… 三易設計有限公司

出　　版 …………… 商務印書館（香港）有限公司
　　　　　　　　　　　香港筲箕灣耀興道 3 號東滙廣場 8 樓
　　　　　　　　　　　http://www.commercialpress.com.hk

發　　行 …………… 香港聯合書刊物流有限公司
　　　　　　　　　　　香港新界大埔汀麗路 36 號中華商務印刷大廈 3 字樓

製　　版 …………… 昌明製作公司
　　　　　　　　　　　香港北角英皇道 430 號新都城大廈 C 座 536 室

印　　刷 …………… 中華商務彩色印刷有限公司
　　　　　　　　　　　香港新界大埔汀麗路 36 號中華商務印刷大廈

版　　次 …………… 2009 年 12 月第 2 次印刷
　　　　　　　　　　　© 商務印書館（香港）有限公司
　　　　　　　　　　　ISBN 978 962 07 5205 6

All inquiries should be directed to:
The Commercial Press (Hong Kong) Ltd.
8/F., Eastern Central Plaza, 3 Yiu Hing Road, Shau Kei Wan, Hong Kong.

故宮博物院藏文物珍品全集

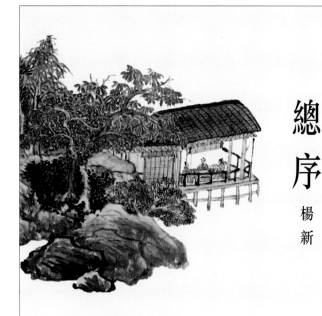

總序

楊新

故宮博物院是在明、清兩代皇宮的基礎上建立起來的國家博物館,位於北京市中心,佔地72萬平方米,收藏文物近百萬件。

公元1406年,明代永樂皇帝朱棣下詔將北平升為北京,翌年即在元代舊宮的基址上,開始大規模營造新的宮殿。公元1420年宮殿落成,稱紫禁城,正式遷都北京。公元1644年,清王朝取代明帝國統治,仍建都北京、居住在紫禁城內。按古老的禮制,紫禁城內分前朝、後寢兩大部分。前朝包括太和、中和、保和三大殿,輔以文華、武英兩殿。後寢包括乾清、交泰、坤寧三宮及東、西六宮等,總稱內廷。明、清兩代,從永樂皇帝朱棣至末代皇帝溥儀,共有24位皇帝及其后妃都居住在這裏。1911年孫中山領導的"辛亥革命",推翻了清王朝統治,結束了兩千餘年的封建帝制。1914年,北洋政府將瀋陽故宮和承德避暑山莊的部分文物移來,在紫禁城內前朝部分成立古物陳列所。1924年,溥儀被逐出內廷,紫禁城後半部分於1925年建成故宮博物院。

歷代以來,皇帝們都自稱為"天子"。"普天之下,莫非王土;率土之濱,莫非王臣"(《詩經·小雅·北山》),他們把全國的土地和人民視作自己的財產。因此在宮廷內,不但匯集了從全國各地進貢來的各種歷史文化藝術精品和奇珍異寶,而且也集中了全國最優秀的藝術家和匠師,創造新的文化藝術品。中間雖屢經改朝換代,宮廷中的收藏損失無法估計,但是,由於中國的國土遼闊,歷史悠久,人民富於創造,文物散而復聚。清代繼承明代宮廷遺產,到乾隆時期,宮廷中收藏之富,超過了以往任何時代。到清代末年,英、法聯軍、八國聯軍兩度侵入北京,橫燒劫掠,文物損失散佚殆不少。溥儀居內廷時,以賞賜、送禮等名義將文物盜出宮外,手下人亦效其尤,至1923年中正殿大火,清宮文物再次遭到嚴重損失。儘管如此,清宮的收藏仍然可觀。在故宮博物院籌備建立時,由"辦理清室善後委員會"對其所藏進行了清點，事竣後整理刊印出《故宮物品點查報告》共六編28冊，計有文物117萬餘件（套）。1947年底，古物陳列所併入故宮博物院，其文物同時亦歸故宮博物院收藏管理。

二次大戰期間，為了保護故宮文物不至遭到日本侵略者的掠奪和戰火的毀滅，故宮博物院從大量的藏品中檢選出器物、書畫、圖書、檔案共計13,427箱又64包，分五批運至上海和南京，後又輾轉流散到川、黔各地。抗日戰爭勝利以後，文物復又運回南京。隨着國內政治形勢的變化，在南京的文物又有2,972箱於1948年底至1949年被運往台灣，50年代南京文物大部分運返北京，尚有2,211箱至今仍存放在故宮博物院於南京建造的庫房中。

中華人民共和國成立以後，故宮博物院的體制有所變化，根據當時上級的有關指令，原宮廷中收藏圖書中的一部分，被調撥到北京圖書館，而檔案文獻，則另成立了"中國第一歷史檔案館"負責收藏保管。

50至60年代，故宮博物院對北京本院的文物重新進行了清理核對，按新的觀念，把過去劃分"器物"和書畫類的才被編入文物的範疇，凡屬於清宮舊藏的，均給予"故"字編號，計有711,338件，其中從過去未被登記的"物品"堆中發現1,200餘件。作為國家最大博物館，故宮博物院肩負有蒐藏保護流散在社會上珍貴文物的責任。1949年以後，通過收購、調撥、交換和接受捐贈等渠道以豐富館藏。凡屬新入藏的，均給予"新"字編號，截至1994年底，計有222,920件。

這近百萬件文物，蘊藏着中華民族文化藝術極其豐富的史料。其遠自原始社會、商、周、秦、漢，經魏、晉、南北朝、隋、唐，歷五代兩宋、元、明，而至於清代和近世。歷朝歷代，均有佳品，從未有間斷。其文物品類，一應俱有，有青銅、玉器、陶瓷、碑刻造像、法書名畫、印璽、漆器、琺瑯、絲織刺繡、竹木牙骨雕刻、金銀器皿、文房珍玩、鐘錶、珠翠首飾、家具以及其他歷史文物等等。每一品種，又自成歷史系列。可以説這是一座巨大的東方文化藝術寶庫，不但集中反映了中華民族數千年文化藝術的歷史發展，凝聚着中國人民巨大的精神力量，同時它也是人類文明進步不可缺少的組成元素。

開發這座寶庫，弘揚民族文化傳統，為社會提供了解和研究這一傳統的可信史料，是故宮博物院的重要任務之一。過去我院曾經通過編輯出版各種圖書、畫冊、刊物，為提供這方面資料作了不少工作，在社會上產生了廣泛的影響，對於推動各科學術的深入研究起到了良好的作用。但是，一種全面而系統地介紹故宮文物以一窺全豹的出版物，由於種種原因，尚未來得及進行。今天，隨着社會的物質生活的提高，和中外文化交流的頻繁往來，無論是中國還是西方，人們越來越多地注意到故宮。學者專家們，無論是專門研究中國的文化歷史，還是從事於東、西方文化的對比研究，也都希望從故宮的藏品中發掘資料，以探索人類文明發展奧秘。因此，我們決定與香港商務印書館共同努力，合作出版一套全面系統地反映故宮文物收藏的大型圖冊。

要想無一遺漏將近百萬件文物全都出版，我想在近數十年內是不可能的。因此我們在考慮到社會需要的同時，不能不採取精選的辦法，百裏挑一，將那些最具典型和代表性的文物集中起來，約有一萬二千餘件，分成六十卷出版，故名《故宮博物院藏文物珍品全集》。這需要八至十年時間才能完成，可以説是一項跨世紀的工程。六十卷的體例，我們採取按文物分類的方法進行編排，但是不囿於這一方法。例如其中一些與宮廷歷史、典章制度及日常生活有直接關係的文物，則採用特定主題的編輯方法。這部分是最具有宮廷特色的文物，以往常被人們所忽視，而在學術研究深入發展的今天，卻越來越顯示出其重要歷史價值。另外，對某一類數量較多的文物，例如繪畫和陶瓷，則採用每一卷或幾卷具有相對獨立和完整的編排方法，以便於讀者的需要和選購。

如此浩大的工程，其任務是艱巨的。為此我們動員了全院的文物研究者一道工作。由院內老一輩專家和聘請院外若干著名學者為顧問作指導，使這套大型圖冊的科學性、資料性和觀賞性相結合得盡可能地完善完美。但是，由於我們的力量有限，主要任務由中、青年人承擔，其中的錯誤和不足在所難免，因此當我們剛剛開始進行這一工作時，誠懇地希望得到各方面的批評指正和建設性意見，使以後的各卷，能達到更理想之目的。

感謝香港商務印書館的忠誠合作！感謝所有支持和鼓勵我們進行這一事業的人們！

1995年8月30日於燈下

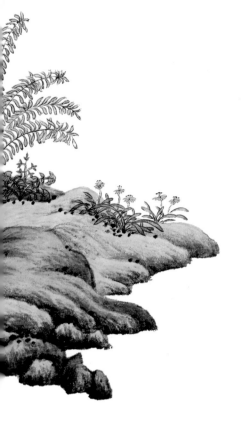

目錄

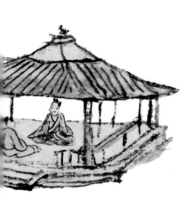

文物目錄

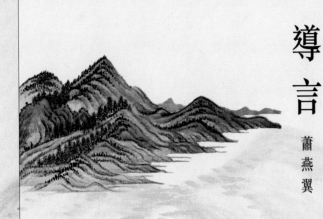

導言

蕭燕翼

"四王吳惲"，即王時敏、王鑑、王翬、王原祁、吳歷、惲壽平六位清初畫家的合稱，畫史上稱為"清六家"。他們的繪畫曾被認為是清代畫史上的"正統派"。具體細分，其中包括"山水正宗"與"寫生正派"。也就是文人畫濫觴以來最主要的繪畫兩科。所謂的"山水正宗"，是指最先為王時敏、王鑑所開，繼為王原祁所成的山水畫宗法，畫史稱為"婁東派"。又有王翬創造的另一種山水畫宗法，即"虞山派"。"寫生正派"則是指惲壽平師法北宋徐崇嗣沒骨花卉而別開生面的花卉畫，畫史又稱"常州派"。至於吳歷的繪畫雖然另樹一幟，然早年曾師從王時敏、王鑑，並與王翬等人有交往，在藝術創作宗旨及表現特點上亦與他們有淵源關係，故畫史中將其與另五家並而稱之。

正因"四王吳惲"繪畫的正統派地位，他們的作品一直是清代朝野人士收藏的重點。其中由於王翬、王原祁曾參與過《康熙南巡圖》、《康熙萬壽慶典圖》的創製活動，王原祁又曾長期擔任康熙皇帝的藝術侍臣，因此清宮內府收藏二者作品尤多。僅據《石渠寶笈》＜初編＞、＜續編＞、＜三編＞的著錄，除吳歷因經歷特殊而只收錄其三件作品外，其他五家之作收錄達286件，成為原清宮所藏名畫的重要組成部分。現在這些作品大部分被移運到台北故宮博物院。但北京故宮博物院在近半個世紀間在大陸重新蒐集了相當作品，尤其是吳歷的作品所獲頗豐，因此仍能充分展示清六家的藝術特色。

由於"四王吳惲"，特別是四王山水畫在畫史上的正統地位，從學者甚眾，出現了習弊叢生的歷史現象。對此現象畫史上也曾一直爭論不休。近代"五四"新文化運動又將"王畫"作為批判舊學的對象。畫壇對六家的褒貶、爭論長達三百餘年之久。近些年來，美術史學界又予以多方面的系統研究，力圖從今天的角度對這一不能迴避的歷史現象有新的認識，至今仍方興未艾。可以斷定，古今學者、藝術家們的研究、鑑賞，無論作出何等議論，必先築基於對這些古代畫家的作品研究，亦必注目於北京故宮博物院的藏品。因此囊括北京故宮所藏清六家全部精品的《四王吳惲繪畫》畫集，必能對這一部分畫史的研究產生積極而重要的影響。所收六家一百餘件作品，為方便讀者檢閱，先按六家序列分別集中，然後在各家作品中，以作品所著年款先後序列，沒有紀年的作品，尚能考出作品的大致創作時間，則依然按所考時間序列，不能確定時間的作品，統一序列在最後。下面對這一畫史現象簡略地做一綜合性的述評。

"四王吳惲"名目的歷史沿革

"四王吳惲"這一名目，較為集中而明確地出現於清中、後期的諸畫史叢輯中。如秦祖永的《桐陰論畫》、范璣的《過雲廬畫論》、李修易的《小蓬萊閣畫鑑》等。在此之前，曾有過一段演化、形成過程，之後才逐漸被確定下來。了解其名目的歷史沿革，對於我們認識這一現象的歷史內涵、六家的繪畫特色及在畫史上的作用等，都有重要的啟示。

清六家做為清代早期的畫史現象，從清順治元年（1644）算起，至六家最後一位吳歷的卒年，即康熙五十七年戊戌（1718），這中間已歷七十四年。以他們之間的關係，倘不計王鑑以子姪輩謙居王時敏之後，將他們視為一代人，王翬、吳歷則是他們的學生，王原祁是王時敏之孫，那麼六家之間已是三代人的關係了。明末清初吳偉業撰"畫中九友歌"，王時敏、王鑑與董其昌諸人並為"畫中九友"中人物。入清後，王時敏、王鑑的畫名很自然地見稱於社會名流間，被並稱"二王"。茲後，王翬見識於王鑑、王時敏而被二人不遺餘力地予以獎攜，王翬於是很快就得到了文壇、藝壇名流的讚譽，如曹溶、吳偉業稱："石谷（王翬），畫聖也"。因此，王翬最先得以與"二王"並名。清初著名詩人王士禎《居易錄》中記王翬，"畫與太倉王太常時敏、王廉州鑑齊名，江左稱'三王'。"其他三人中，吳歷嘗師從王時敏、王鑑，然於康熙二十年（1681）正式加入天主教，此後二十年間專心於習教、傳教，幾廢繪事。王原祁於康熙九年（1670）中進士，曾頗用心吏事，以致王時敏提醒他："汝幸成進士，宜專心畫理，以繼我學。"[1]康熙三十九年（1700），王原祁入直南書房，常奉命"御前染翰"，並充任《佩文齋書畫譜》總裁，主持繪製康熙六旬《萬壽慶典圖》，畫名著於朝野。惲壽平則與王時敏、王鑑無直接關係，只在王時敏卒前見過一面，但他與王翬結為一生翰墨至友，常共蹉畫藝，互相品題畫作，時人並稱"王、惲"。所以，在清六家在世時，只有“二王”、“江左三王”、“王翬”之名目，未見六家被並稱為“四王吳惲”。

清六家卒後，情況始生變化。據當代學者阮璞先生研究，雍正時，沈德潛為黃鼎作墓誌銘，內中有“當代以畫名者五人”。又據乾隆時人阮葵生《茶餘客話》記五人為惲壽平、吳歷、王原祁、王翬、黃鼎。黃鼎本常熟布衣之士，是王原祁的受業弟子，兼師王翬。阮葵生推論五人所以稱名一代的原因時說：“麓臺（王原祁）第進士，成名最易，四人逸老布衣，而名與之齊，四人較難。然壽平、漁山、石谷得梅村（吳偉業）、阮亭先生（王士禎）導揚，宜其名流播遠近，而尊古（黃鼎）當諸公殂謝，推挽無人，尤難之難也。”其實這只道出了部分原因，王翬因其弟子宋駿業的推薦，曾主繪《康熙南巡圖》，其後王原祁又有供奉內廷的經歷，這才是他們矚目畫壇的重要原因。由於上述原因，曾與王翬並稱“王惲”的惲壽平，與王翬同為常熟人氏、同為王時敏、王鑑弟子的吳歷和兼師王翬、王原祁的黃鼎，才得以稱“當代以畫名者五人”。正是在那一時間，“婁東”與“虞山”兩派如日中天。為光大門庭，至遲在乾隆初年，王原祁的弟子唐岱著《繪事微言》，首創“正派”一章，其先敍董其昌南北宗論的所謂南宗正派，接云：“明董思白衍其法派，畫之正傳，於焉未墜。我朝‘吳下三王’繼之，余師麓臺先生家學師承，淵源有自。”這裏已有四王之實，只是尚無四王之名罷了。且將四王上承董其昌以及南宗畫系，說明是畫之正派。茲後，王昶於乾隆五十九年甲寅（1794）序《國朝畫識》云：“國朝婁東、虞山、毗陵諸大家，筆力雄厚，直入元四家之室，師友相承，風流未墜，百五十年，精於六法者，幾於家握靈蛇矣。”王時敏、王鑑、王原祁屬婁東，王翬、吳歷屬虞山，惲壽平屬毗陵。“四王吳惲”的名目實際已構成了。綜上所述，“四王吳惲”的名目醞釀於雍乾之際，明確於乾隆末年。是以王翬、王原祁為核心，上緒王時敏、王鑑，旁接吳歷、惲壽平，後繼黃鼎等弟子門生。這支在畫壇上有重大影響的畫派的形成，固然有着深刻的社會背景，而皇帝的嘉賞，文壇名流的導倡，“婁東”、“虞山”派弟子們的推衍，則是這支畫派形成的直接原因。

“四王吳惲”繪畫綜述

“四王吳惲”的繪畫雖被崇為正統派的山水、花卉畫，但並非通常所謂的畫派概念。真正具有畫派意義的是王翬的“虞山派”，王原祁的“婁東派”，惲壽平的“常州派”。清方薰《山靜居畫論》中分析“四王”的山水畫，先論“四王”為兩宗，即：“國朝畫法，廉州、石谷為一宗，奉常祖孫，獨以大痴一派為法。兩宗設教宇內，法嗣蕃衍，至今不變宗風。”兩宗的分析，其實就是“婁東”、“虞山”兩派的分立，因為方薰看到了這樣一個事實：“海內繪事家，不為石谷牢籠，即為麓臺械杻。"因"四王"名目的確定,自然會將他們的繪畫作品加以比較,比較中方薰發現,王翬受王鑑的影響更深,王原祁則較恪守家學。因之,方薰接着指出:"西廬、麓臺,皆瓣香子久,各有所得。西廬刻意追模,一渲一染,皆不妄設,應手之作,實欲逼真。麓臺壯歲參以己意,乾墨重筆,皴擦以博氣象,嘗自誇筆端金剛杵,義在百劫不壞也。""廉州追摹古法,具有神理,石谷實得其衣鉢,故工力寢深,法度周密,時輩以寸縑尺楮爭勝,至屏山巨嶂,尋丈許者,石谷揮灑,他人皆避舍矣。"這就是說,王翬是畫家中行家裏手,且畫技超凡,而王原祁則專門講究筆墨的運用與表現,更近乎文人類型的畫家。至於"吳惲"二人,方薰以為"惲南田、吳漁山,力量不如石谷大,逸筆高韻,特為過之。至於工細之作,往往不脫石谷法。"方氏這一看法,不如其論"四王"繪畫那樣貼切。因為惲壽平突出的是花卉畫,其山水畫與王翬也有所區別。吳歷則因其特殊的生平經歷,早期繪畫的題材、面貌豐富而多樣;晚期山水之作則"心思獨運,丘壑靈奇,落墨迥不猶人",在清六家中是"獨樹一幟"的畫家。從《山靜居畫論》論述六家的繪畫看,清代人顯然清楚六家間的區別,"四王吳惲"當然也不是一家一派的名目。在清人論述中,最值得注意的是唐岱《繪事微言》中的"正派"之論。唐岱說"四王"接董其昌而承南宗正派之緒,距離事實不遠,但唐岱卻沒有看到"四王"對董其昌不同程度的偏離。這種承繼與創新之間的辯證關係,正是六家產生及在清代畫史上被尊崇的重要原因。

首先看六家與董其昌直接或間接的聯繫。據惲壽平《甌香館畫跋》記:"(王時敏)自少及兒時遊娛繪事,乃祖文肅公(王錫爵)屬董文敏隨意作樹石,以為臨摹粉本。凡輞川、洪谷、北苑、華原、營丘,樹法石骨,皴擦勾染,皆有一二語拈提,根極理要。"董其昌可謂王時敏少年時畫學的啟蒙老師了。此後,年邁八旬的董其昌還曾為王時敏的作品作題,他們間的接觸長達三十餘年。因此,董其昌的繪畫及畫論思想必然深刻地作用於王時敏。本集所收王時敏早期作品仍不脫董其昌畫法,而其一生"專精熟習"黃公望山水,特多仿黃畫的精品之作,也是顯見的事實。此外,王時敏家富藏名畫,據《國朝畫徵錄》記其"每得一祕軸,閉閣沉思,瞪目不語,遇有賞會,則繞牀大叫,附掌跳躍,不自知其酣狂也。嘗擇古迹之法備氣至者二十四幅為縮本,裝成巨冊,載在竹笥,出入與俱,以時楷模。故凡佈置設施,勾勒斫拂,水墨暈章悉有根柢。"這二十四幅名作多是重金購自董其昌的舊藏,內中有李成《雪景》、范寬《溪山行旅圖》、董源《山水》、巨然《雪圖》、趙孟頫《萬壑松風圖》、黃公望《陡壑密林圖》、《夏山圖》、王蒙《林泉清集圖》、《丹台春曉圖》、倪瓚《清閟草堂圖》、吳鎮《關山秋霽圖》等等。每幅作品原皆有董其昌題記,並有"根極理要"

的一、二評語，因此，王時敏的沉思、賞會，是不會離開董其昌的論畫思想的，而董氏論畫思想最終也必然滲進王時敏的創作和畫學思想中。王時敏的為聖符作《仿古山水圖冊》（見圖7）以及《作杜甫詩意圖冊》（見圖16）等作品，即體現了董氏對他的影響。

王鑑與董其昌交往不及王時敏那樣長久、密切。據記，王鑑早期習畫時，曾經得到過董其昌的稱讚，三十九歲前又曾兩次與董氏接晤，共同賞鑑過黃公望的《秋山圖》、趙孟頫的《鵲華秋色圖》。《秋山圖》設色艷冶，乃從右丞風韻中來；《鵲華秋色圖》今尚存，是青綠設色與兼施筆墨的一種典型。董其昌曾言：「趙令穰、伯駒、承旨（趙孟頫）三家合併，雖妍而不甜；董源、米芾、高克恭三家合併，雖縱而有法。」[2]可以肯定，這兩次的觀畫與董其昌的論畫曾給王鑑以至深的影響。王鑑的長於設色法，正是「合併」諸家的結果。典型作品如《青綠山水圖卷》（見圖26），從中至少可以看到《鵲華秋色圖》的鑑影，惜《秋山圖》早佚，無法具體地體認了。又據王時敏記，王鑑也曾縮臨過王時敏家藏宋、元名畫十六幀。「茲幸廉州斫輪妙手，借余所留粉本，神而明之，縮成此冊。神采宛在，纖細不遺，洵足洞心駭目。」[3]有了上述的經歷，王鑑也同樣不可能不受到董其昌的影響，如其所言：「畫中有董（源）、巨（然），如書中有鍾（繇）、王（羲之），捨此則外道。惟元季大家正脈相傳。近代有文（徵明）、沈（周），思翁（董其昌）之後，幾作廣陵散矣。」[4]言外之意，他亦努力做董氏的繼承人。

王時敏、王鑑不同程度地師承了董其昌，又不遺餘力地傳授給王翬、吳歷、王原祁，只惲壽平一人雖未親聆二王之教，但生活於那樣的氛圍中，又多半生與王翬友契，間接的轉承則在所不免。當王鑑發現王翬的天生材稟後，即開始親加提攜，「先命學古法書數月，乃親指授古人名迹稿本，遂大進。」[5]經王鑑引薦，又得師王時敏，命摹家藏名迹，並屢屢讚之。「求其筆墨逼真，形神俱似，羅古人於尺幅，萃眾美於筆下者，五百年來，從未之見，惟我石谷一人而已。」[6]又據惲壽平記，王時敏曾將家藏董其昌《樹石卷》轉贈王翬。凡此舉，不啻當年董其昌的授徒王時敏。吳歷的師從二王，也有着王翬類似的經歷。而為王時敏之孫的王原祁，自然在藝術成長的經歷中更受到其祖父的呵護。「余先奉常贈公匯宋、元諸家，定其體裁，摹其骨髓，縮成二十餘幅，名曰『縮本』。……先奉常於丁巳夏初，忽以授余，其屬望也深矣！余是年三十有五，拜藏之後將四十年，手摹心追。庚寅冬間，方悟『小中見大』之稱，亦可以『大中見小』也。」[7]可見，王時敏也是用同一方法來教授王原祁的畫學，因而王原祁所獲更深於他人。

王時敏師從董其昌是從董氏授手摹《樹石粉本》為始，這一《樹石粉本》又多是從董氏舊藏，後轉藏王時敏家的宋、元名迹上鈎摹下來的。這一教學方法，又被王時敏、王鑑用來教授王翬諸人，可謂貫徹始終。董其昌的影響，也便因之深入到了第二代、第三代傳人。其影響主要有兩個方面。其一，《樹石粉本》的鈎摹，所採自的宋、元名迹，多屬董氏南北宗論中的南宗畫系，且董氏均作一、二按語，又將其畫旨紹介於其中，因之後學者則必多圍於這一範圍中，不僅臨摹再三，又鑽研個中滋味再四，董氏的畫學思想由此得傳矣。其二，北京故宮尚藏有董其昌的《樹石稿本》一卷，陳繼儒有題云："此玄宰集古樹石，每作大幅出摹之。"可見，董其昌是以這樣的方法教授王時敏進行藝術創作的。由此推衍，自王時敏以後諸人的縮臨宋、元名畫"縮本"，顯然同樣有着"每作大幅出摹之"的作用，並成為他們重要的藝術創作方法之一。如果說六家傳董其昌的藝術衣鉢，重要的當無過於其畫學思想與藝術創作方法兩個方面。

然而，就從諸人所臨宋、元名畫的那一刻起，他們同時也開始偏離了董其昌。董其昌的鈎摹《樹石粉本》，雖有摹古的成分，但基本仍是"拿來主義"。王時敏屢以"形神必肖"讚譽諸人縮臨本，這恰是董氏所譏："使俗人為之與臨本同，若爾何能傳世也。"[8] 以王時敏祖孫論，他們的繪畫恪守着南宗畫派，並"專精熟習"於黃公望山水，至筆墨施用可以繁復到十幾層，雖不曾"為物造役"，卻為"筆墨役"了。用董其昌的話來說："顧其術亦近苦矣"，"譬之禪家，積劫方成菩薩。"[9] 真可謂以漸修功成，頓悟南宗的正果了。再以王鑑、王翬論，王鑑擅摹古，更擅融古，所謂合元四家筆墨為一體的《青綠山水圖卷》（見圖26）便是突出的例證。關於"三趙"的設色，董其昌曾自題《仿三趙畫》云："余家有趙伯駒《春山讀書圖》、趙大年《江鄉清夏圖》，今年長至，項晦甫以子昂《鵲華秋色圖卷》見貽。余兼採三趙筆意為此圖，然趙吳興已兼二子，余所學，則吳興為多也。"[10] 即使趙孟頫的青綠設色，在董其昌看來，與董、巨的設色法已是"兩家法門"，而王鑑的青綠設色，其濃郁厚重處又逾趙孟頫畫格，已開融合南北畫法的趨勢了。在這方面，王翬明顯地受王鑑的影響。王翬早年比較偏愛明唐寅的山水畫法，本集所收《寒塘鸂鶒圖軸》（見圖42）、《雲溪高逸圖卷》（見圖49）、《岩棲高士圖軸》（見圖48）等即分別是他三十一歲（1662年）、四十一歲（1672年）時仿唐寅畫法的早期作品。按董其昌梳理畫史，分序南、北宗畫家，明吳門四家中獨無唐寅，大概是無法將其劃歸為南宗或北宗。又，王翬為六家中首屈一指的摹古大家，凡臨畫關仝、李成、范寬以及董、巨、元四家的作品，皆能彷彿其形肖，非他人所能。中國古代畫史中雖有職業畫家、文人畫家的區別，但二者之間也有着密切聯繫的一面。王翬在摹古最臻佳境的壯年之時，已認識到畫學之博大非一家一派所能盡，更促使他突破派別的藩籬，精進古代藝術傳統，最終被評為合流南北的一人。至於吳歷與惲壽平，他們的生平與藝術經歷有相類的兩點：一是吳歷晚年畫風極變，惲氏則中年轉攻花卉。二人雖宗法董其昌，追求文人逸趣，但與董其昌的宗旨已有一定的距離。二是吳歷、惲壽平，也包括王翬，具有賣畫謀生的經歷。甚至於王原祁，既供職內廷，也應屬於職業畫家之列。既然要賣畫，他們的藝術作品雖可以培養出契合於己的一批欣賞者，但同時又不能不俯就買畫者的不同趣味和要求。吳歷的早、中期繪畫即顯示出這方面的特點。即使高逸如惲壽平，也須"多買胭脂畫牡丹"。當時人爭學惲氏花卉亦與此有關。而惲氏晚年又作設色清淡、水墨蒼楚的兩種花卉畫，也是因此造成的。

綜上所述，清六家的繪畫藝術與董其昌之間的聯繫具有着繼承與創新的辯證關係。清中、後期乃至近、現代的一些人將"四王吳惲"視為董其昌藝術的忠實繼承者而不加具體分析，就會模糊了對他們繪畫藝術的真正認識，而清六家繪畫與董其昌的不同之處，恰恰又正是"四王吳惲"所以名著畫史並在清代畫壇上產生深遠影響的根本之處。對此，下文論述"四王吳惲"的影響時將進一步論及。

"四王吳惲"繪畫的影響

"四王吳惲"的繪畫對清代畫壇的影響是巨大的，尤以王翬、王原祁、惲壽平三家最勝。正如清方薰、張庚所記："海內繪事家，不為石谷牢籠，即為麓臺械梏。"(11) "近日無論江南江北，莫不家家南田，戶戶正叔。"(12)他們的繪畫曾為畫壇流尚。因此，繼"四王"之後，山水畫家中又出現了"小四王"、"後四王"等名目。"小四王"是王昱、王愫、王玖、王宸；"後四王"是王三錫、王廷元、王廷周、王鳴韶，主要繼承王原祁及王翬的畫法、畫風。學惲壽平花卉者除惲氏族屬的後人外，又有馬元馭、范廷鎮、張瑋等名家。范、張二人頗能偽作惲氏花卉畫，幾欲亂真，今傳惲氏畫作多有出二人手者。他們的繪畫更直接影響至清代宮廷院畫中山水、花鳥畫的形成。康乾盛世的兩代畫院中，擅畫山水者首推唐岱與張宗蒼。唐岱，滿族人，官內務府總管，為王原祁入室弟子，以畫供奉內廷，"聖祖（康熙皇帝）御賜畫狀元"。張宗蒼供職畫院，師法黃鼎，黃鼎是王原祁弟子，張宗蒼則為再傳弟子，又兼師王翬畫法。乾隆皇帝嘗題詩讚其畫："學王無刻畫，學米不糊塗"(13)，故張宗蒼為乾隆年間最著名的院畫家。他們的山水畫法、畫風，曾是院畫中山水畫的典型。至於惲壽平的花卉，也曾對院畫產生影響。據胡敬《國朝院畫錄》記："國朝花卉，當以惲壽平為第一，淡冶秀逸，仙骨珊珊，如藐姑之不食人間煙火。其次鄒一桂推能品，於壽平筆意，深有悟入處。大章稍遜一籌，而設色修潔，亦足名家，體守黃筌，聖裁固無虛微也。"鄒一桂、楊大章是院畫中花卉畫的代表畫家，即可見惲壽平對院畫的影響。

清六家的繪畫何以會造成藝傾朝野的巨大影響呢？概言之，有下述三方面原因。其一，文人畫的長期發展，成為與畫師畫、宮廷院畫並行的三大繪畫藝術系統。明末董其昌對畫史加以梳理，雖然他的南北宗論有所偏頗，但畢竟為後來者勾畫出古代繪畫體系的輪廓，且站在文人畫家的立場作出了優劣的評價。應當指出的是，文人畫的表現與理論是具有高深層次的文化藝術修養及優遊寬裕的藝術創作條件的文人畫家，在長期的創作實踐與理論總結中所創造和建立的。因此，文人畫越來越為社會所接受，越來越為更多的畫家們所仿效，而不再是屬於少數文人畫家的藝術了。作為董其昌藝術主要繼承者的六位畫家，順理成章地適應了畫史發展的這一內在規律，成為當時最有影響的畫家。其二，六家處於明清兩代王朝更迭，至清王朝統制基本穩定的歷史時期。時代的變遷，致使畫家們分化成種種不同類型的羣體，他們或奮掙，或隱逸，或順應，六家的經歷基本屬於後二類。滿族入主中原，必然受到先進的漢文化的影響，一方面滿族統治者迫切地吸收、學習漢文化，同時，出於統治的需要，他們採取一定的措施攏絡漢族中的文人和藝術家們。因此，王原祁和王翬的經歷，不僅是他們個人的際遇，其中還包涵着深刻的社會變遷的因素，使他們的繪畫成為官定的藝術模式。其三，如前文所述，清六家的繪畫曾力圖承緒文人畫之大統，導致出現強調摹仿古人粉本，強調筆墨的施用，以再現文人畫中創造的藝術境界。他們的努力，自覺或不自覺地又將文人畫的表現凝定為一種藝術模式。按照這種模式進行的藝術再創作，便成為一種"士氣、作家一格"(14)的藝術類型。在六家中，除王時敏、王鑑的生平經歷使他們依然保持着文人畫家的業餘遣興創作外，其他四人事實上都兼具文人畫家和職業畫家的雙重身分。如果說王鑑的繪畫融"士氣、作家一格"，還只體現在繪畫作品中，那麼王翬諸人的繪畫原是士人、作家為一體的畫家所創造的。如此，他們的繪畫就很自然地為當時社會欲仿效文人畫法的人們開闢了一道可以摹學的方便之門，因而他們的繪畫也就在社會上廣為流行。"四王吳惲"的繪畫所以能夠取得正統派的地位並風行於朝野畫壇，絕不僅是部分人的吹捧所使然，而是由於畫史發展的規律、社會歷史的變遷以及六家繪畫的特殊表現等諸方面因素造成的。所以，六家繪畫的出現及廣泛影響，是複雜的多種因素造成的歷史現象。

對"四王吳惲"的評價

對"四王吳惲"的繪畫，特別是對"四王吳

惲"的評價，在以往的畫史中曾是大起大伏和褒貶各置一詞的。這一特殊現象是其他古代畫家所不曾遭遇的，致使當今畫壇仍在進行討論。既然我們面對的是畫史中的現象，那麼評價準則也應當依據歷史發展的規律。首先，清六家的繪畫是以繼承、發揚文人畫傳統為旗幟的，客觀上則是在普及文人畫的條件下發生的。在這一過程中，他們的主體作用有兩方面。其一，清六家的繪畫創作是以古代繪畫傳統，特別是以文人畫傳統為參照而進行的，因此，他們的作品含有深刻的畫史意義，這是董其昌以往的畫家們所缺乏的。而有無畫史意識，則直接影響着畫家藝術視野的廣、狹，思慮的深、淺以及最終作品的文、野等方面的差距。董其昌的南北宗論在理論上已強化了這一意識，然而因其"畫禪"式的創作，必然曲高和寡。而"士氣、作家一格"的六家繪畫，則在實際創作中樹立了一種典範，從而影響了更多的畫家，普遍提高了畫家們的畫史意識，使藝術傳統與藝術創造更緊密地結合起來。其二，清六家的繪畫都曾強調筆墨表現，竭力提煉、發揮筆墨施用中所能造就的藝術意蘊，重視筆墨或設色的表現。中國古代繪畫、特別是文人畫的優秀傳統經過六家的努力，筆墨的表現更為豐富，並且由技藝表現而進入藝術境界的表現，這些無疑是自董其昌以後的一種發展和提高。

但是，清六家繪畫的被肯定之處，同時卻又伴隨出現兩種弊端，他們在創作中重視對畫史上諸大家的繪畫參照，已使其作品蒙上了保守復古的色彩，他們強調筆墨的自身表現，又開玩弄筆墨之風氣。這樣一來，六家雖然繼承董其昌而力圖發揚文人畫的傳統，卻又因過分重視文人畫的形態表現而忽略了文人畫的精神內涵。元代著名文人畫家倪瓚有一句名言，他的作品是"聊以寫胸中逸氣"。是以抒發個性的精神自由決定了其作品盡可能地不受任何形式的束縛。董其昌深曉此理，他將文人畫形象地喻為"透網鱗"，而六家的繪畫卻似在古法中、在傳統的筆墨形態中游動的網中魚，所以已不再有文人畫所特有的那種內在精神，有的只是一種藝術形式。因之，在清代畫壇上，出現了兩種對立的藝術傾向，一是繼六家之後的諸如"小四王"、"後四王"以及宮廷院畫家中的山水、花卉畫家，其作品趨向程式化，陳陳相因，毫無生趣可言。一是與六家同時走上不同藝術道路的一些畫家，典型者如畫史上並稱"四僧"的漸江、髡殘、朱耷、原濟，儘管原濟標榜"我自用我法"，但總體來看，他們依然不能不從古代繪畫傳統中塑造自己的藝術，而其精神境界的不拘不束恰恰承繼了文人畫的優秀品質，其作品反而保持了文人畫的本質特徵，並通過個性的創造而予以體現。

綜上所述，對"四王吳惲"繪畫的評價不可能用簡單的褒、貶來判定。作為一種特殊的歷史現象，六家必有其存在的合理性。然而，無論如何評價，清六家的繪畫在畫史上終究佔有重要的一席之地。

註釋：

(1)(5)(12)見張庚：《國朝畫徵錄》。

(2)(8)(9)見董其昌：《畫禪室隨筆》。

(3)(6)見王時敏：《王奉常書畫題跋》。

(4)見王鑑：《染香庵跋畫》。

(7)見王原祁：《王司農題畫錄》。

(10)見董其昌：《畫旨》。

(11)(14)見方薰：《山靜居畫論》。

(13)見胡敬：《國朝院畫錄》。

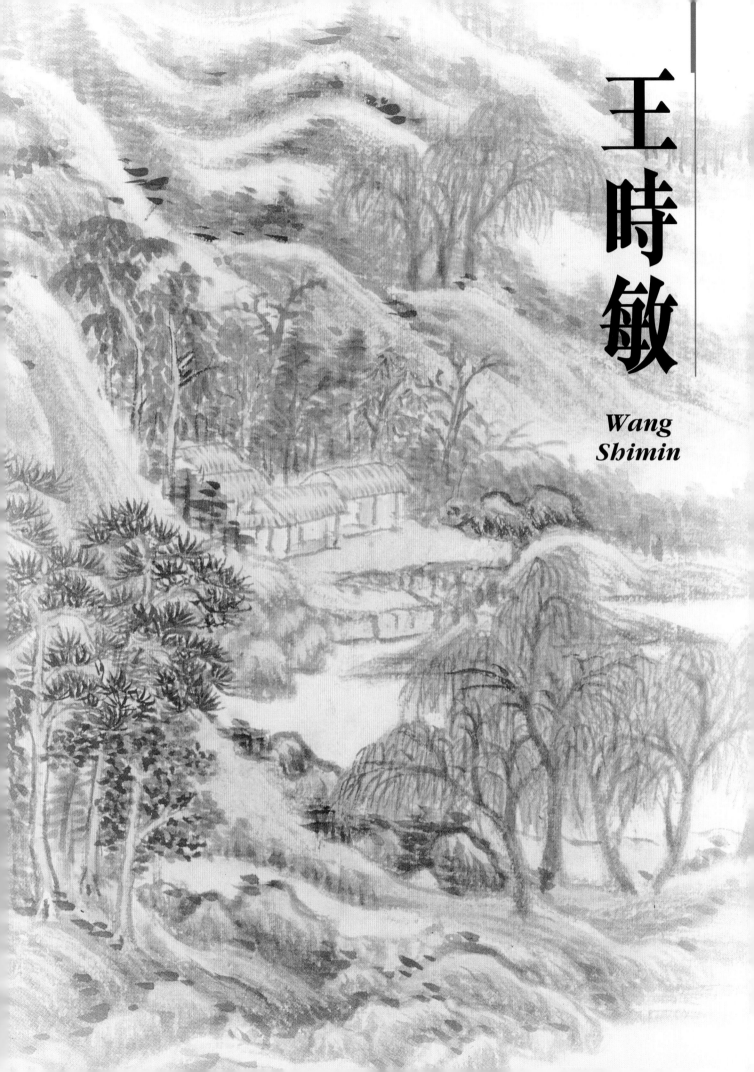

王時敏

Wang Shimin

王時敏

王時敏（1592—1680年）字遜之，號煙客，又號西廬老人、西田主人，江蘇太倉人。其祖父是明禮部尚書兼文淵閣大學士王錫爵，父親是明翰林編修王衡。明萬曆二十九年（1601）舉進士，並以蔭官太常寺璽卿，升太常寺少卿，故世人稱"王奉常"。入清不仕，隱於歸村，以書畫自娛。據記，其早年"於畫有特惠"，祖父曾特囑著名書畫家董其昌教其繪畫，因之與董氏諸人被並稱為明末"畫中九友"。晚年尤喜獎攜畫學後進，王翬、吳歷均從其習畫，又親授其孫王原祁，使他成為明清之際畫壇的中堅人物，位列清六家之首。

王時敏早年從董其昌習畫，董氏曾將古代大家畫作中的樹石臨摹為粉本，又加一、二語提示，以之授予王時敏揣摩、臨習。繼之，王時敏又擴而摩習家中豐富的畫藏，奠定了他的畫學基礎。創作於明天啟七年丁卯（1627）的《山水圖扇》（見圖4）是王時敏現存較少的早期作品，筆墨溫潤，但尚未脫董其昌畫法的影響。現存於台北故宮博物院的《小中現大圖冊》，也就是大多原為董其昌故物，而後歸王時敏家藏的宋元名畫二十二幅縮摹本，雖其摹作者為誰迄今尚無定見，但確是王時敏曾經日夕揣研、摹臨的古人粉本。更為重要的是，王時敏接受了董其昌南北宗論的畫學主旨，繼承了董源、巨然、米家山水、元四家等所謂南宗派系的衣鉢，並最終心折元黃公望畫法。他在順治八年辛卯（1652）時題其贈聖符《仿古山水圖冊》（見圖7）時說："然畫雖小技，亦必所見者廣，日以古法浸灌心胸，而又專精熟習，乃臻工妙"。"以古法浸灌心胸"者，大抵不逾董其昌所規劃的南宗畫系；而"專精熟習"者，則是仿學黃公望畫法。因此，王時敏的畫作以仿黃公望畫法者居多，其他作品也多是仿董、巨、米家山水、倪瓚、吳鎮的畫法，以仿學某家畫法為標題來進行繪畫創作，王時敏則有過於董其昌，開清初畫壇盛行仿古風氣之先聲。因其"專精熟習"黃公望畫法，故將元張雨評黃公望繪畫"峯巒渾厚，草木華滋"的八字奉為主旨。他的代表作品如《作杜甫詩意圖冊》（見圖16）以虛和蘊藉、渾厚華滋的筆墨見長，形成其主要的藝術風格。至其極晚年，如《虞山惜別圖軸》（見圖17）已漸趨老頹蒼率之貌。在南北宗論的籠罩下，王時敏以古人繪畫作品為粉本，並主要以豐富的筆墨運用創造出富於個性的畫風。他不僅是清六家中的先驅者，並且產生了深遠的影響。

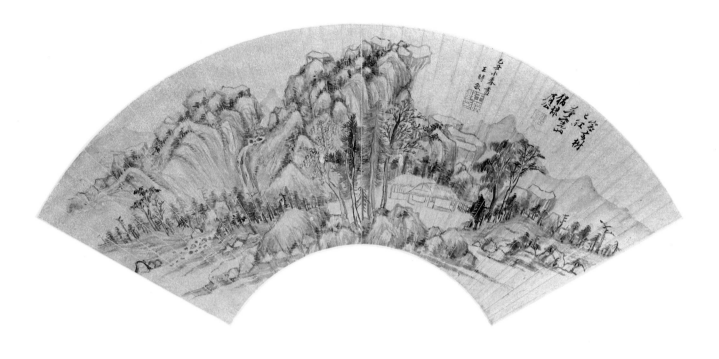

1

王時敏　山水圖扇

金箋本　設色　縱17.7厘米　橫51.8厘米

Landscape
By Wang Shimin
Fan leaf, color on gilded paper
17.7 x 51.8cm

款署："乙丑小春畫，王時敏。"下鈐"王時敏印"（白文）。畫幅
上有明末陳繼儒詩題："窗前樹已紅，夢籠山猶綠。眉公。"

乙丑為明天啟五年（1625），王時敏時年三十四歲。

此扇所繪山水筆法細潤，設色雅淡，是畫家現存最早期的作品
之一。

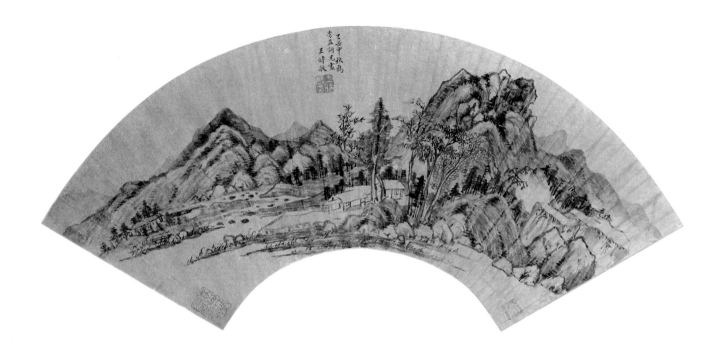

2

王時敏　山水圖扇

金箋本　設色　縱17.7厘米　橫54.5厘米

Landscape
By Wang Shimin
Fan leaf, Color on gilded paper
17.7 x 54.5cm

自識："乙丑中秋為勇孟詞兄畫，王時敏。"鈐"王時敏印"(白文)。左下角收藏印"嵩山草堂考藏名箋"(朱文)，右下角"超口心賞"(白文)。

乙丑為明天啟五年 (1625)，王時敏時年三十四歲。

此扇山水景致朗宕，筆墨清潤，仍不脫董其昌畫法的影響，是現存王時敏早期稀見的作品。

3

王時敏　仿倪瓚山水軸
紙本　墨筆　縱86.8厘米　橫35.5厘米

Landscape in the Style of Ni Zan
By Wang Shimin
Hanging Scroll ink on paper
86.8 x 35.5cm

本幅自識："丁卯二月仿雲林筆意，王時敏。"鈐"王時敏印"（白文）。右董其昌題："此遜之璽卿仿雲林畫，所謂優鉢羅花不出開者，舊藏於青浦曹太學家，已落程氏手。遜之於長安邸每見之，遂能奪真，當今名手不得不以推之。玄宰題。"鈐"昌"（朱文）。又陳繼儒題："寫倪迂畫者，啟南老，徵仲嫩，王尚璽衷之矣。眉公。"右下角鈐收藏印二："萊臣心賞"（朱文）、"虛齋審定"（白文）。

丁卯為明天啟七年（1627），王時敏時年三十六歲。

此圖係摹仿倪瓚（雲林）的畫作，繪疏林孤亭，湖光遠岫。意境蕭散簡逸。倪瓚繪畫的疏淡之致，後人難能摹寫，故陳繼儒稱沈周摹倪畫過於蒼老，文徵明嫌嫩稚，並與董其昌齊讚王時敏此作。此圖是王時敏稀見的早期摹古佳作，又是與董其昌諸人交往的實物例證。

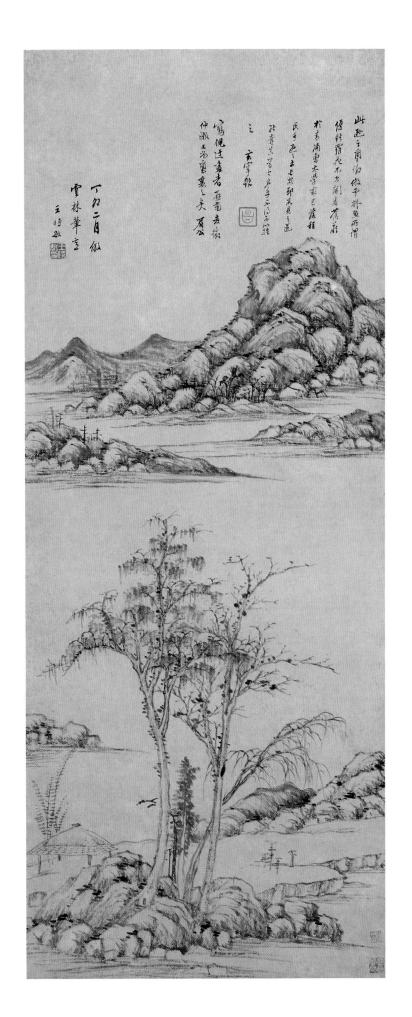

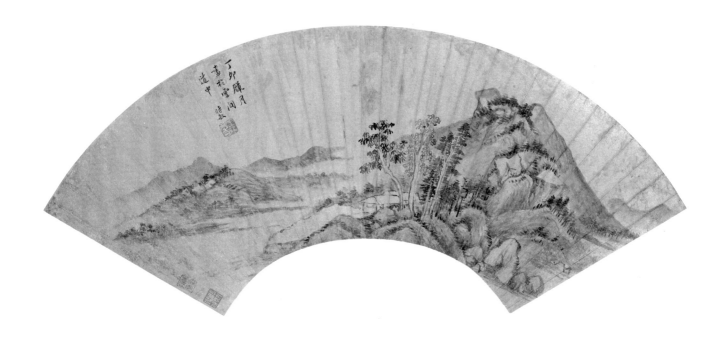

4

王時敏　山水圖扇

金箋本　設色　縱16.8厘米　橫51.5厘米

Landscape
By Wang Shimin
Fan leaf, color on gilded paper
16.8 x 51.5cm

款署："丁卯臘月畫於雲間道中，時敏。"下鈐"王時敏印"
（白文）。

丁卯為明天啟七年 (1627)，王時敏時年三十六歲。

此扇圖繪江南山水小景，構圖簡潔，筆墨清逸自然，雖仿學元
黃公望畫法，仍不脫董其昌影響，為王時敏早期畫作。

5

王時敏　長白山圖卷

紙本　墨筆　縱31.5厘米　橫201厘米

Landscape of Mount Changbai
By Wang Shimin
Handscroll, ink on paper
31.5 x 201cm

本幅款署："長白山圖。癸酉夏日為華翁老先生畫，王時敏。"
下鈐"王時敏印"（白文）。畫幅上鑑藏印有"林上齋珍藏"、
"岷源珍藏"等三方。後幅有岷源題記。

癸酉為明崇禎六年（1633），王時敏時年四十二歲。

此卷《長白山圖》原應有王時敏題記兩則，曾載入《王奉常書
畫題跋・卷下》。其後一記云："御史大夫張公長白山兔口，乃
仙人白兔公赤松子成道處，靈山仙麓有金堂玉室在焉，非終南
草堂、藍田鹿柴可比。乃屬拙筆為之寫照，豈能省此。聊以韓君
平詩意點綴成圖，用塞來命，不足供大方法鑑也。"因知此圖是
畫"御史大夫張公"別墅。筆墨清潤，已脫去董其昌遺法，是逐
漸形成個人畫風期間的重要作品。

奉常翁畫早年出入董巨四十以後宗法
大癡晚年益臻神化開有清一代畫家法
門巨蹟流傳不多此卷筆墨簡淨是學癡
翁有得之旹攷崇禎癸酉翁年四十二其
境界已如此安得不令人景仰溪山也
王戌九月岷原敬識於讀畫州堂

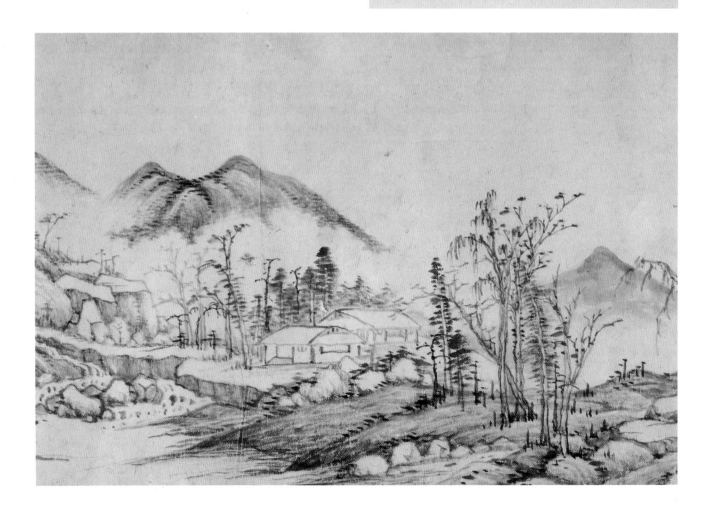

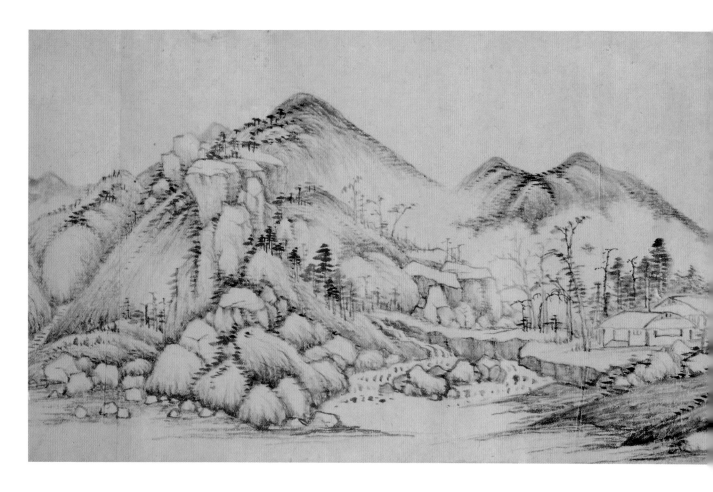

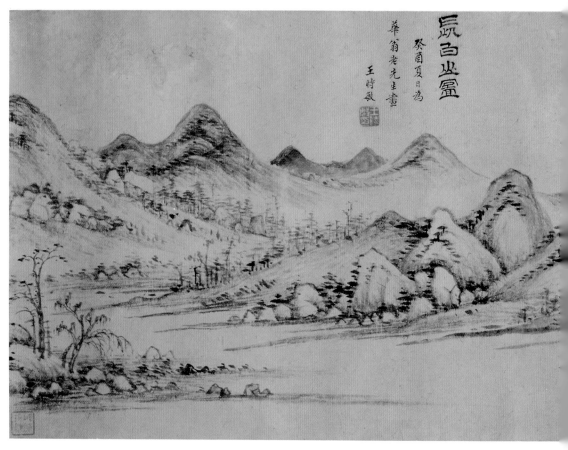

仿白山樵

癸酉夏日為

華翁老先生畫

王時敏

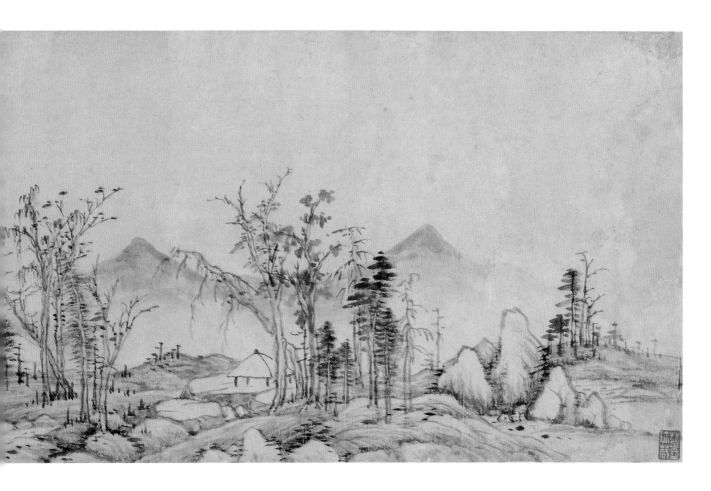

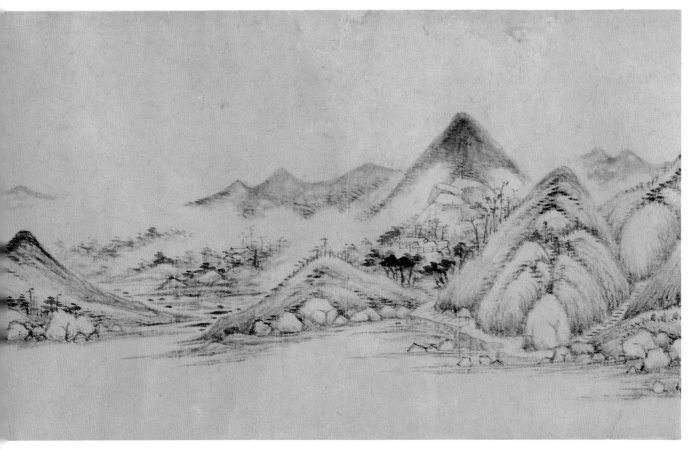

6

王時敏　秋山白雲圖軸

紙本　設色　縱96.7厘米　橫41厘米

Autumn Mountain in White Clouds
By Wang Shimin
Hanging scroll, color on paper
96.7 x 41cm

本幅自題："己丑六月望，過西田村舍，毒熱不異炮灼，僵臥揮汗，儺睨筆硯。適雨後稍涼，憶古人三伏生秋之句，戲作秋山白雲圖。雖日摹仿大痴，實未得腳氣也，愧絕愧絕。王時敏識。"下鈐"王時敏印"（白文）、"西田"（朱文）。又題："此余十年前所作，公瑕將以贈宿章道兄，復攜見示，追憶揮汗紙筆時，宛然如昨。今年至力衰百事慵嬾，不復求舊管城公誦少陵丹青'不知老將至'之句，益深慨歎。辛丑子月時敏又題。"鈐"煙客"（朱文）、"儒齋"（朱文）。鑑藏印有"潤之所藏"、"渭南所藏"、"虛齋鑑定"、"龐萊臣珍賞印"、"伯湖所藏"五方。

己丑為順治六年（1649），王時敏時年五十八歲。王氏再題為順治十八年（1661）。

《虛齋名畫錄》著錄。

圖繪峯巒聳立，煙嵐雲氣浮動，林下沉鬱，溪泉環繞，林木間屋舍隱現。此當是畫家於西田別墅隱居生活的寫照，又是畫家摹學元黃公望畫法的力作。

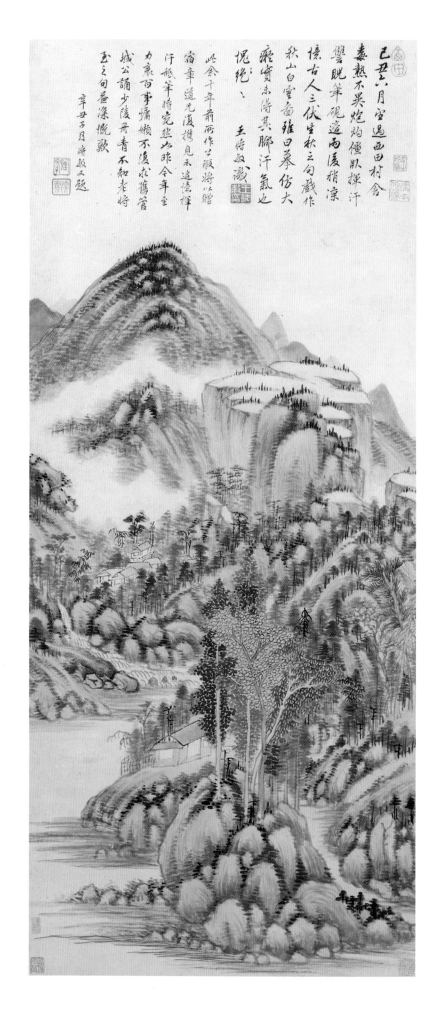

7

王時敏　仿古山水圖冊

紙本（十二開）　水墨或設色　每開縱44.5厘米　橫29.7厘米

Landscapes after Ancient Masters
By Wang Shimin
Album of 12 leaves, ink or color on paper
Each leaf: 44.5 x 29.7cm

第一開　設色。自識："仿董北苑"。鈐"煙客"（朱文）。

第二開　設色。自識："仿大痴筆"。鈐"煙客"（朱文）。

第三開　墨筆。自識："仿黃鶴山樵"。鈐"遜之"（白朱文）。

第四開　設色。自識："仿趙令穰江鄉清夏圖"鈐"遜之"（白文）。

第五開　設色。自識："趙文敏團扇小幀布景閎偉有尋丈之勢，因仿其意為作此圖。"鈐"遜之"（白朱文）。

第六開　墨筆。自識："仿小米筆"。鈐"遜之"（白文）。

第七開　設色。自識："江亭秋色，仿趙伯駒"。鈐"遜之"（白朱文）。

第八開　墨筆。自識："仿巨然"。鈐"煙客"（朱文）。

第九開　墨筆。自識："仿黃子久"。鈐"煙客"（朱文）。

第十開　墨筆。自識："仿吳仲圭"。鈐"煙客"（朱文）。

第十一開　墨筆。自識："仿倪高士"。鈐"煙客"（朱文）。

第十二開　墨筆。自識："仿梅道人溪山圖。壬辰首春為聖符賢甥寫此十二幀博笑，王時敏。"鈐"王時敏印"（白文）。

畫冊開首為張廷濟隸書題："王遜之奉常摹古畫冊"。後另頁王時敏自題："壬辰花朝西廬老人王時敏識。"鈐"王時敏印"（朱文）、"西廬老人"（白文）、"西田"（朱文）。另有清末吳大澂題記。鑑藏印有"虛齋審定"、"顓菴"、"掞"、"歸村老農"、"虛齋珍賞"等共計二十七方。

壬辰為順治九年（1652），王時敏時年六十一歲。

《虛齋名畫錄》著錄。

據題識知此畫冊係王時敏為其女婿吳世睿（聖符）所作。王時敏精研宋元名迹，又受董其昌影響摹古功夫極深，並能溶古人筆墨技巧而形成自己的風貌。此圖冊集董（源）、巨（然）、三趙（趙令穰、趙伯駒、趙孟頫）、元四家（黃公望、吳鎮、倪瓚、王蒙）山水之長，傳諸家之風神，或縝密，或簡淡，或清寂，或蒼秀，神韻超逸，各具意趣，堪稱仿古集冊中的傑作。

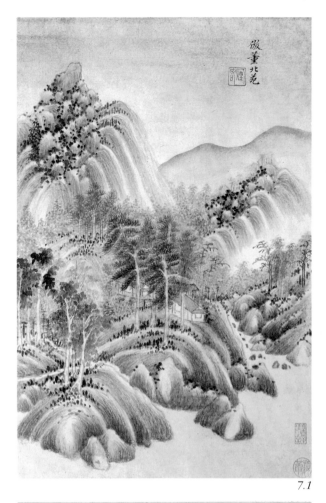

倣董北苑

7.1

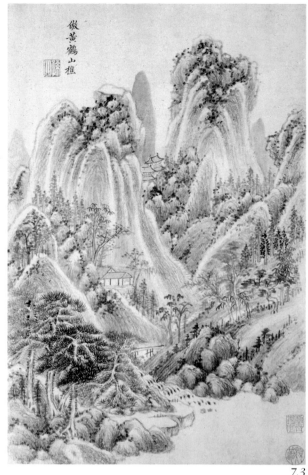

倣黃鶴山樵

7.3

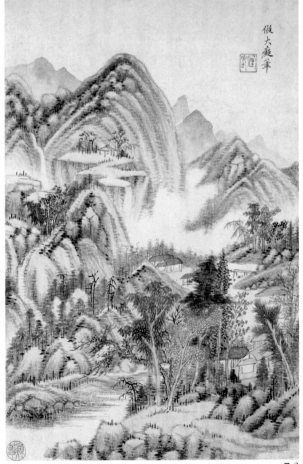

倣大癡筆

7.2

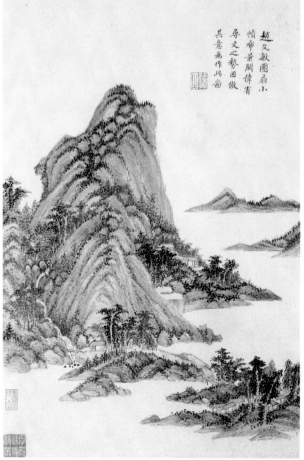

趙父敏圖團扇小
幀布景闊偉有
尋丈之勢因倣
其意為作此幀

7.5

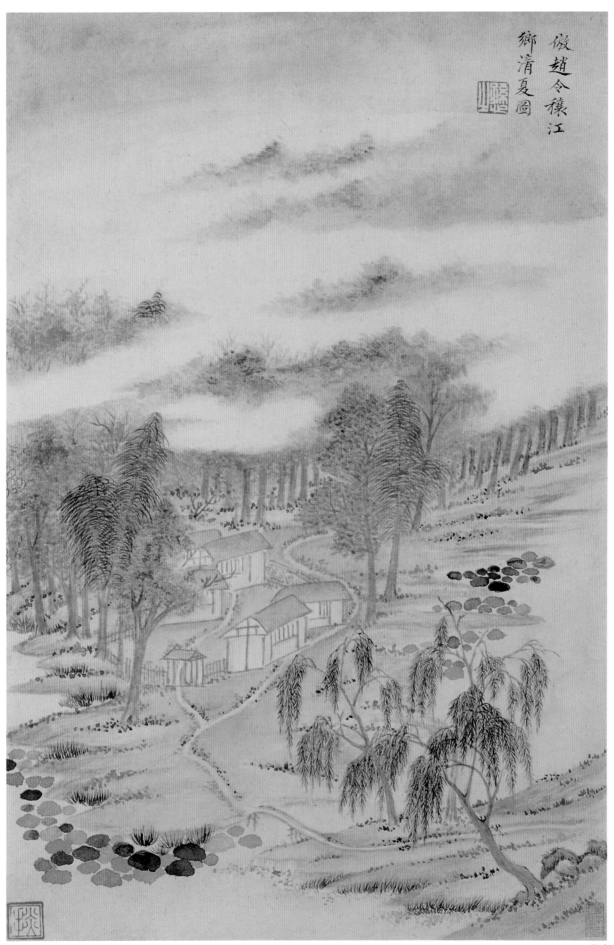

倣趙令穰江
鄉清夏圖

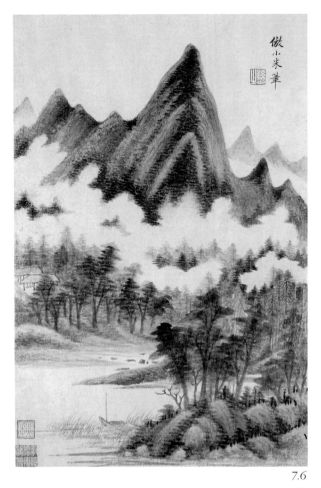

仿小米羊

7.6

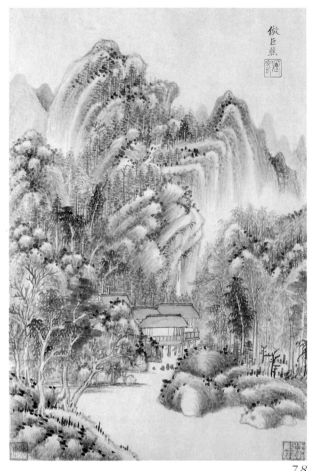

仿巨然

7.8

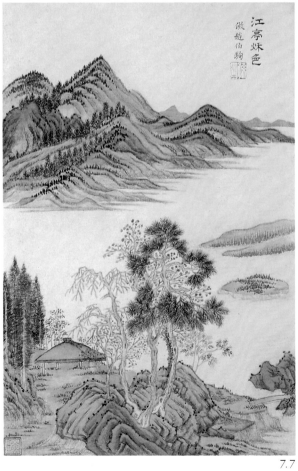

江亭煉色

仿趙伯駒

7.7

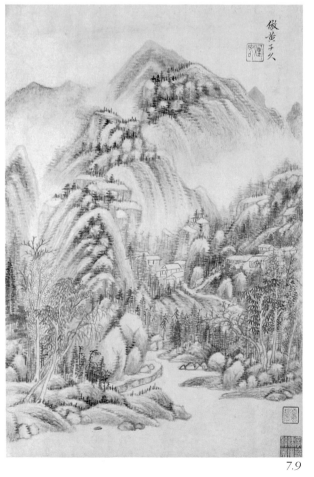

仿黄子久

7.9

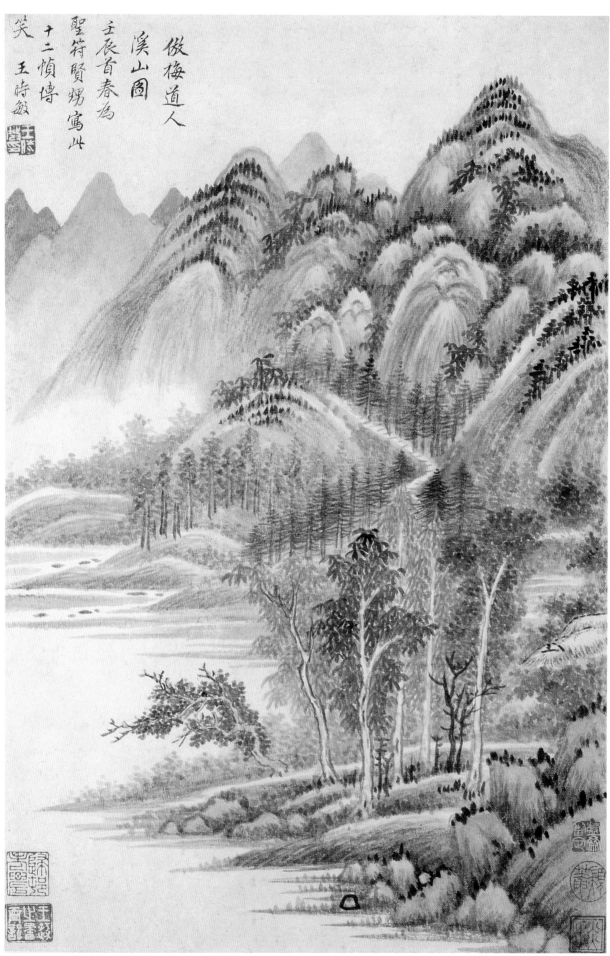

笑　王時敏

傚梅道人
溪山圖
壬辰首春為
聖符賢甥寫此
十二幀博

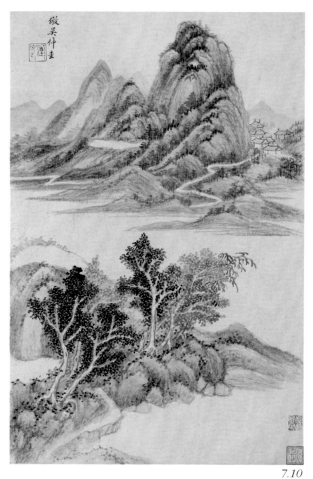

7.10

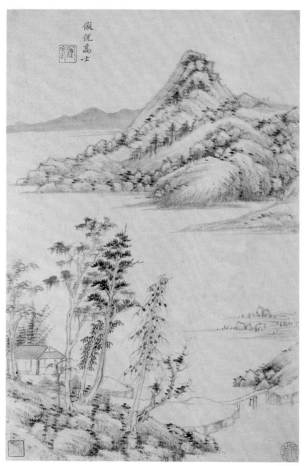

7.11

8

王時敏　山水圖軸

紙本　墨筆　縱90厘米　橫48.6厘米

Landscape
By Wang Shimin
Hanging scroll, ink on paper
90 x 48.6cm

本幅自識："戊戌首春王時敏畫"。鈐"王
時敏印"（白文）。下鈐"安懷堂"（白文）
等鑑藏印記。

戊戌為順治十五年（1658），王時敏時年
六十七歲。

此幅構圖略仿黃公望《天池石壁圖》、
《丹崖玉樹圖》，畫層崖篷疊壑，兼參以
董巨筆法。全圖筆墨蒼潤，具有渾穆寧
靜的韻味。

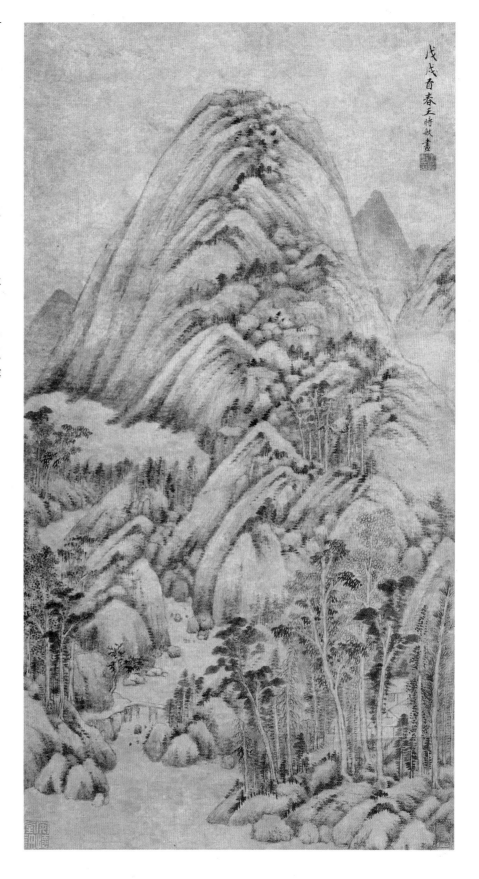

9

王時敏　山水圖軸

紙本　墨筆　縱69.8厘米　橫35厘米

Landscape
By Wang Shimin
Hanging scroll, ink on paper
69.8 x 35cm

本幅款署："戊戌秋日為衛仲叔畫，姪時
敏。"下鈐"時敏"(白文)。鑑藏印有"海
禺黃齋珍藏"、"虛齋審定"等三方。

戊戌為順治十五年(1658)，王時敏時年
六十七歲。

此圖用筆古秀，佈局深遠，以披麻皴寫
山石，濃墨點苔，意境近元黃公望。

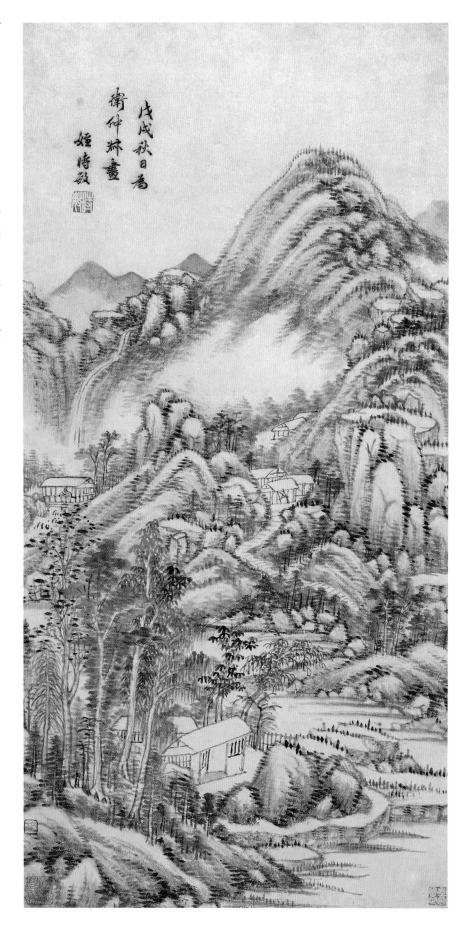

10

王時敏　松壑高士圖軸

紙本　墨筆　縱79厘米　橫47.8厘米

A Noble Scholar in the Mountain
with Pine Trees
By Wang Shimin
Hanging scroll, ink on paper
79 x 47.8cm

本幅款署："松壑高士圖。辛丑秋日為耿
菴社長先生六十初度壽，弟王時敏。"鈐
"王時敏印"（白文）、"西廬老人"（朱
文）、"西田"（朱文）。鑑藏印"蔭北鑑
藏"、"壺中墨緣"、"萊臣心賞"、"虛齋審
定"四方。

辛丑為順治十八年（1661），王時敏時年
七十歲。

《虛齋名畫錄》著錄。

《松壑高士圖》是王氏為好友金俊明（耿
菴）六十壽辰所作。圖繪一士人隱於松
壑間，以示上款主人之人品高潔。筆墨
蒼潤渾厚中蘊清秀，頗得董源、黃公望
神髓，是王時敏晚年山水畫典型之作。

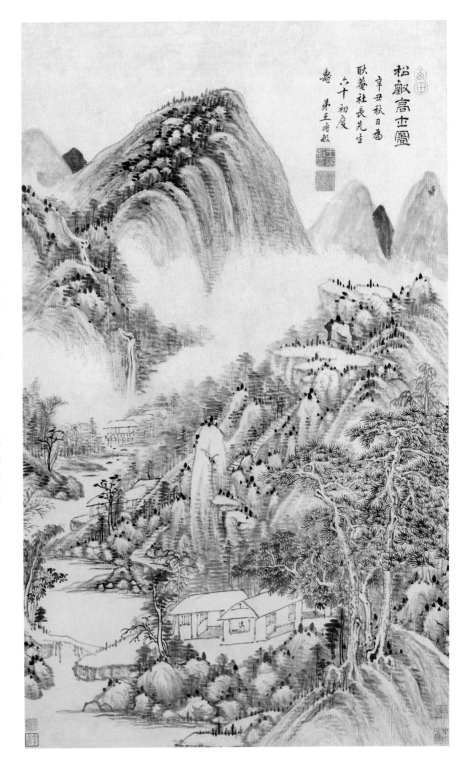

11

王時敏　仿古山水冊
紙本（十二開）　墨筆或設色　每開縱25.7厘米　橫18.8厘米

Landscapes after Ancient Masters
By Wang Shimin
Album of 12 leaves, ink or color on paper
Each leaf: 25.7 x 18.8cm

第一開　墨筆。自識：“仿北苑”。鈐“煙客”（朱文葫蘆印）。

第二開　墨筆。自識：“倪高士”。鈐“遜之”（朱文）。

第三開　設色。自識：“仿大痴秋山圖”。鈐“煙客”（朱文葫蘆印）及引首章“真趣”（朱文）。

第四開　設色。自識：“仿趙承旨”。鈐“煙客”（朱文）。

第五開　墨筆。自識：“仿黃子久”。鈐“煙客”（朱文）。

第六開　墨筆。自識：“仿梅花道人”。鈐“遜之”（朱文）。

第七開　墨筆。自識：“仿黃鶴山樵”。鈐“遜之”（朱文）。

第八開　墨筆。自識：“仿子久”。鈐“野老”（朱文）。

第九開　墨筆。自識：“仿張子政”。鈐“煙客”（朱文）。“張子政”即元畫家張中。

第十開　設色。自識：“江村月夜。仿趙令穰。”鈐“遜之”（朱文）。

第十一開　墨筆。自識：“仿陸天游”。鈐“遜之”（朱文）。“陸天游”即元畫家陸廣。

第十二開　墨筆。自識：“仿徐幼文。壬寅清和仿古十二幀，煙客”。鈐“遜之”（朱文），右下角鈐“真趣”（朱文）。徐幼文即元末明初人徐賁。

冊後有王時敏長跋，款署“壬寅余月晦日”。

壬寅為康熙元年（1662），王時敏時年七十一歲。從跋中可以看出，此冊是王時敏為其子王掞（1645—1728年），字藻儒，號顓菴）而作。

《過雲樓書畫記》著錄。

此冊運筆蒼渾老到，設色古樸厚重。其中各頁雖題仿某人，但用筆、構圖並不拘於一家規範而是薈萃諸家之長。吳偉業稱他“力追古人於筆墨畦徑之外，識者知其必傳”。此冊是王時敏的晚年佳作。

（見附錄）

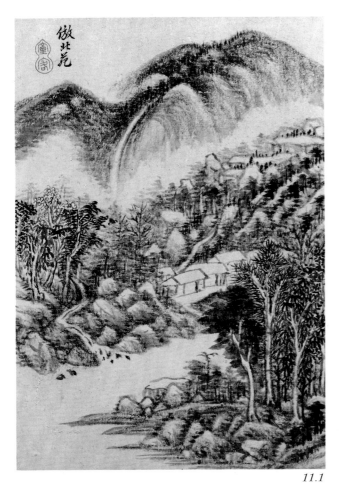

仿北苑

11.1

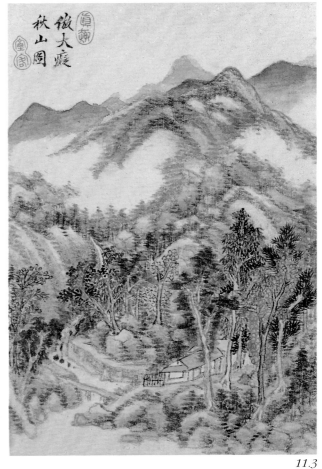

草師 仿大癡 秋山圖

11.3

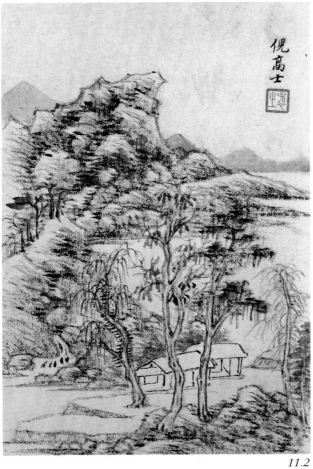

倪高士

11.2

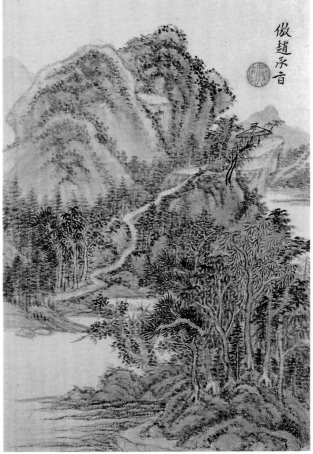

仿趙承旨

11.4

21

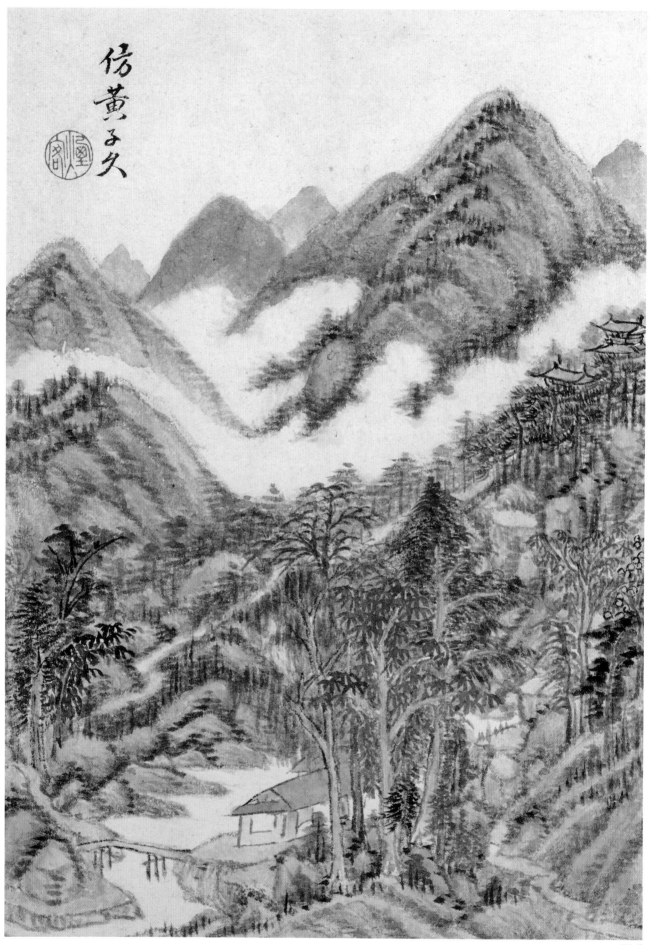

仿黃子久

11.5

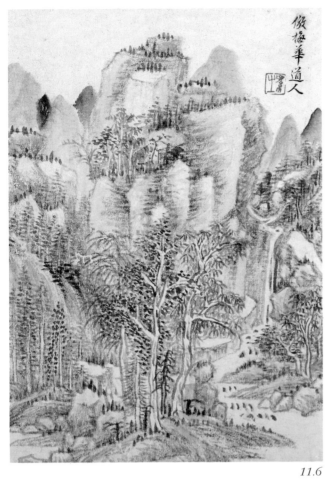

倣梅華道人

11.6

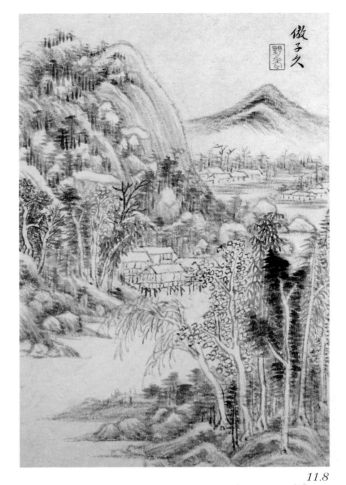

倣子久

11.8

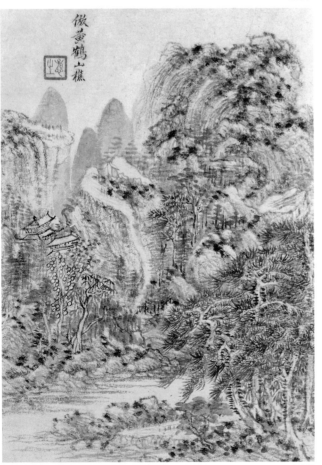

倣黃鶴山樵

11.7

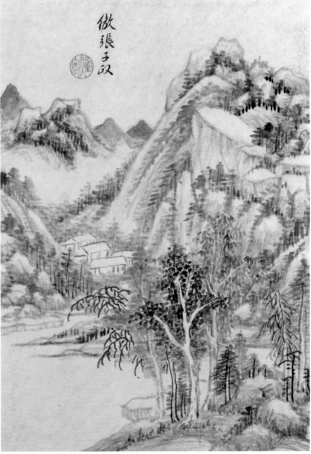

倣張子政

11.9

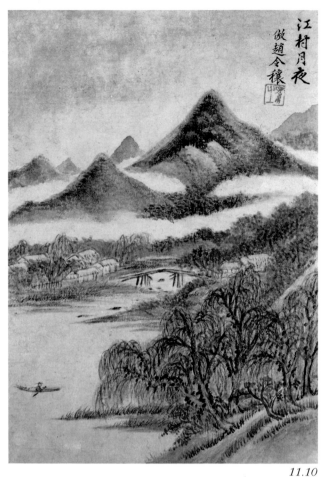

江村月夜
倣趙令穰

11.10

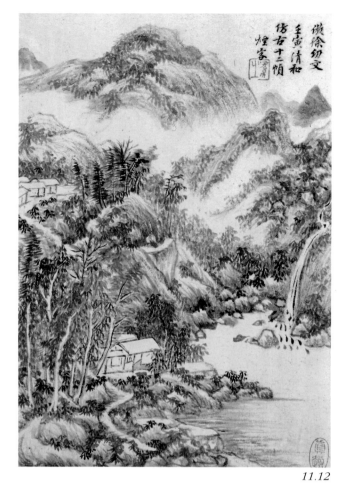

倣徐幼文

壬寅清和
仿古十二幀

煙客

11.12

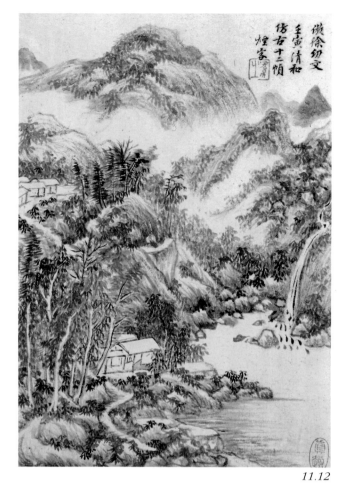

倣陸天游

11.11

吾年來為賦役所困塵坌滿眼愁懟填胸
於筆硯諸緣久復著之此冊為見子撲褢以乞畫
者日置案頭每當煩懣交併無可奈何輒一弄筆
以自遣而境遠神怡心手相應如古井無瀾老蠶
抽繭了無佳思以發奇趣諸幀雜借古人之名漫為題
倣實未能少肖其藩籬筆不禁頳汗處坡公有言論
畫以形似見與兒童鄰則拟摹古蹟尺尺寸寸而求其肖
者豈非浮畫之真音畫固不盡以語此而略晚其大意因
以知文章之道立論彼山谷詩云文章忌隨人後自成一家
始逼真正當與坡公語並泰也
壬寅余月晦日西廬老人識

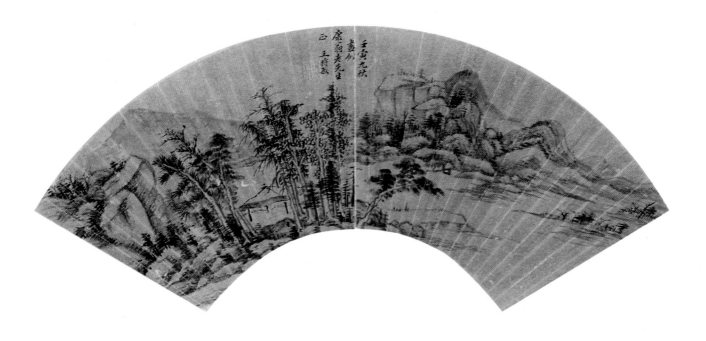

12

王時敏　山水扇
金箋本　墨筆　縱15.9厘米　橫50.7厘米

Landscape
By Wang Shimin
Fan leaf, ink on gilded paper
15.9 x 50.7cm

自識："壬寅九秋畫似康翁老先生正，王時敏。"鈐"王時敏印"
（白文）。

壬寅為康熙元年（1662），王時敏時年七十一歲。

此圖參以黃公望、倪雲林兩家法，山石勾畫空靈，水邊樹叢濃
密葱鬱，頗得二家平淡天真之致。

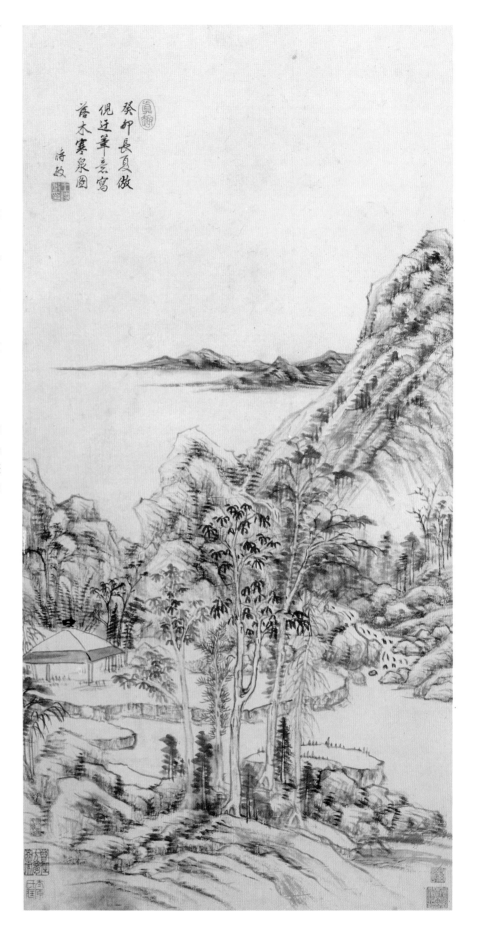

13

王時敏　落木寒泉圖軸

紙本　墨筆　縱83厘米　橫41.2厘米

Old Trees and Cold Waterfall
By Wang Shimin
Hanging scroll, ink on paper
83 × 41.2cm

本幅款署："癸卯長夏仿倪迂筆意寫《落木寒泉圖》，時敏。"鈐"王時敏印"（白文）、"真趣"（朱文）。鑑藏印有"孫煜峯"、"會稽孫氏虛靜齋收藏書畫印"、"太原氏藏"、"曾在方夢園家"、"頌閣心賞"、"希逸"六方。

癸卯為康熙二年（1663），王時敏時年七十二歲。

清方濬頤《夢園書畫錄》著錄。

此圖在畫法上追踪倪瓚，山石樹木勾勒用渴筆正鋒側出，轉折處露鋒芒而筆墨渾然，但點葉與小樹畫法仍近黃公望筆意。其蒼厚蘊藉的風致自是畫家晚年的典型面貌。

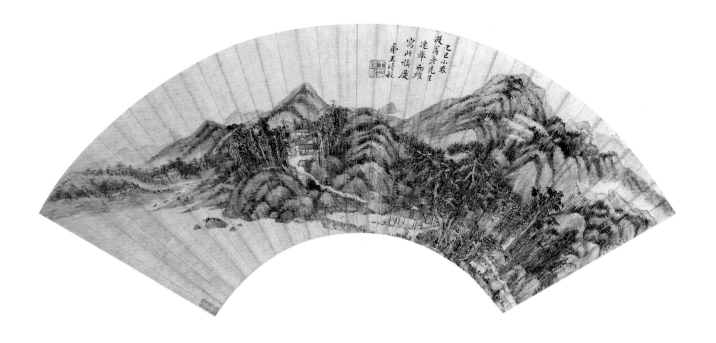

14

王時敏　山水圖扇

紙本　設色　縱15.7厘米　橫49.8厘米

Landscape
By Wang Shimin
Fan leaf, color on paper
15.7 x 49.8cm

款識："乙巳小春散翁老先生連舉兩雄，寫此稱慶，弟王時敏。"下鈐"王時敏印"（白文）。畫幅左下鈐鑑藏印"翁氏珍藏"。

乙巳為康熙四年（1665），王時敏時年七十四歲。

此扇畫境清幽，用筆精熟，設色秀雅，畫法近元黃公望，頗見功力。

15

王時敏　仙山樓閣圖軸

紙本　墨筆　縱133厘米　橫63.5厘米

Pavilions in the Lofty Mountains
By Wang Shimin
Hanging scroll, ink on paper
133 x 63.5cm

本幅款署："乙巳冬日寫《仙山樓閣圖》為靜孚道兄尊堂方太夫人七袠壽，王時敏。"鈐"王時敏印"（白文）、"西廬老人"（朱文）、"玄賞"（朱文）。上詩堂有清初吳偉業題云："陳子靜孚母夫人方太君七十，王煙客奉常、王湘碧郡伯繪仙山樓閣圖以為祝。郡伯所製可以頡昂松雪，若太常此幀蒼深高遠，尺幅之中恍見仙真樓上，出入於煙雲縹緲間，筆墨之奇非僅得子久三昧也。太夫人女箴婦德可鐫琬琰，余將託諸詩歌，得兩公妙染，真所謂畫中有詩，不待九如之頌，可效凱觥之祝矣。吳偉業題。"本幅鑑藏印有"過雲樓考藏金石圖書"、"顧子山祕笈印"兩方。

乙巳為康熙四年（1665），王時敏時年七十四歲。

《過雲樓書畫記》著錄。

此圖是王時敏為陳靜孚之母七十壽辰而作。元朝時盛行道教，故元畫家慣寫《仙山樓閣圖》一類圖繪。畫家則以元黃公望畫法寫此圖。其筆墨畫法尤見精絕超逸，是畫家晚年精品之作。

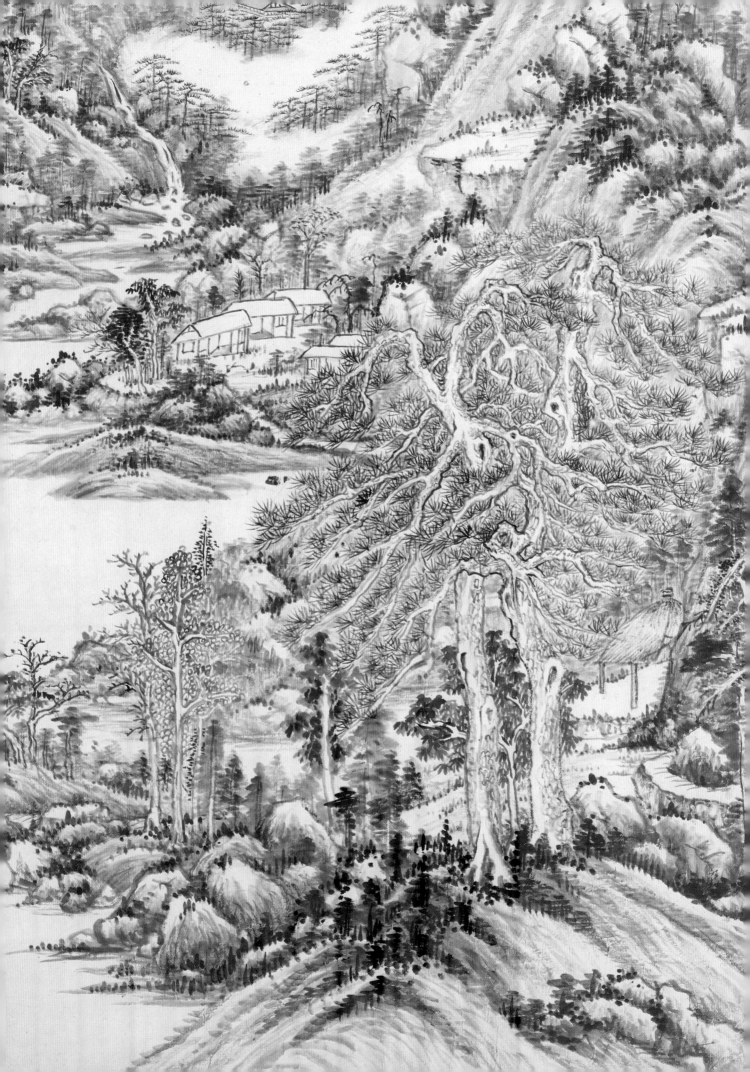

16

王時敏　作杜甫詩意圖冊

紙本（十二開）　墨筆或設色　每開縱39厘米　橫25.5厘米
清宮舊藏

Scenes Described in Du Fu's Poem
By Wang Shimin
Album of 12 leaves, ink or color on paper
Each leaf: 39 x 25.5cm
Qing Court Collection

此詩意圖冊每開上均有作者自書杜甫七言詩一句。

第一開　設色。叢山落澗。自識："藍水遠從千澗落，玉山高並兩峯寒。"鈐印"王時敏印"（白文）。

第二開　設色。江村月色。自識："白沙翠竹江村暮，相送柴門月色新。"鈐印"遜之"（朱文）。

第三開　設色。山村春色。自識："花徑不曾緣客掃，柴門今始為君開。"鈐印"煙客"（朱文）。

第四開　墨筆。松雲絕壁。自識："斷壁過雲開錦繡，疏松隔水奏笙簧。"鈐印"煙客"（朱文）。

第五開　設色。秋山紅樹。自識："含風翠壁孤煙細，背日丹楓萬木稠。"鈐印"煙客"（朱文）。

第六開　墨筆。落木江帆。自識："無邊落木蕭蕭下，不盡長江滾滾來。"鈐印"遜之"（朱文）。

第七開　設色。山城夕照。自識："孤城返照紅將斂，近寺浮煙翠且重。"鈐印"時敏"（白文）。

第八開　墨筆。山莊草閣。自識："百年地僻柴門過，五月江深草閣寒。"鈐印"煙客"（朱文）。

第九開　墨筆。藤月荻花。自識："請看石上藤蘿月，已映洲前蘆荻花。"鈐印"時敏"（白文）。

第十開　設色。秋山楓菊。自識："石出倒聽楓葉下，櫓搖背指菊花開。"鈐印"煙客"（朱文）。

第十一開　設色。巫峽弈棋。自識："楚江巫峽半雲雨，清簟疏簾看弈棋。"鈐印"煙客"（朱文）。

第十二開　設色。雪澗寒林。自識："澗遣餘寒歷冰雪，石門斜日到林止。乙巳臘月寫少陵詩意十二幀似旭咸賢甥，時年七十有四，時敏。"鈐"王時敏印"（白文）、"真寄"（朱文）。

本幅鑑藏印有"乾隆御覽之寶"、"石渠寶笈"、"御書房鑑藏寶"、"嘉慶御覽之寶"、"宣統御覽之寶"、"三希堂精鑑璽"等二十方。後頁有王時敏自題記（見附錄）。

乙巳為康熙四年（1665），王時敏時年七十四歲。

《石渠寶笈·初編》著錄。

此冊是王時敏依據杜甫詩意為外甥董旭咸精心繪製的。畫家在筆墨技法上承襲了黃公望兼取北宋董源、巨然和元王蒙諸家，用筆工穩，設色明快，皴擦點染兼用，具蒼潤濃厚中蘊清秀雅麗的藝術特色。該冊為王時敏晚年爐火純青之作。

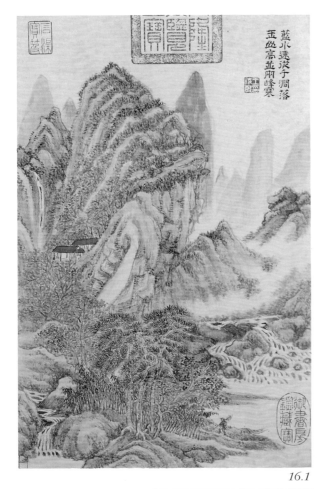

16.1

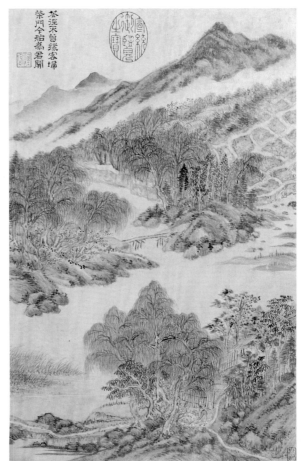

16.3

16.2

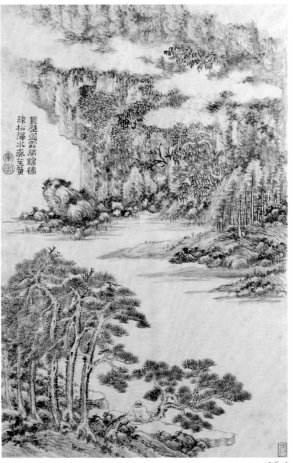

16.4

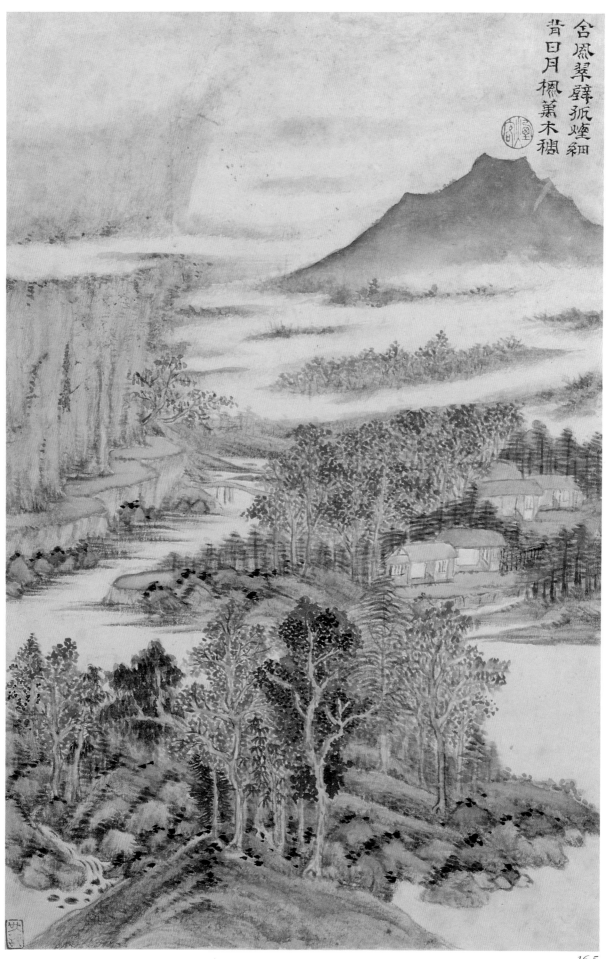

含風翠壁孤煙細
昔日月楓蕭木稠

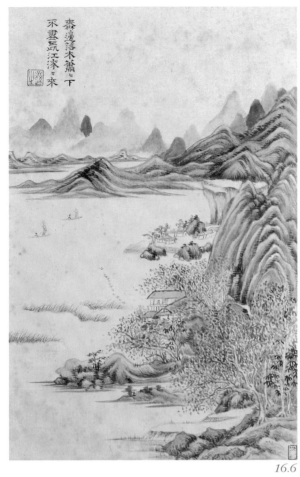

燕溪落木蕭々下
不盡江漆々来

16.6

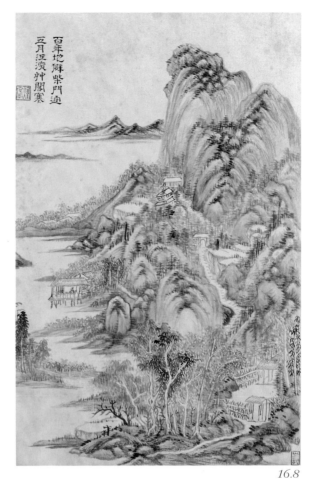

百年地僻柴門迥
五月江深艸閣寒

16.8

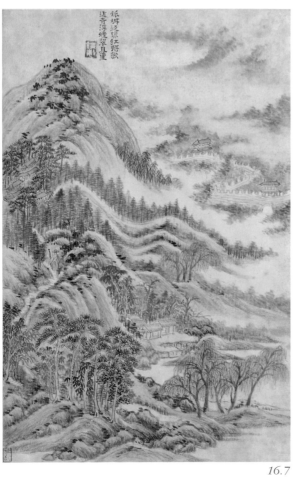

振衣遥望紅揺歌
近寺溪橋翠里重

16.7

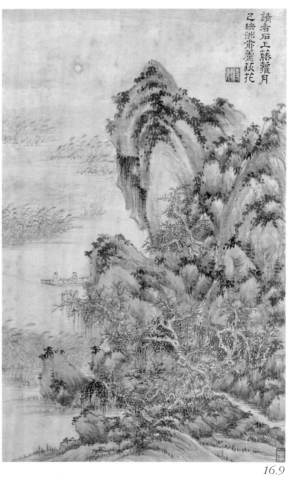

請看石上藤蘿月
已映洲前蘆荻花

16.9

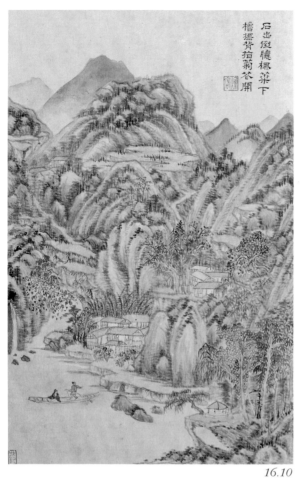

石出從臞膝菊楓菜下
檐擺皆指菊苍開

16.10

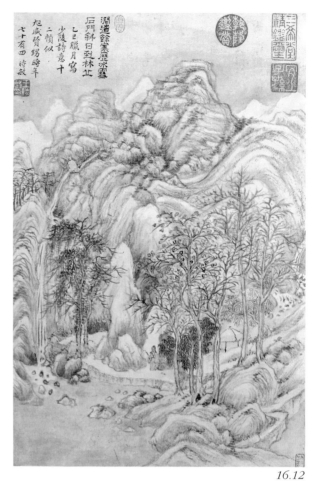

少陵詩體弘衆妙意匠經營高出萬層其奥博沉雄真有擘
鯨魚探鳳髓之力故宜標準百代冠古絶今余毎讀七律見其
所寫景物璨麗高寒歷〻在眼恍若身遊其間輒思寄興臨磚遍
旭咸賢甥以巨册屬畫寒窓偶暇遂拈景聯佳句黙染成圖頗
以肺腸枯涸俗賴填塞拈作者意惬飛動之致略未得其毫
末詩中字〻有畫而畫中筆〻無詩滄借彊題鈍置浣花翁
不少慨塊〻

洞道餘寒歷冰墨
石門斜日到林止
乙巳臘月寫
少陵詩意十
二幀似
旭咸賢甥時年
七十有四 時敏

西廬老人王時敏題

16.12

16.11

楚江巫峽半雲庸
濟峯踈簾奇柰棋

17

王時敏　虞山惜別圖軸
紙本　墨筆　縱134厘米　橫60厘米

**Taking Leave for Yushan Mountain
By Wang Shimin**
Hanging scroll, ink on paper
134 x 60cm

本幅款署："閩中戴君瑞陽本詩禮舊族，
以市煙草至婁，僦居余家。對宇數椽，累
年鄰曲，習知其為人誠樸溫醇，綽有士
風，頗為心折。今將遷居虞山，依依惜
別，特作此圖贈之。戊申初秋西廬老人
王時敏識，時年七十有七。"鈐"王時敏
印"（白文）、"西廬老人"（朱文）、"真
寄"（朱文）。

戊申為康熙七年（1668）。

此圖是王時敏為送別福建煙草商人戴
瑞陽之作。圖繪虞山之景，畫法追蹤黃
公望，以乾淡之筆皴山擦石，筆墨極蒼
老，雖已乏蘊藉風致，然仍不失為畫家
晚年山水佳作。

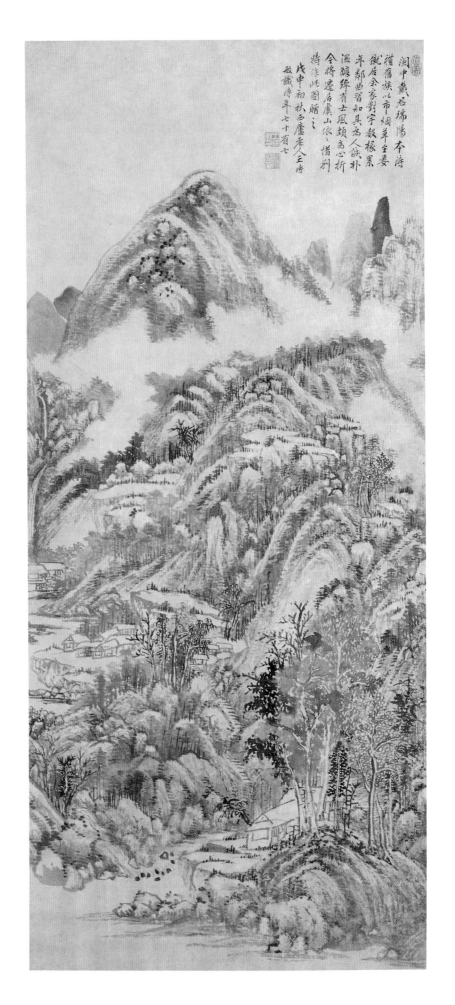

18

王時敏　端午圖軸

紙本　墨筆　縱100.8厘米　橫40.1厘米

**Calamus Symbolizing the Dragon Boat
Festival**
By Wang Shimin
Hanging scroll, ink on paper
100.8 x 40.1cm

本幅款署："丙辰端午西廬老人戲墨。"
下鈐"王時敏印"（朱文）、"西廬老人"
（白文）。鑑藏印有"桐陰館藏"、"陸潤
之鑑藏"二方。

丙辰為康熙十五年（1676），王時敏時年
八十五歲。

此圖是為端午節所作的節令畫，故描繪
了初夏的時令花卉。民間習俗在端午節
時將菖蒲、艾草編節，用以薰避蚊蟲，故
菖蒲尤是端午節的代表物。該圖所繪花
卉筆墨簡練潔淨，清新古雅，表現了吉
祥喜慶的意境。此圖為王時敏較為罕見
的墨筆花卉，為其極晚年作品。

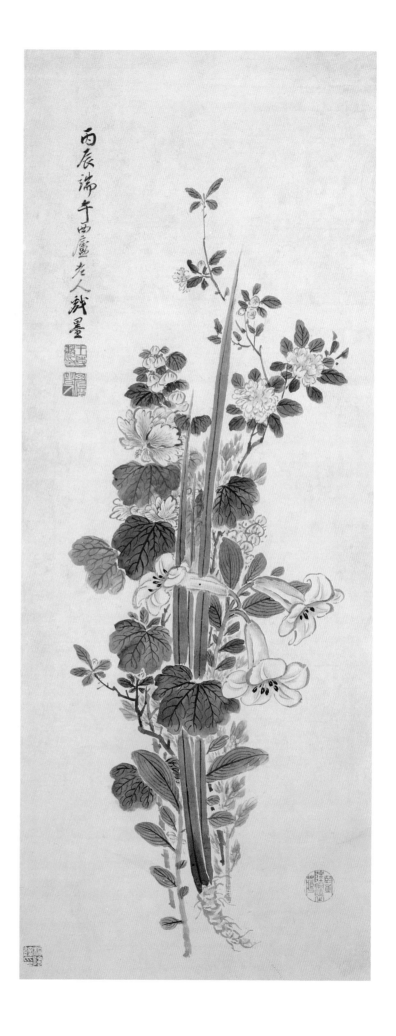

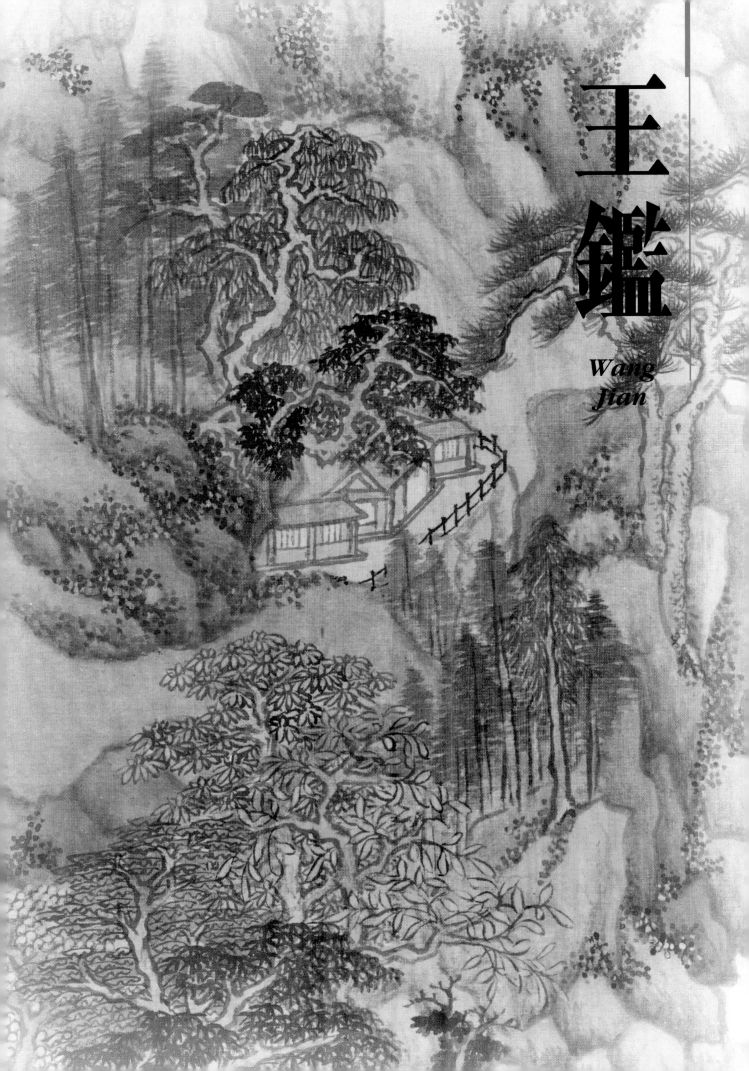

王鑑

*Wang
Jian*

王鑑

王鑑（1598—1677年）年字玄照，因避清聖祖皇
帝玄燁的名諱，後改字元照、圓照，號湘碧、染香庵主。江蘇太倉人。曾祖父是明末著名文人王世貞。
明崇禎六年（1633）舉人，八年，以蔭仕至廉州太守（今廣西合浦縣），人稱“王廉州”。二年後
辭歸。據其友人張學曾記：“廉州罷郡在強仕之年，顧盼林泉，肆力畫苑，筆墨之妙，海內推為冠
冕”[1]。他是“畫中九友”中人物，並在清初與王時敏齊名，當時人稱“二王先生”。

王鑑“幼喜繪畫”，據其自述：“余初學畫，即宗子久，謂為思翁（董其昌）賞識。”[2]此後，有確切
的記載，他曾兩次與暮年的董其昌接晤，並共同賞評過黃公望《秋山圖》、趙孟頫《鵲華秋色圖》兩幅
名作，對其日後的繪畫創作有深刻影響。據《王奉常書畫題跋》記，他又曾在王時敏家縮摹過王氏的畫
藏十六幀。與王時敏相比，王鑑的摹古能力尤長，以致王時敏這樣題讚他的《仿古山水冊》：“今廉州
繼起，董（源）、巨（然）、李（成）、范（寬）、三趙（趙令穰、趙伯駒、趙孟頫）以暨元四大家皆
得心印，非但肖其形似，兼能抉其精髓，不待標記，即知為某家筆意”[3]。王時敏稱讚了王鑑的摹古本
領，又說出了王鑑的畫學是以仿學古代文人畫家畫法為主體的。本集所收王鑑繪畫作品可以表現出其繪
畫的主要特點，其一，王鑑的長於摹古，既能“抉其精髓”，又擅長融匯貫通諸家筆意。其中也有其
“專精熟習”的古代畫家，那便是元代的王蒙。《夢境圖軸》（見圖23）、《長松仙館圖軸》（見圖
33）分別是王鑑中、晚年仿學王蒙畫法的代表作，正所謂“抉其精髓”者。創作於清順治六年庚寅
（1649）的《四家靈氣圖軸》（見圖20），則是以兼融元四家筆意，實際上又以巨然畫法為骨體，所謂
以元四家上溯董巨的作品，是畫家承南北宗論餘緒而融古的例證。其二，王鑑善設色畫，一種如《仿惠
崇花溪漁隱圖扇》（見圖38），以設色清麗秀逸為格。一種如《青綠山水圖卷》（見圖26）和康熙癸卯
（1663）時創作的《仿古山水圖冊》（見圖32），其中除師法黃公望的淺絳設色法外，更為奪目的是所
謂兼採“三趙”設色法的青綠山水畫，王時敏嘗稱：“年來更出入‘三趙’，以穠麗為宗，然高華秀逸
兼而有之”[4]。其三，這些繪畫現象絕非文人畫家們所標榜的“逸筆”所能，故人評其繪畫“士氣、作
家兼備”，也就是兼備文人畫與行家畫的不同畫法特點。從畫史的意義看，由於王鑑的摹古與繪畫表現
能力有較高深的造詣，因而他既能將董其昌能言而不能行的部分，如董氏所推崇的“三趙”設色法切實
地加以藝術實踐，又能較王時敏更廣泛地融匯所謂南宗畫派的藝術傳統，並凝定成一種行、利相兼的新
的藝術模式。這不僅曾直接影響了他的弟子王翬，也對清代畫壇產生了深遠的影響。

註釋：(1) 張學曾題王鑑《仿王蒙山水軸》，見《虛齋名畫錄·卷九》著錄。
　　　(2) 上海博物館藏　王鑑《煙巒水閣圖軸》自題。
　　　(3)、(4) 引自《王奉常書畫題跋》。

19

王鑑　九峯讀書圖軸
紙本　墨筆　縱142厘米　橫57.5厘米

Reading in the Nine-peak Mountains
By Wang Jian
Hanging scroll, ink on paper
142 x 57.5cm

本幅左上自題："叔明九峯讀書圖，為錢
宗伯收藏，余時得借觀，今仿其筆意，呈
仲翁老宗台教正。已丑季夏小弟鑑。"鈐
"玄照"（朱文）、"煙波釣客"（白文）。
收藏印"朱璿私印"（白文）、"章翼詵堂
法書名畫記"（朱文）等。

題文年款"已丑"為順治六年（1649），
王鑑時年五十二歲。

此圖係為錢謙益（仲翁）所作。王鑑於元
王蒙山水畫頗有專學，不少佳作皆仿王
蒙畫法。此圖用解索皴拖墨而下，其勢
雄偉蒼渾，看似逸筆草草，實是胸有丘
壑。

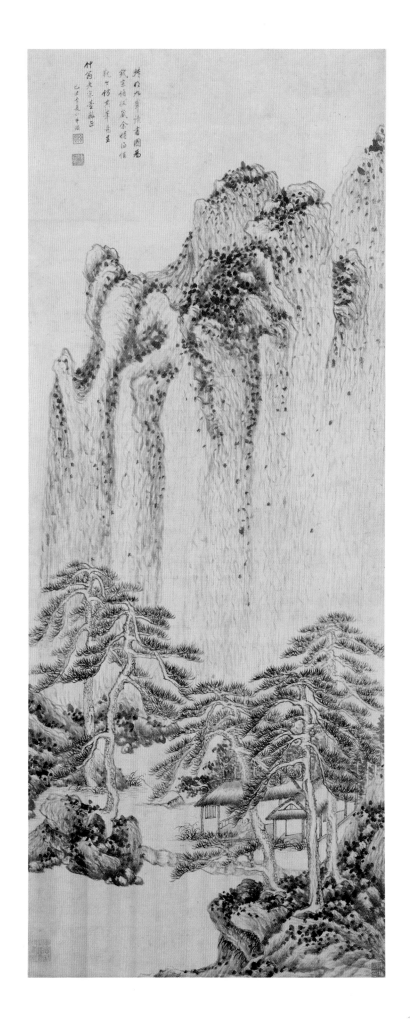

20

王鑑 四家靈氣圖軸

紙本 墨筆 縱130厘米 橫53.5厘米

Landscape in the Four Master's Style
of Yuan Dynasty
By Wang Jian
Hanging scroll, ink on paper
130 × 53.5cm

本幅右上自題："己丑冬十月余浪遊武
林，承登子張公祖渡江相訪，出其同鄉
朱相國家所藏元四大家真迹鑑賞，俗眼
為之一清掃，如漁父出桃源不復記憶，
然筆端靈氣於夢寐中彷彿見之，閑窗圖
此，不識能得其萬一否？東海王鑑。"鈐
"王鑑印"（朱文）、"玄照氏"（白文），
引首鈐"弇山堂"（朱文）。收藏印"洪洞
董氏家藏"（朱文）、"仲麟鑑藏"（白
文）、"陸潤之藏"（朱文）等三印。

題文年款"己丑"為順治六年（1649），
王鑑時年五十二歲。

此圖是王鑑欲集仿元四家筆意的作品。
實以巨然為主，圓筆中鋒，為其中年代
表作。據本卷所收王鑑《仿大痴山水軸》
上的王時敏跋，稱王鑑的繪畫"有董巨
之功力，又有子久之逸韻，瓶盤釵釧，鎔
成一金"云云，是讚揚王鑑善摹古，更善
融古自創，此圖亦足以當之。

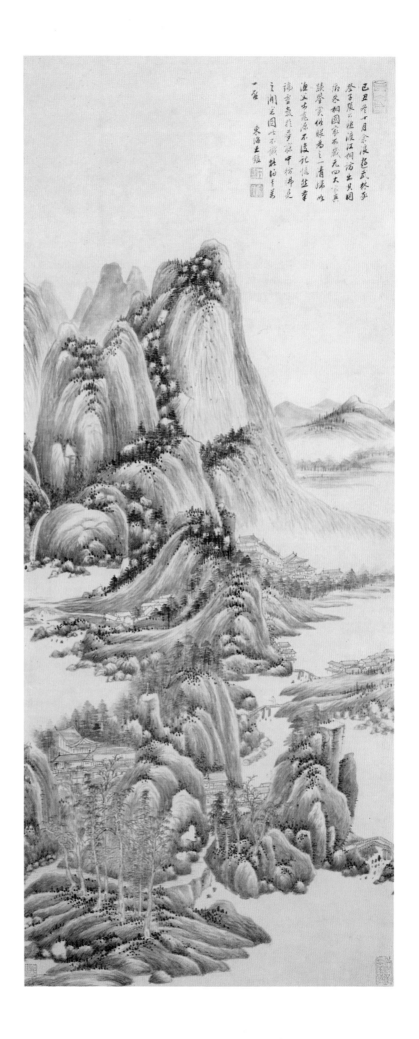

21

王鑑　拂水岩圖軸

紙本　墨筆　縱67.8厘米　橫31.3厘米

Fushui Cliff of Yushan Mountain
By Wang Jian
Hanging scroll, ink on paper
67.8 × 31.3cm

本幅右上自題："癸巳二月訪牧齋宗伯
於虞山，放舟拂水岩寫所見，王鑑。"鈐
"王鑑"（白文）、"玄照"（白文），引首
印"湘碧"（朱文）。收藏印"蘭陵文子收
藏"（朱文）、"湖帆鑑賞"（白文）。

題文年款"癸巳"為順治十年（1653），
王鑑時年五十六歲。

此圖是王鑑描繪虞山勝景之一，畫家以
王蒙畫法予以表現。筆墨蒼秀，境界清
寂。雖不是細緻描繪實景，卻突出了"拂
水岩"幽僻的特點，是畫家師法古人，進
而師法自然的一種藝術創新表現，為其
中年繪畫佳作。

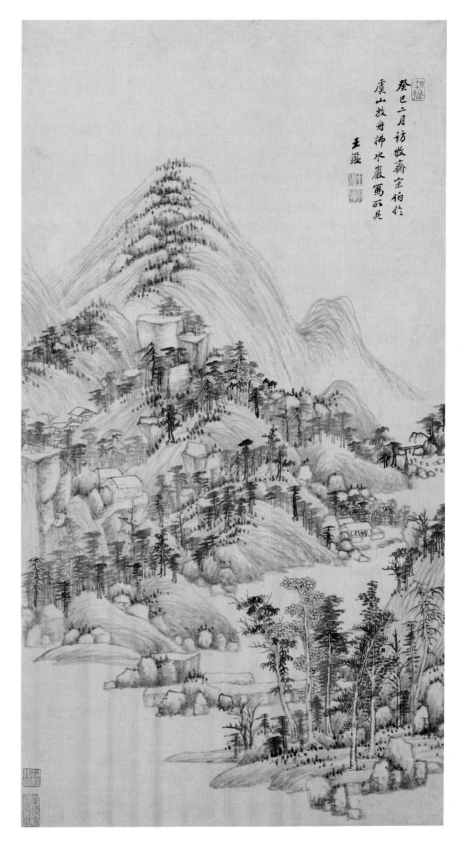

22

王鑑　仿王蒙山水圖軸
紙本　墨筆　縱93.3厘米　橫40.8厘米

Landscape after Wang Meng
By Wang Jian
Hanging scroll, ink on paper
93.3 x 40.8cm

本幅左上自題："丙申春初仿叔明筆於定慧禪寺，王鑑。"鈐"玄照"（朱文）、"湘碧"（朱文）。收藏印"書卷長留天地間"（白文）、"高香亭珍藏"（朱文）、"虛齋審定"（朱文）、"芷林審定"（朱文）。

詩堂有張學曾題（題文見附錄）。

引首鈐"廣漢"（朱文）、"張學曾印"（朱文）、"爾唯"（白文）。收藏印"畢瀧鑑賞"（朱文）、"潘秋谷所得金石書畫"（朱文）、"龐萊臣珍賞印"（朱文）。

題文年款"丙申"為順治十三年（1656），王鑑時年五十九歲。

此圖為王鑑仿王蒙畫法的作品之一。據徐邦達先生研究，凡畫家仿王蒙的作品，不論其中晚年，筆法大都較尖、細，此圖亦覆如此。然筆墨輕秀灑脱，與同年所作《夢境圖》的工穩特點不同。又詩堂上張學曾的題跋是研究王鑑生平及繪畫藝術的重要參考文獻。

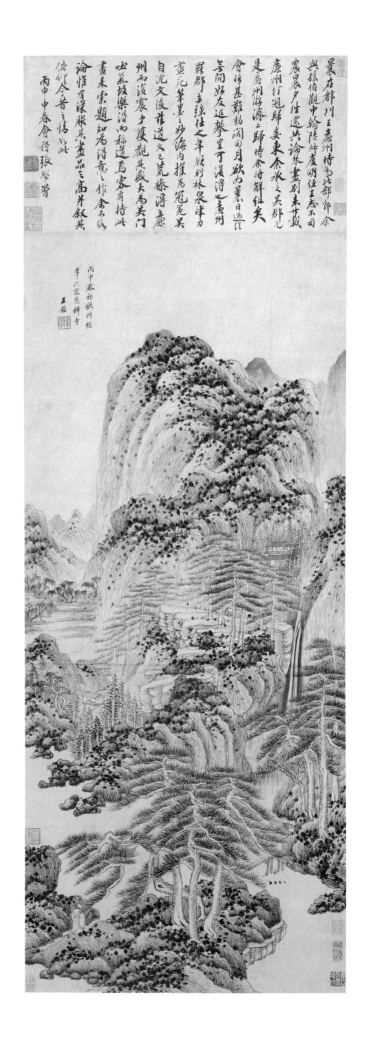

23

王鑑　夢境圖軸

紙本　設色　縱162.8厘米　橫68厘米

Mountains and Rivers without End
By Wang Jian
Hanging scroll, color on paper
162.8 × 68cm

畫上方自題長跋（見附錄），署款"丙申
夏六月哉生明，王鑑識。"鈐"弇山堂"
（朱文）、"王鑑之印"（白文）、"玄照"
（朱文）三印。後又題："靜岩老親翁索
畫，即以此幀請正。弟鑑。"鈐"玄照"
（白文）一印。

丙申為順治十三年（1656），王鑑時年五
十九歲。

《過雲樓書畫記》卷五等著錄。

此幅山水圖，是王鑑於夢中所見佳境，
"記境成圖"，頗具神奇色彩，故稱《夢境
圖》。畫家自中年罷仕之後，"顧盼林泉，
肆力畫苑"，長期安度文人畫家園居的
雅逸生活，既熟稔江南佳境之勝，又心
折於唐王維《輞川圖》等名繪，因能於夢
中現出山水奇佳之境。畫家於元王蒙畫
法鑽研頗深，又因王蒙《南村草堂圖》交
易事，而被徽商王越石加誣傷之詞，故
畫家全以王蒙法繪此圖，筆法尖秀而工
穩，為其一生中傑出的代表作品。

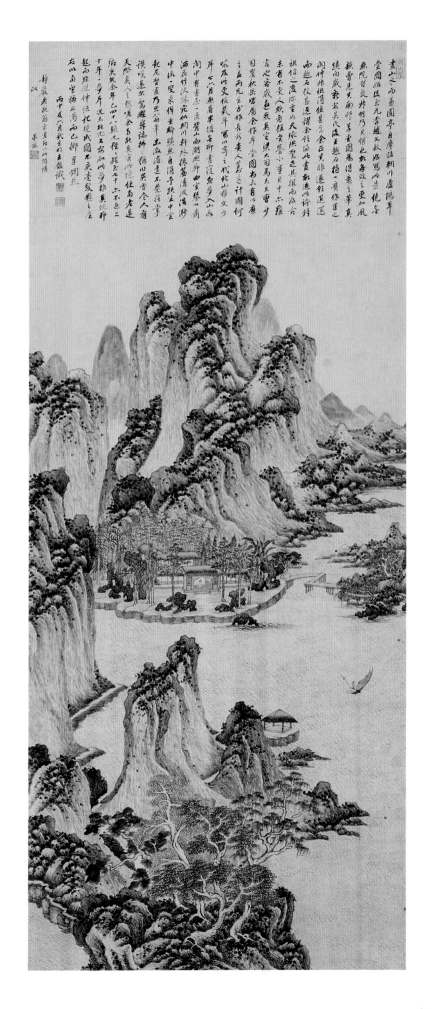

24

王鑑　仿董源溪山圖卷

紙本　水墨　縱24.2厘米　橫425.3厘米
清宮舊藏

Mountains and Streams after Dong Yuan
By Wang Jian
Handscroll, ink on paper
24.2 x 425.3cm
Qing Court Collection

本幅卷末自識："丙申長至仿北苑《溪山圖》，王鑑。"鈐"玄照"
（白文）、"王鑑"（白文）。另本幅鈐收藏印九方："石渠寶笈"
（朱文）、"寶笈三編"（朱文）、"嘉慶御覽之寶"（朱文）、"嘉
慶鑑賞"（白文）、"三希堂精鑑璽"（朱文）、"宜子孫"（白
文）、"徐堅曾觀"（白文）、"徐堅私印"（白文）、"鄧尉老樵"
（白文）。

丙申為順治十三年（1656），王鑑時年五十九歲。

《石渠寶笈三編·延春閣》著錄。

圖中巒岫迴合，煙嵐變幻，運筆沉着，披麻皴繁密而精整，墨色
溫潤，層次豐富，風格蒼莽沉雄。據畫家所記，他曾於都門見董
源《溪山圖》卷，並曾屢次仿之。此圖雖筆墨繁厚，然層次明
潔，墨法清潤，旨歸《溪山圖》的"妙有幽微淡遠之致"，故頗得
董源繪畫的遺法、遺貌，是原清內府舊藏中的佳品。

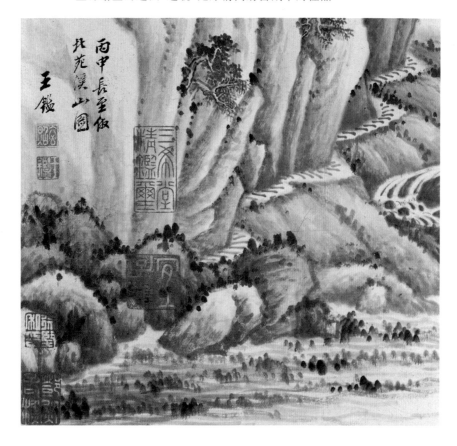

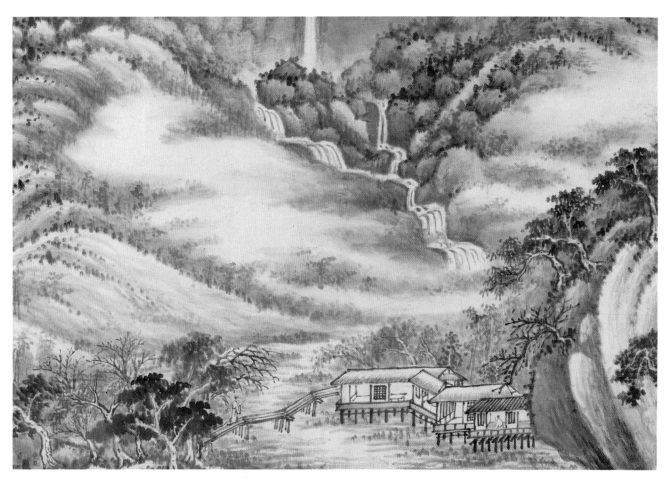

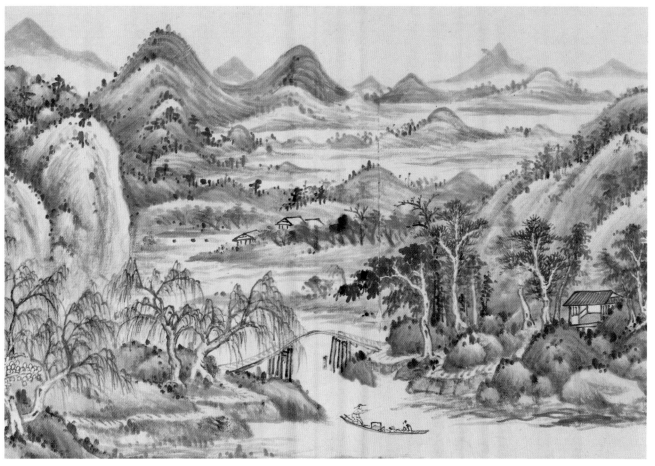

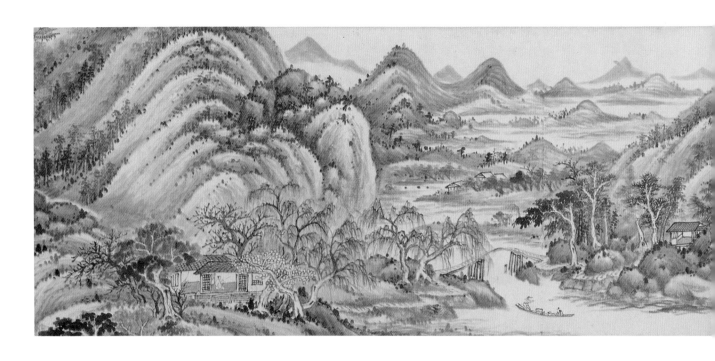

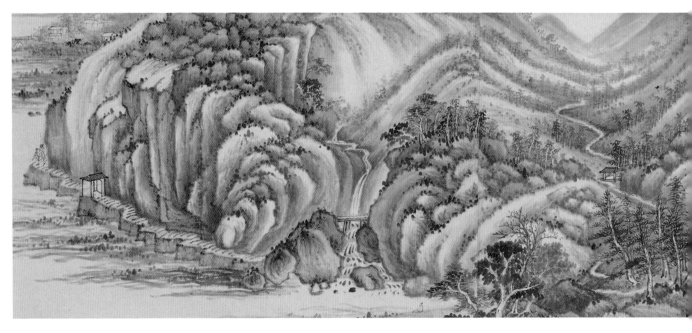

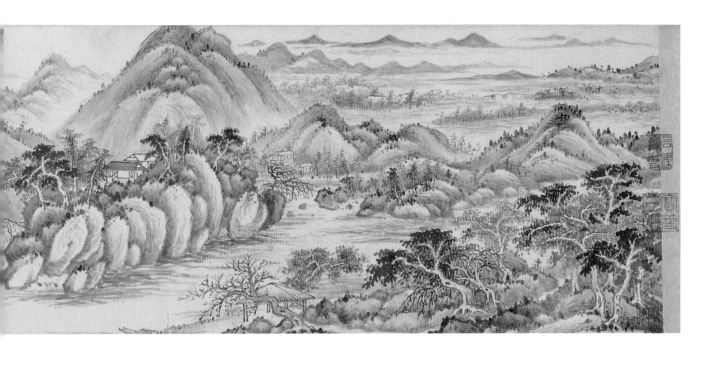

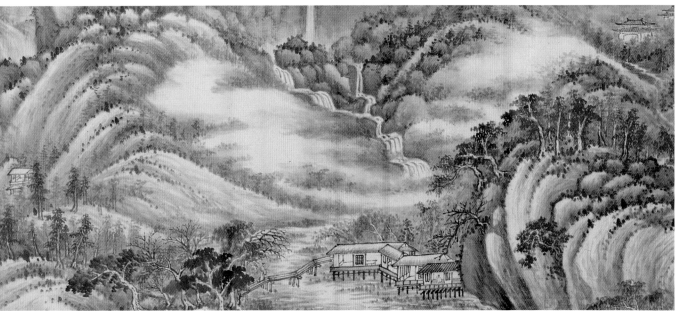

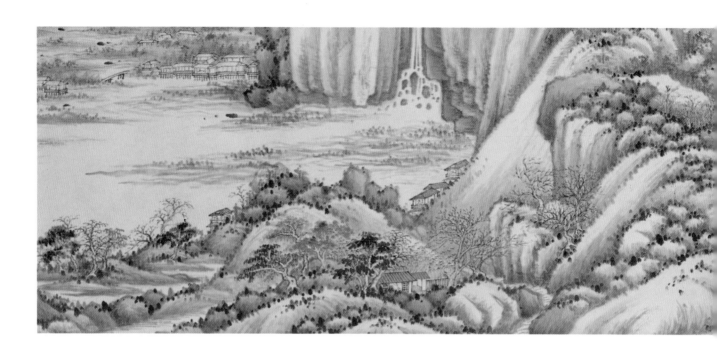

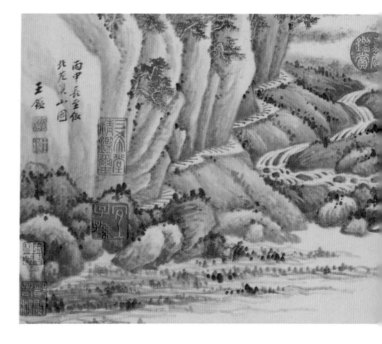

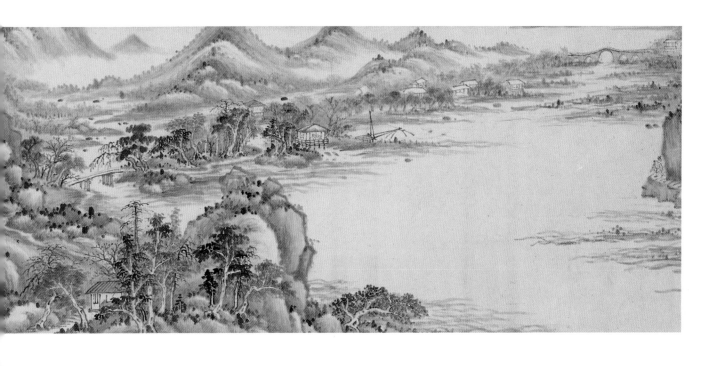

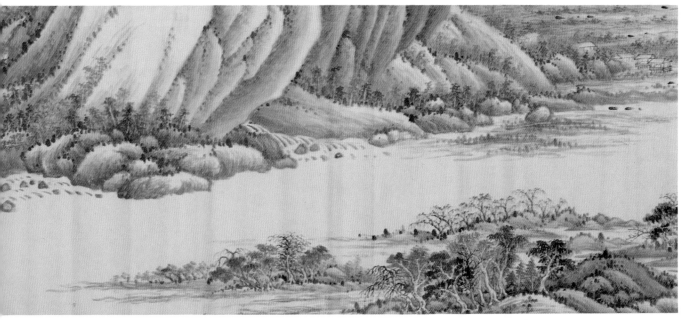

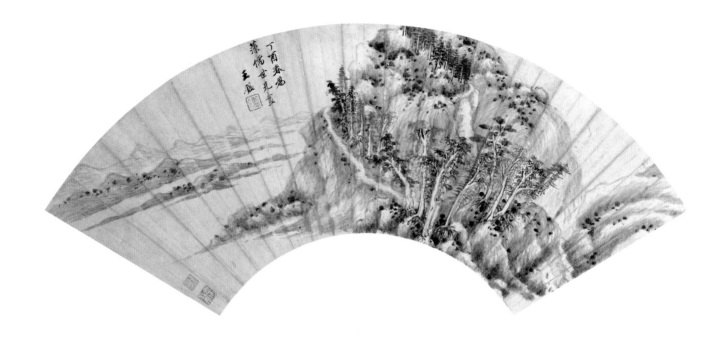

25

王鑑 山水扇

紙本 墨筆 縱16厘米 橫49.7厘米

Landscape
By Wang Jian
Fan leaf, ink on paper
16 x 49.7cm

本幅上方自題："丁酉春為藻儒世兄畫，王鑑。"鈐印"鑑"（朱
文）。收藏印"孝同祕玩"（朱文），"惠均長壽"（白文）。

題文年款"丁酉"為順治十四年（1657），王鑑時年六十歲。題
文上款："藻儒"為王掞，字藻儒，號顓庵，王時敏八子。

此圖用淡墨皴染，層層深厚，用墨點和勾勒的錯落襯托出山勢
相疊的面貌。這種畫法係受北宋巨然畫法的影響。

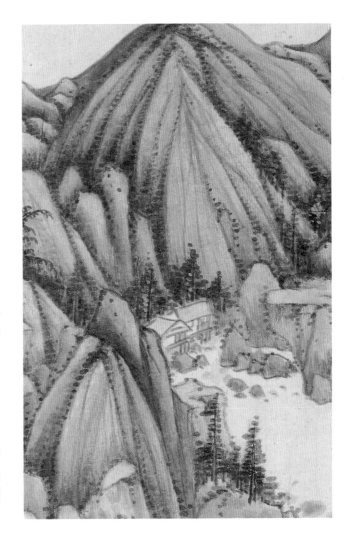

26

王鑑　青綠山水圖卷

紙本　設色　縱23厘米　橫198.7厘米

Blue-and-Green Landscape
By Wang Jian
Handscroll, color on paper
23 × 198.7cm

本幅左上自題："余向在董思翁齋頭見趙文敏《鵲華秋色卷》，及余家所藏子久《浮嵐遠岫圖》，皆設青綠色，無畫苑習氣，今二畫不知流落何處，時形之夢寐，閑窗息紛，追師兩家筆法而成此卷，雖不敢望古人萬一，庶免近時蹊逕耳。戊戌長夏王鑑。"鈐印"鑑"(朱文)，引首鈐"湘碧"(朱文)、"玄照"(白文)。收藏印"木居士"(白文)、"虛齋審定"(朱文)、"萊臣心賞"(朱文)、"煜峯鑑賞"(白文)等。卷後清王撰、瞿中溶、華翼綸(二則)三家題記。

年款"戊戌"為順治十五年(1658)，王鑑時年六十一歲。

此卷《青綠山水圖》是王鑑設色繪畫的代表作品。據畫家自記，他曾與董其昌共同賞鑑過元趙孟頫的《鵲華秋色圖》和黃公望的《秋山圖》，二圖設色的絢麗為董其昌所歡賞，亦給畫家留下深刻印象。此卷即仿學趙、黃二人青綠設色法，敷色極為濃艷沉鬱，突破了文人畫設色淡雅的格調，卻又保持了明潔清新的藝術特點，体現了畫家大膽的藝術創作精神。

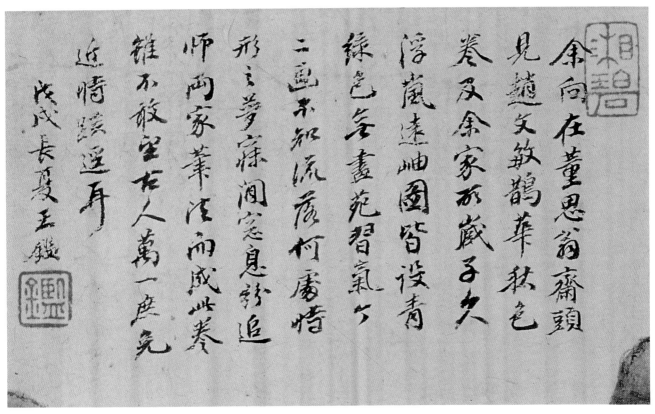

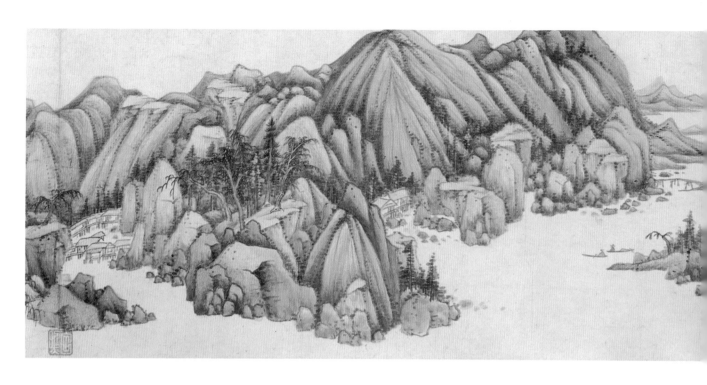

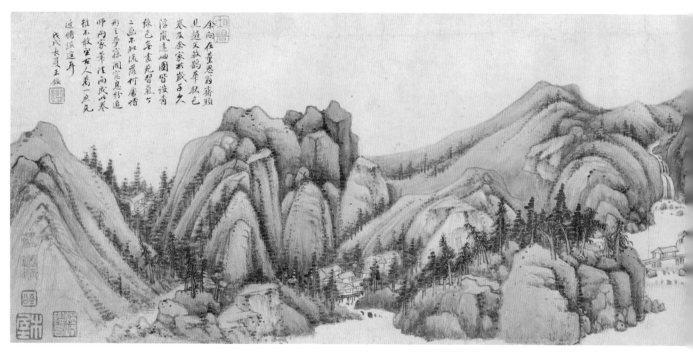

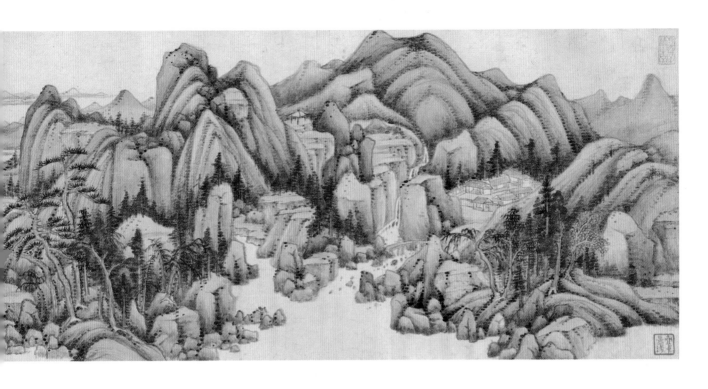

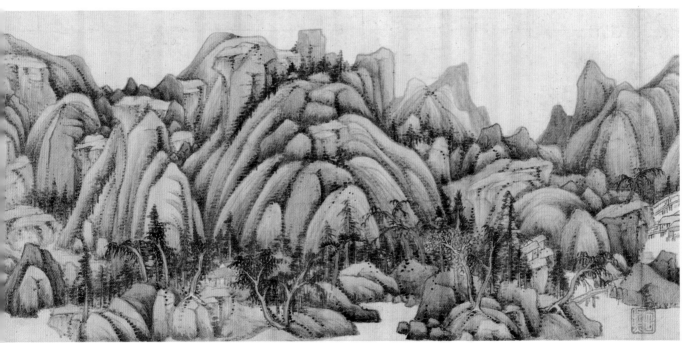

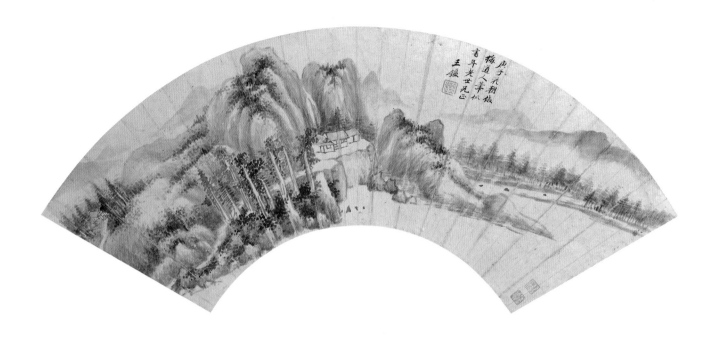

27

王鑑　仿吳鎮山水圖扇

紙本　墨筆　縱15.8厘米　橫52厘米

Landscape after Wu Zhen
By Wang Jian
Fan leaf, ink on paper
15.8 x 52cm

本幅右上自題"庚子花朝仿梅道人筆,似書年老世兄正,王
鑑。"鈐印"鑑"(朱文)。收藏印"住盧藏扇"(白文)、"孝同祕
玩"(朱文)。

"庚子"為順治十七年(1660),王鑑時年六十三歲。

梅道人即吳鎮,此圖仿吳鎮山水,筆墨沉雄,氣韻蒼鬱,充分表
現出吳鎮落墨淹潤而不膩,用筆凝重而不呆板的主要特點。按
王鑑一生畫學,主體上也是由元四家而上溯董巨的所謂南宗
畫派,但在晚年時又較傾心於吳鎮、倪瓚畫法,此扇即為其中
佳作之一。

王鑑　仿黃公望山水軸
絹本　設色　縱122.5厘米　橫61.5厘米

Landscape after Huang Gongwang
By Wang Jian
Hanging scroll, color on silk
122.5 x 61.5cm

本幅自識："庚子冬日仿大痴筆意。王
鑑。"鈐"王鑑之印"（朱文）、"玄照"
（白文）。又上方右側王時敏題跋："元四
大家風格各殊,其源流要皆出於董巨。
玄照郡伯於董巨有專詣,所作往往亂
真。此圖復仿子久而用筆皴法仍師北
苑,有董巨之功力,又有子久之逸韻,瓶
盤釵釧,鎔成一金,即使子久復生,神妙
亦不過如此,真古今絕藝也。余老鈍無
成,時亦欲仿子久而粗率疥癩,相去愈
遠。今見此傑作,珠玉在側,益慚形穢,
遂欲焚去筆硯矣。歎絕愧絕。庚子仲冬
王時敏題。"鈐"王時敏印"（白文）、"遜
之"（白文）及引首章"歸邨"。左下角鈐
收藏印二"虛齋鑑定"（朱文）、"萊臣審
藏真迹"（朱文）。

庚子為順治十七年（1660）,王鑑時年六
十三歲。

《虛齋名畫續錄》著錄。

此圖仿黃公望"淺絳法"設色,構圖上層
層深入,景致高曠。用筆圓渾,得平淡天
真之妙。

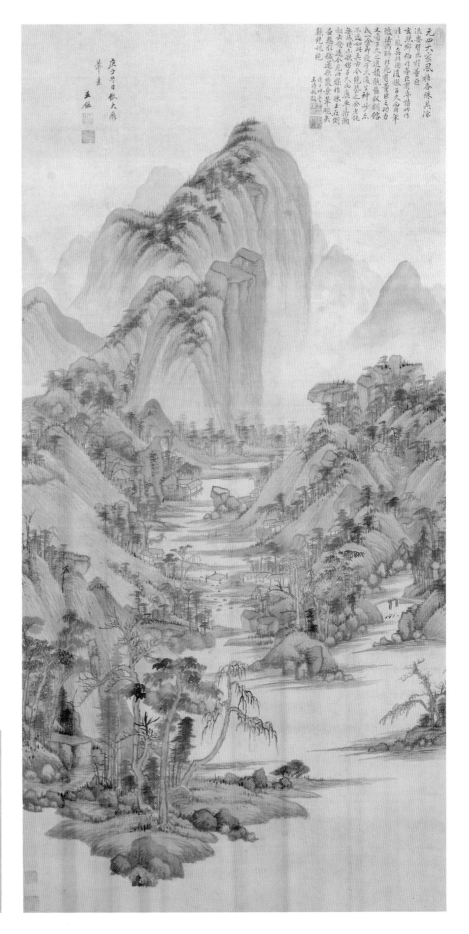

王鑑　仿古山水圖冊

紙本（十二開）　墨筆或設色　每開縱42.9厘米　橫33厘米

Landscapes after Ancient Masters
By Wang Jian
Album of 12 leaves, ink or color on paper
Each leaf: 42.9 × 33cm

第一開　墨筆。右上自題："臨子久秋山圖"。鈐印"鑑"（朱文）。

第二開　設色。左上自題："仿趙文敏"。鈐印"鑑"（朱文）。

第三開　墨筆。右上自題："摹大痴筆"。鈐印"鑑"（朱文）。

第四開　設色。中上自題："仿黃鶴山樵"。鈐印"鑑"（朱文）。

第五開　墨筆。左上自題："仿陳惟允"。鈐印"鑑"（朱文）。

第六開　墨筆。左上自題："米家山"。鈐印"鑑"（朱文）。

第七開　青綠。右上自題："仿趙文敏"。鈐印"鑑"（朱文）。

第八開　墨筆。右上自題："學梅花菴主"。鈐印"鑑"（朱文）。

第九開　墨筆。左上自題："仿元人筆意。"鈐印"鑑"（朱文）。

第十開　墨筆。左上自題："仿梅道人筆"。鈐印"鑑"（朱文）。

第十一開　墨筆。右上自題："師董文敏筆法"。鈐印"鑑"
（朱文）。

第十二開　墨筆。左上自題："辛丑小春仿古十二幀於祇園蘭
若，王鑑"。鈐印"鑑"（朱文）。

題文年款"辛丑"為順治十八年（1661），王鑑時年六十四歲。

冊後畢瀧題跋。（見附錄）

此冊仿古山水，分別仿宋米家山水，元趙孟頫、黃公望、吳鎮、
王蒙，明董其昌諸家畫法，是畫家一生傾力摹學幾大家的繪
畫。雖云仿古，並不全摹。如黃公望《秋山圖》，原為設色畫，此
冊則作墨筆畫。在保持諸家繪畫特點的基礎上，畫家以自己的
理解而重構，因此，十二幅作品十二種風格，或清麗幽雅，或工
致秀潤，或渾莽淋漓，或色調明亮，或沉雄古逸等，整體形成一
種既富變化而又和諧統一的格調，可謂王氏之傑作。

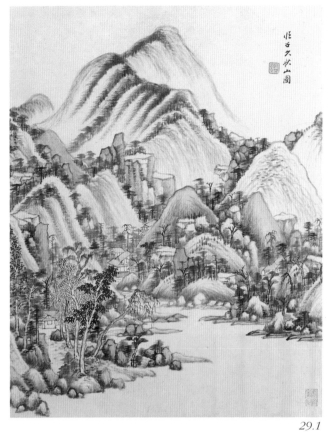

29.1

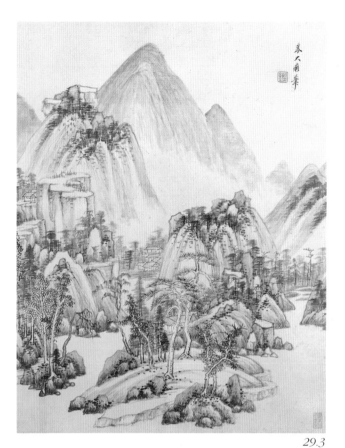

29.3

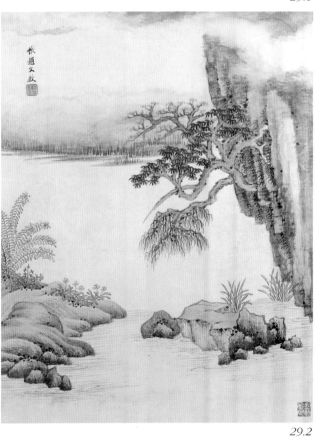

29.2

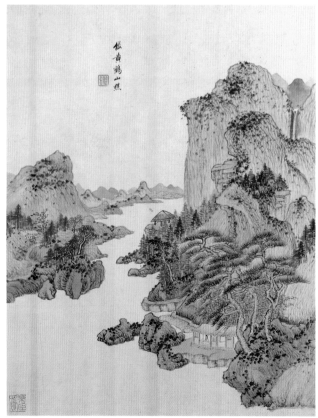

29.4

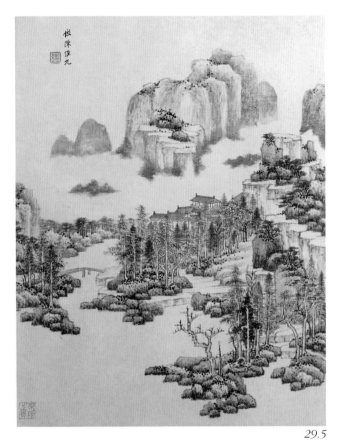

仿陳惟允

29.5

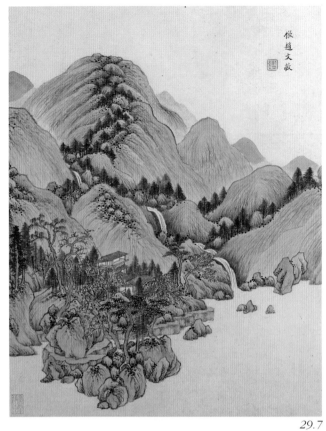

仿趙文敏

29.7

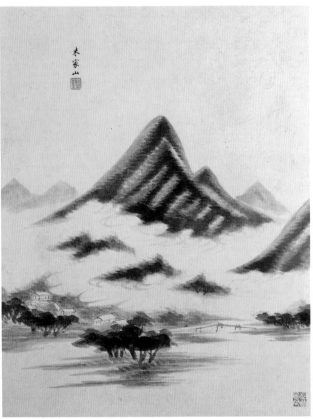

朱家山

29.6

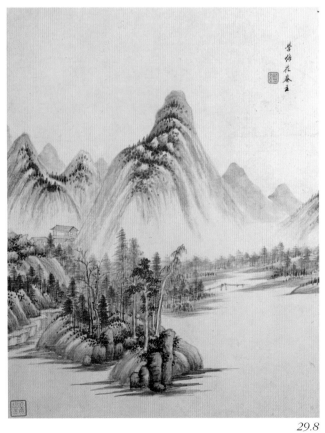

學倪花卷主

29.8

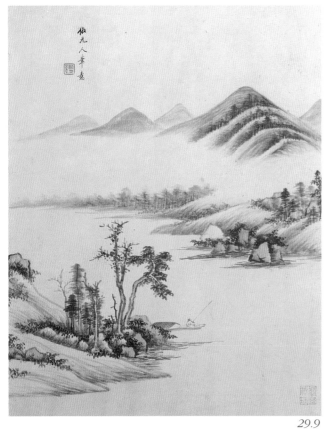

29.9

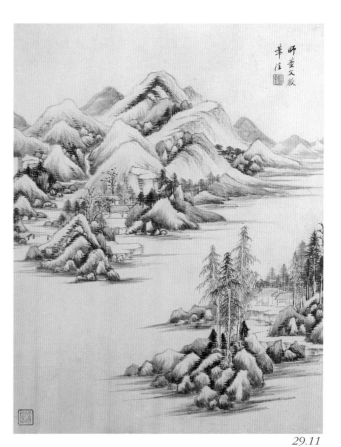

29.11

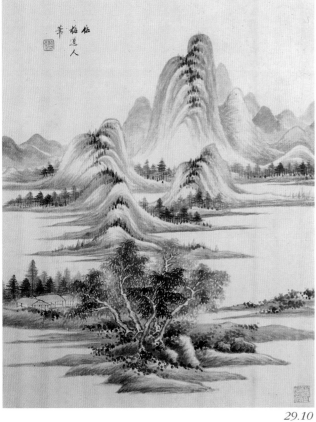

29.10

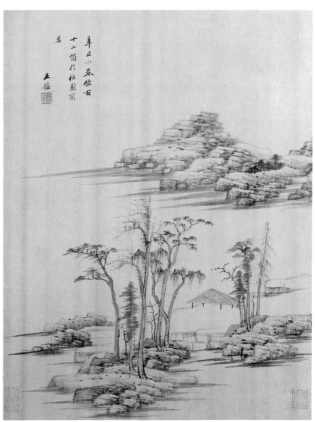

29.12

30

王鑑　仿古山水圖冊
紙本 (十開) 墨筆或設色　每開縱31.1厘米　橫24厘米

Landscapes after the Song-and-Yuan Masters
By Wang Jian
Album of 10 leaves, ink or color on paper
Each leaf: 31.1 x 24cm

第一開　墨筆。仿范寬。右下鈐"王鑑之印"(白文)。

第二開　墨筆。仿黃公望。左下鈐"鑑"(朱文)。

第三開　墨筆。仿吳鎮。右下鈐"鑑"(朱文)。

第四開　墨筆。仿吳鎮。左下鈐"鑑"(朱文)。

第五開　墨筆。仿巨然。左下鈐"鑑"(朱文)。

第六開　墨筆。仿董其昌。左下鈐"王玄照"(白文)。

第七開　墨筆。仿王蒙。右下鈐"鑑"(朱文)。

第八開　設色。仿趙孟頫。左下鈐"鑑"(朱文)。

第九開　設色。仿黃公望、王蒙。左下鈐"鑑"(朱文)。

第十開　墨筆。仿倪瓚。左上自題："宋元大家,皆從右丞正脈,故南宗獨盛,然知之者不易。穆如社兄具千秋法眼,雅深筆墨之癖,屬余仿古,不揣愚陋,勉以十幀應之,不禁小巫氣索矣。壬寅重陽後三日,弟鑑。"鈐印"鑑"(朱文)、"真賞"(朱文)。冊後有王鴻朗觀題。

自題年款"壬寅",為康熙元年 (1662),王鑑時年六十五歲。"重陽"為節令名,農曆九月初九。上款"穆如社兄"即唐蟠,字穆如,號冰菴,江蘇嘉定人。崇禎諸生,嘗遊太倉吳偉業、王時敏之門。工書畫,有《柳東閣詩草睡賢處稿》。

此仿古山水冊創作於康熙元年九月。按王鑑字玄照,後避康熙皇帝玄燁名諱,更字圓照、元照。此冊則有鈐"王玄照"名章者,當是康熙皇帝初即位,尚未嚴格避諱的原故。該冊繪畫應係真迹無疑。所繪山水均仿宋元大家,獨參入仿董其昌山水一幅,是表示服膺董氏所謂南宗繪畫之論。然其中又繪仿范寬山水,是其曾於王時敏家臨摹范寬《溪山行旅圖》的再度表現,已逾南宗畫系的範圍,並開合流古代繪畫諸傳統之先聲。

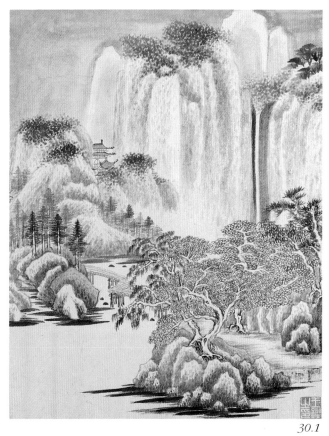

30.1

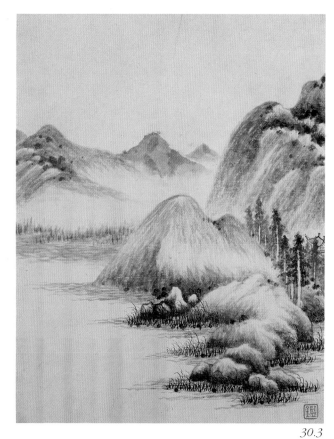

30.3

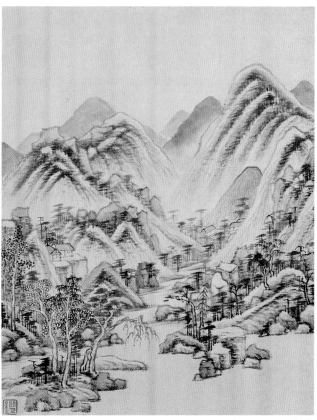

30.2

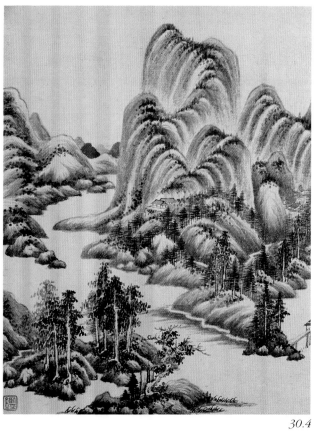

30.4

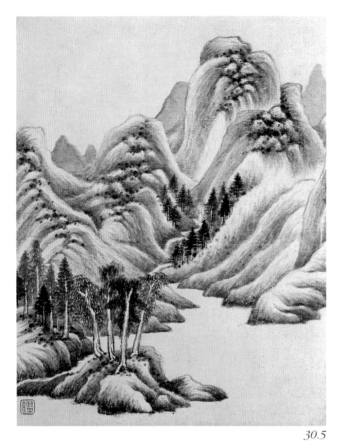

30.5

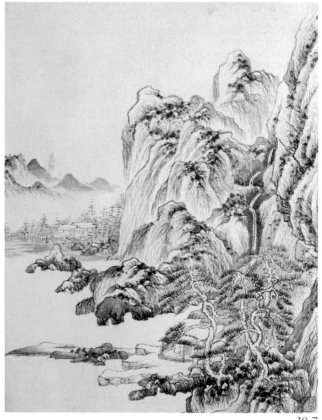

30.7

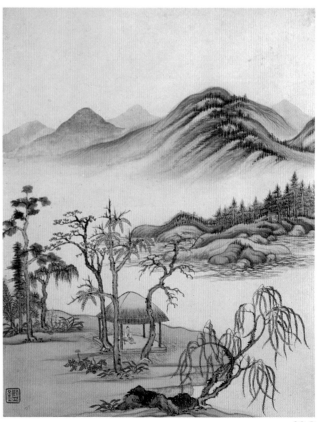

30.6

30.8

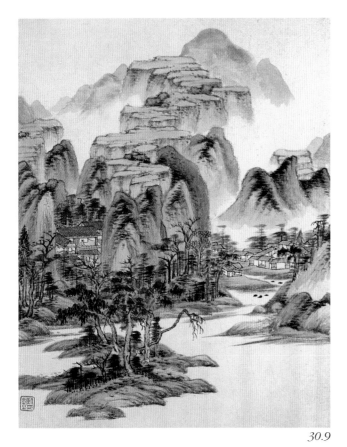

吳梅村琛酒畫中九友歌其於廉州則云樞落萬象煙霞收尊礨
斑駁探商周驟讀之不知所指觀此十幀羊底金剛杵儼若鐘鼎
古蒙幗超詣備有宗元諸家之勝取其神髓而遺其面目但覺
太空瀨氣馮虛往來毺后歎祭酒畜寫之妙圖繪寶鑑謂廉州
仿董巨者居多自竅則云古丞正脈南宗獨藏惡池泮林神先河
低實目者歐未歎余皆平所見廉州妙讀三十餘種似皆遊此
惟坐戍廠肆觀一旦冊儕廣各尽半精象煥暎如驕之燕慶近思
郡邸脫五百金易之適今追憶精神往於飛鴻瀛溪凋也是冊為
薛少司空柯華精舍秘笈之一光緒雨子持歸
新吾仁兄永元珍鋭神物可云浮耶矣王鴻朗觀并題記

30.9

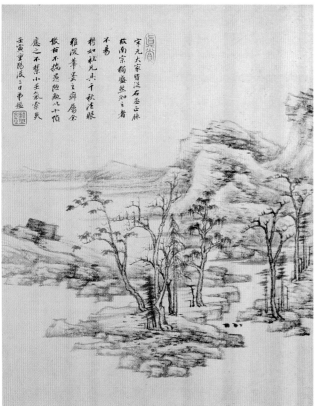

30.10

31

王鑑　陡壑密林圖軸

紙本　墨筆　縱56厘米　橫35厘米

Steep Ravines with Dense Forest
By Wang Jian
Hanging scroll, ink on paper
56 x 35cm

本幅右上自題："黃子久有《陡壑密林圖》，為董思翁所藏，後歸奉常煙翁，余時得縱觀，雨窗岑寂，戲弄筆硯，漫師其法，不求形似也。壬寅小春望日寫於染香菴中，王鑑。"鈐"王鑑之印"（白文），引首印"染香菴"（朱文）。收藏印"傍霞姚氏家藏"（朱文）、"愓安藏廉州畫"（朱文）、"方正誠一心賞"（朱文）。

"壬寅"為康熙元年（1662），王鑑時年六十五歲。

此幅為王鑑仿畫黃公望著名畫迹之一《陡壑密林圖》。該圖原為董其昌（思翁）所藏，後歸王時敏（奉常煙翁）。畫家曾臨摹過王時敏家藏名畫，其中即包括此圖。按該圖傳世，為美籍收藏家、鑑賞家王己千先生藏。兩圖相比較，王鑑所作確如其自言"漫師其法"而略具大體形象，其筆法之尖秀則是畫家晚年的繪畫特點，不失為佳作之一。

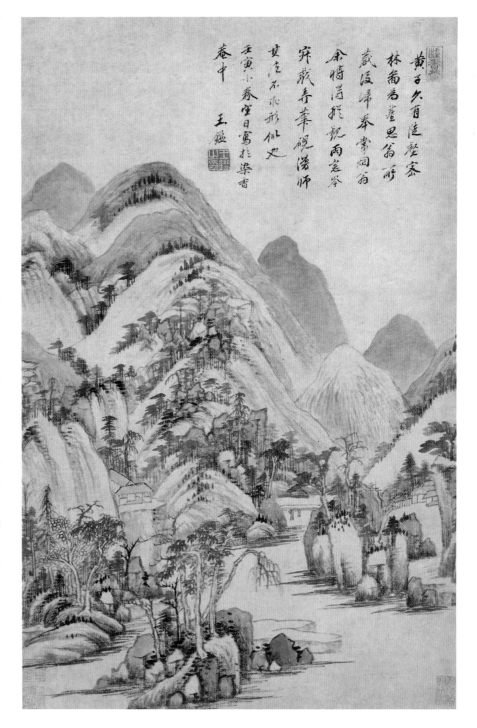

32

王鑑　仿古山水圖冊
絹本（十開）　設色或墨筆　每開縱27.3厘米　橫21.8厘米

Landscapes after Ancient Masters
By Wang Jian
Album of 10 leaves, ink or color on silk
Each leaf: 27.3 x 21.8cm

第一開　設色。左上自題："仿趙千里"。

第二開　設色。左上自題："仿惠崇"。

第三開　墨筆。右上自題："擬雲林"。

第四開　設色。中上自題："似大痴"。

第五開　墨筆。左上自題："仿仲圭"。

第六開　設色。左上自題："臨仲穆"。

第七開　墨筆。右上自題："摹叔明"。

第八開　設色。右上自題："擬范寬"。

第九開　設色。右上自題："仿趙伯駒"。

第十開　設色。右上自題："仿李營丘"。

以上十開，每開有王鑑的鈐印"鑑"（朱文）。收藏印"閣"半印。左頁自題"余甲午年浪遊長安，得縱觀收藏家法書名畫，如入武陵桃花源，歸而似夢初醒，掛一漏萬。閑坐無聊，偶記其一二，戲將絹素寫之，共得十二幀，裝成一冊，以當臥遊，未可示人，徒增捧腹。癸卯夏仲畫於染香菴中，王鑑。"鈐"王鑑之印"（白文）、"圓照"（朱文），引首鈐"湘碧"（朱文）。

"癸卯"為康熙二年（1663），王鑑時年六十六歲。

此冊仿古山水，據王鑑自題，原為十二頁，今存十頁，分別仿宋、元諸大家。除仿倪瓚、吳鎮、王蒙為墨筆外，均為設色畫。值得注意的是，其中有兩頁仿宋趙伯駒青綠山水，是董其昌所論"非吾曹當學也"的所謂北宗繪畫。又且敷色艷麗，畫法極為工細，全逾南宗繪畫畫格。又"仿惠崇"，設色淡雅之致，"仿大痴"，學黃公望淺降設色等。因此，該冊集中地表現出了畫家設色畫、墨筆畫的主要特色，是研究其一生畫學、畫旨的重要作品。

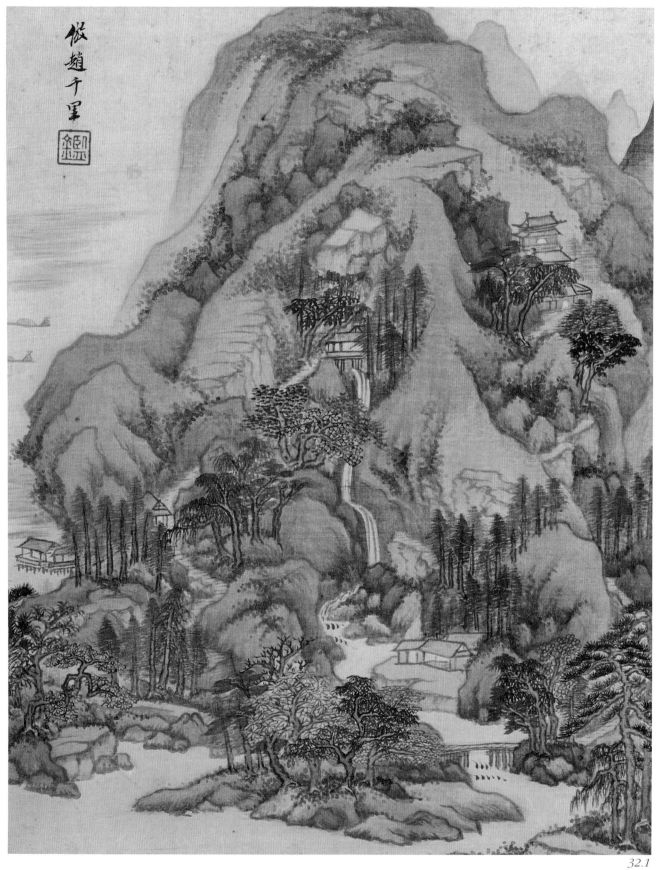

32.1

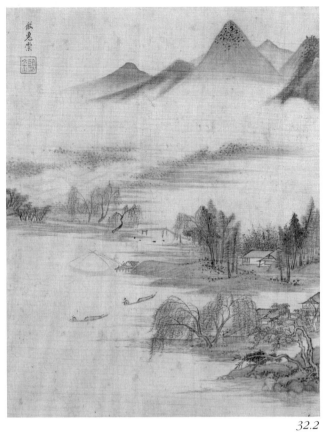

32.2

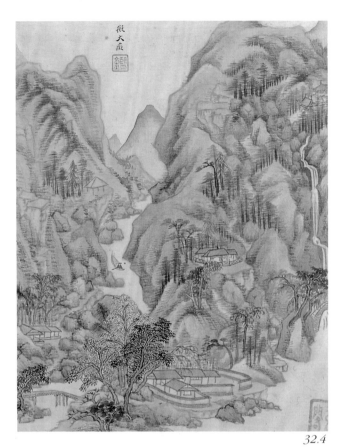

32.4

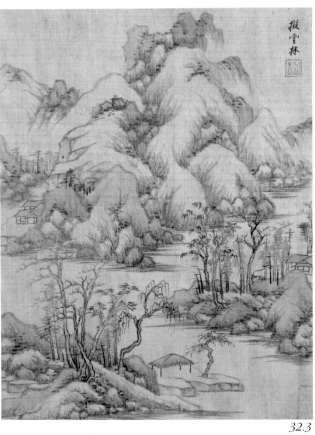

32.3

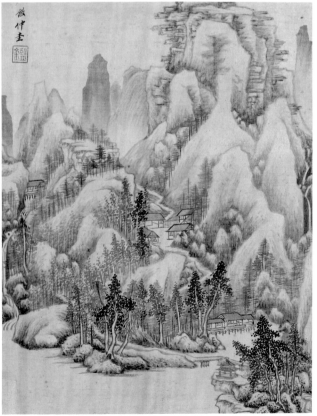

32.5

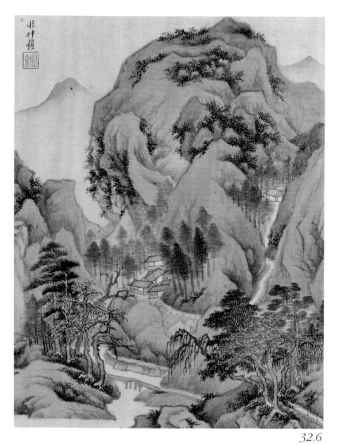

32.6

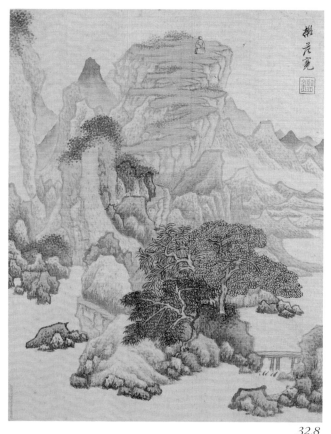

32.8

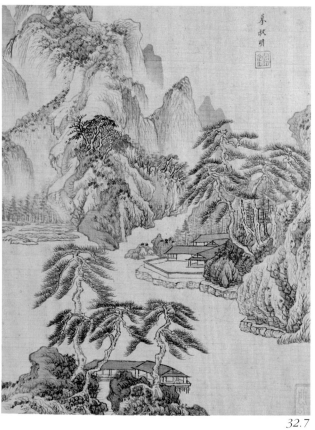

32.7

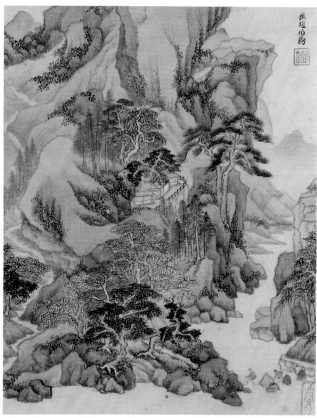

32.9

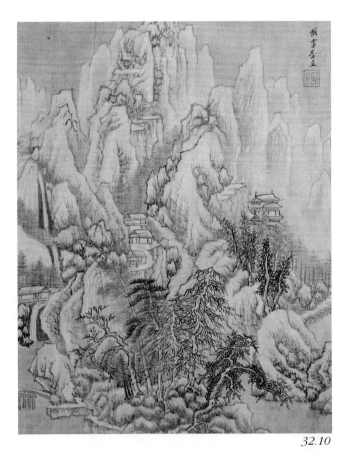

32.10

余甲午年浪遊士安得搭觀收
藏家法書名畫如入武陵飛花
源收而似夢初醒撤一漏萬間
生乎所偶記其一二戲拘絹素寫
之共得十二幀裝成一冊以當臥遊來
告示人徒增捧腹

癸卯夏仲畫
於染香盦中
王鑑

33

王鑑　長松仙館圖軸

紙本　設色　縱138.2米　橫54.5厘米

Tall Pines and Immortal Places on the
Mountain after Wang Meng
By Wang Jian
Hanging scroll, color on paper
138.2 x 54.5cm

本幅右上題款："丁未清和仿叔明《長松
仙館圖》，奉祝悔庵年翁五十初度。王
鑑。"鈐"圓照"（朱文）、"染香菴主"
（白文）。引首鈐"雨新齋"（朱文）。收藏
印"虛齋鑑定"（朱文）。

《虛齋名畫錄》著錄。

"丁未"為康熙六年（1667），王鑑時年
七十歲。上款"悔庵"為尤侗（1618—
1704年），字同人，號悔庵，又號艮齋，江
蘇蘇州人。順治五年拔貢，薦鴻博，授檢
討，官侍讀。善書法。按"奉祝悔庵年翁
五十初度"，"丁未"年恰是尤侗五十歲。

此圖為王鑑仿王蒙名作《長松仙館圖》，
筆法全學王蒙，構景幽深。筆墨之蒼莽
淹潤大勝其晚歲一般尖秀用筆的作品，
是畫家晚年的傑作。

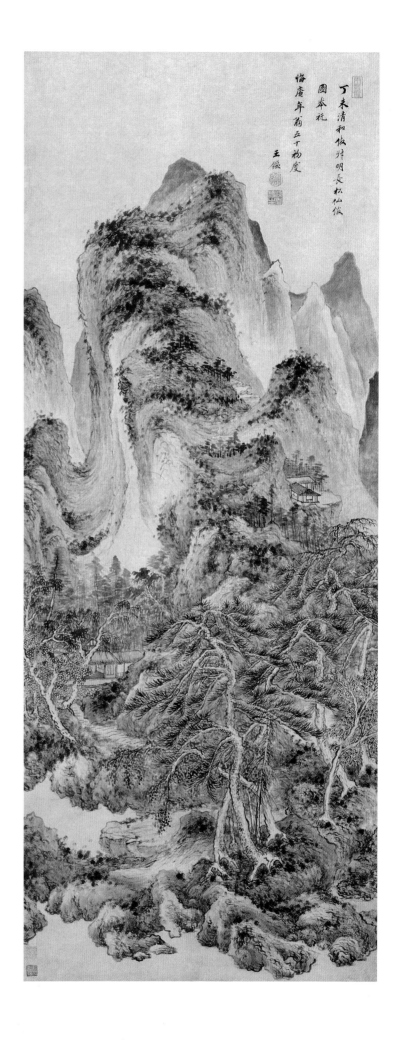

34

王鑑　仿吳鎮溪亭山色圖軸
紙本　墨筆　縱87.4厘米　橫45.7厘米

Pavilions by a Stream in the Mountain
after Wu Zhen
By Wang Jian
Hanging scroll, ink on paper
87.4 x 45.7cm

本幅右上自題："丁未小春仿梅道人《溪
亭山色》，王鑑。"鈐印"染香菴主"（白
文）。

本幅有王翬題："此幅廉州夫子雖仿梅
道人，然其氣韻蒼潤，直逼董巨，可謂生
平傑作。己未七夕後一日拜觀於明志齋
中，因識其後，虞山王翬。"鈐"王翬之
印"（白文）。惲壽平題："廉州先生用筆
沉厚，墨氣淋漓，蓋得之於北苑者深，故
仿仲圭落筆即與神合，石谷稱為直逼董
巨，可謂定論矣。南田壽平。"鈐"園客"
（朱文）、"壽平之印"（白文）。收藏印有
乾隆玉璽，"畫緣盦"（白文）、"秦祖永
寶藏印"（朱文）、"煜峯鑑賞"（白文）、
"孫氏弘一齋印"（朱文）、"鄰煙藏物"
（朱文）等。

年款"丁未"為康熙六年（1667），王鑑
時年七十歲。

王鑑所繪直幅大軸多仿董巨、黃公望、
王蒙畫法，此幅仿學吳鎮（梅道人）則較
為稀見。因仿吳鎮畫法，故筆法稍粗而
不尖，且筆墨渾融，景物層次分明，是為
晚年傑作。兼有王翬、惲壽平二家題讚，
尤為該作生色。

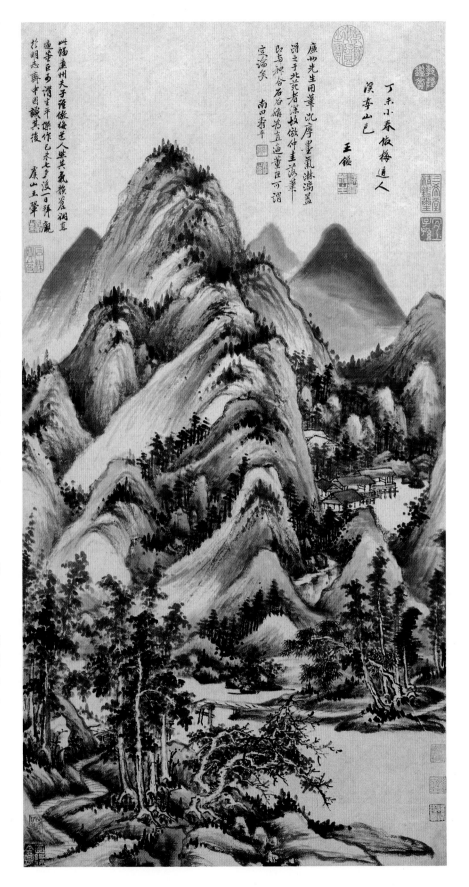

35

王鑑 仿倪瓚溪亭山色圖軸

紙本 墨筆 縱81.3厘米 橫51.2厘米

Mountain Scenery with Stream and
Pavilions after Ni Zan
By Wang Jian
Hanging scroll, ink on paper
81.3 x 51.2cm

本幅書題："燒燈過了客思家、寂寂衡門
數瞑鴉。燕子未歸梅落盡，小窗明月屬
梨花。燕子低飛不動塵，黃鶯嬌小未禁
春。東風綠遍門前柳，細雨含煙愁路人。
春雨春風滿眼花，夢中千里客還家。白
鷗飛去煙波綠，誰採西園谷雨茶。雲林
溪亭山色，乃其生平得意之作，向藏吳
門王文恪家，今為王長安所收，此圖上
有雲林書此三絕。余雨坐染香菴，綠梅
初放，興與境合，因滌硯漫仿其意，並錄
三詩於左。時庚戌二月朔王鑑識。"鈐
"員照"(朱文)、"王鑑之印"(白文)，
引首鈐"來雲館"(朱文)、"弇山後人"
(朱文)。收藏印"虛齋鑑定"(朱文)、
"有餘閑室寶藏"(朱文)。

"庚戌"為康熙九年(1670)，王鑑時年
七十三歲。題文中"吳門王文恪"即王鏊
(1450—1524年)，字濟之，號守溪，學
者稱震澤先生。江蘇蘇州人。成化十一
年進士，武宗時入內閣，進戶部尚書。
"王長安"即王永寧，(?—康熙十二年
前)，字長安，山西太原人。收藏家。

王鑑臨仿倪瓚的《溪亭山色圖》，據記載
有四件之多。辛丑年(順治十八年)孟春
畫《山水冊》中一開。(《虛齋名畫錄》)。
癸卯年(康熙二年)孟春作一軸。(《澄
懷堂書畫錄》)另有一幅自稱"染香遺
老"在本冊。這段時間他反復臨仿倪瓚
《溪亭山色圖》，不僅是對其畫意的追
求，似對倪瓚避俗就隱的心態也頗為賞
識。因此構圖多為疏林坡岸、淺水遙岑
之景。此圖以枯澀方闊的用筆和淺顯淡
雅的墨色層層擦染，以表現倪瓚山水風
格中蕭疏簡逸的特徵。

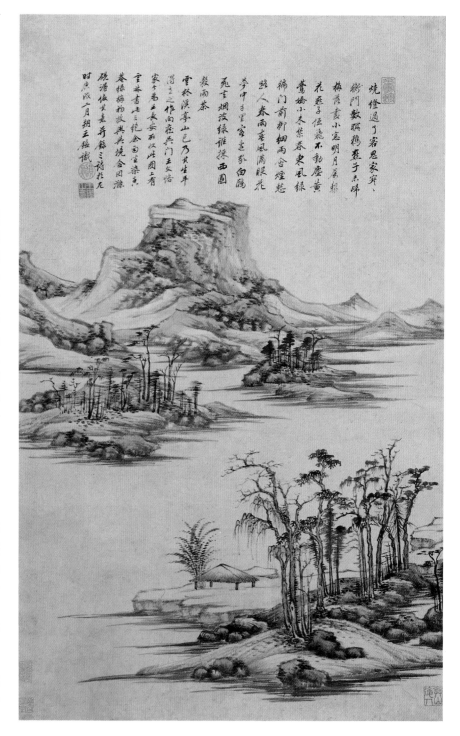

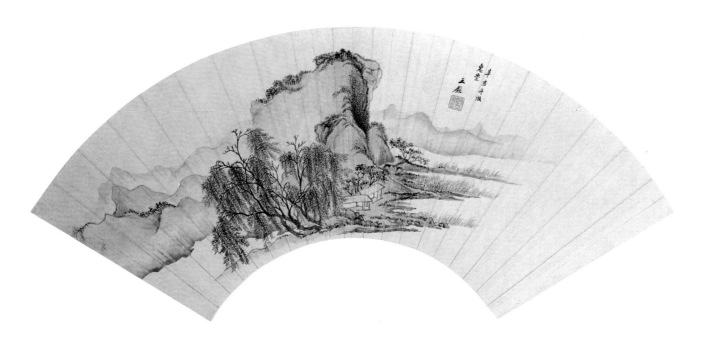

36

王鑑　仿惠崇水村圖扇

紙本　設色　縱16.7厘米　橫52厘米

Waterside Village after Hui Chong
By Wang Jian
Fan leaf, color on paper
16.7 x 52cm

本幅右上自題"辛亥冬仿惠崇，王鑑。"鈐印"鑑"（朱文）。

"辛亥"為康熙十年（1671），時年王鑑七十四歲。

此圖仿宋代畫家惠崇《水村圖》。畫面遠山雲霧，近處村舍砂漬，意境虛和，與相傳惠崇《沙汀煙樹圖》頗有相近之處。

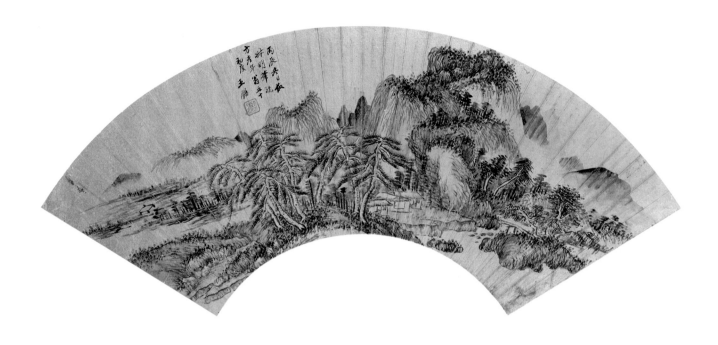

37

王鑑　仿王蒙山水圖扇

金箋本　設色　縱16.5厘米　橫51.5厘米

Landscape after Wang Meng
By Wang Jian
Fan leaf, color on gilded paper
16.5 x 51.5cm

自識:"丙辰冬日仿叔明筆。祝方老年翁五十初度,王鑑。"鈐
"鑑"(朱文)。

丙辰為康熙十五年 (1676),王鑑時年七十九歲。

圖中茅屋、坡口施以赭石、石綠,遠山以淡墨及石青、藤黃暈
染,襯以金箋底色,頗顯濃麗。筆墨老蒼而逸趣橫生,是王鑑晚
年之佳作。

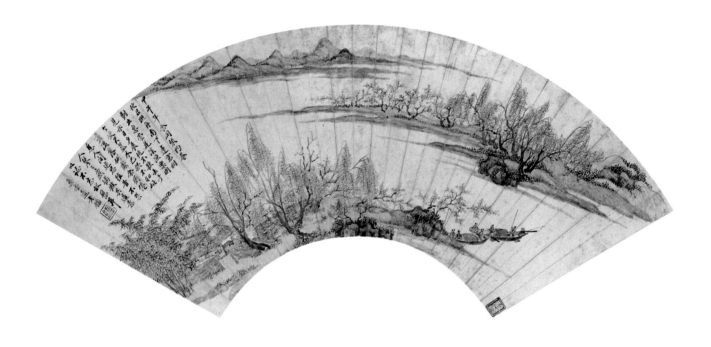

38

王鑑　仿惠崇花溪漁隱圖扇

紙本　設色　縱17厘米　橫52厘米

Secluded Fishermen on a Flower Stream after Hui Chong
By Wang Jian
Fan leaf, color on paper
17 x 52cm

自識：甲午年余同張約菴使君聯舟南下，蓬窗相對，出惠崇《花溪漁樂圖》見示，日夕展玩，不欲去手。今使君墓木已拱，不知此畫流落何處，余猶倦息人間，追思往昔，不禁人琴之感。偶仿其遺意，以誌不忘故舊耳。染香遺老鑑。"鈐"鑑"（朱文），右下角鈐"訥菴"（白文）。

張約菴即明末清初畫家張學曾，字爾唯，號約菴，明末官至吳郡太守。山水師董源，喜仿元人筆，為"畫中九友"之一，與王時敏、王鑑素善。從其傳世作品看，張氏應卒於順治十四年（1657）之後，至"墓木已拱"，則王鑑作圖時應在晚歲。此扇設色濃麗而艷不傷雅，筆法細秀。據徐邦達先生研究，王鑑的繪畫，中年以前筆法圓厚，而晚年則尖秀，是畫家中特殊的一例，與此扇畫法的特點正合。

39

王鑑 溪亭山色圖軸

紙本 墨筆 縱80.1厘米 橫41厘米
清宮舊藏

Landscape after Ni Zan
By Wang Jian
Hanging scroll, ink on paper
80.1 x 41cm
Qing Court Collection

本幅左上自題："燕子低飛不動塵,黃鶯
嬌小未禁春。東風綠遍門前草,細雨含
煙愁路人。燒燈過了客思家,寂寂衡門
數瞑鴉。燕子未歸梅落盡,小窗明月屬
梨花。倪高士有溪亭山色向藏吳郡王文
恪公家,後歸王長安,余時得縱觀,今不
知流落何處。閑坐紅梅花下,風日情美,
滌硯伸紙,漫師此意,不求形似也。染香
遺老王鑑"鈐"王鑑之印"(白文),引首
鈐"來雲館"(朱文)。收藏印"乾隆御覽
之寶"(朱文)、"寶蘊樓書畫錄"(朱
文)。

按題文中"染香遺老王鑑"的落款,《溪
亭山色圖》當為王鑑晚年之作。據本書
中王鑑《仿倪瓚溪亭山色圖》題文"此圖
上有雲林書此三絕,……並錄三詩於
左",可知此圖題詩乃錄倪瓚二絕句。其
中"東風綠遍門前草"與七十三歲所錄
"東風綠遍門前柳","草"與"柳"不同。

此圖畫意與王鑑七十三歲《仿倪瓚溪亭
山色圖》頗為接近,但構圖繁複鋪張。山
石樹木採用倪氏色淡枯疏的方折之筆
和淡墨渲染的方法,追求倪氏筆墨效
果,從而達到自然淳雅,淡泊清高,不落
時俗的精神境界。

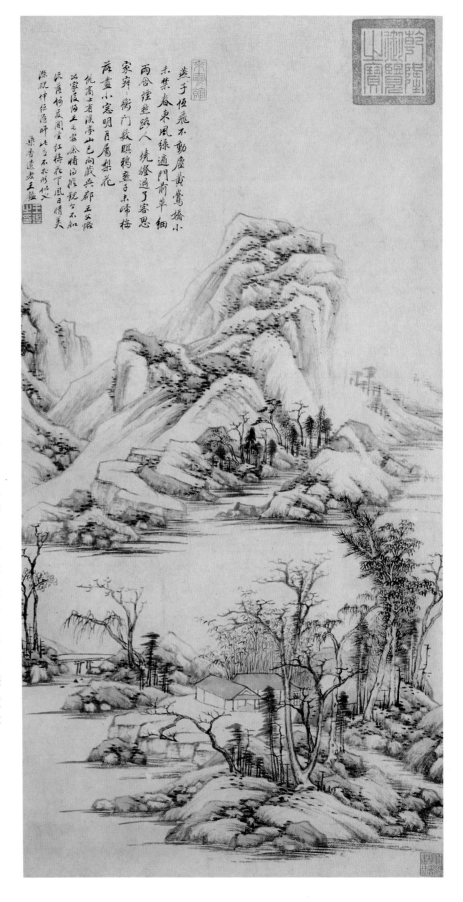

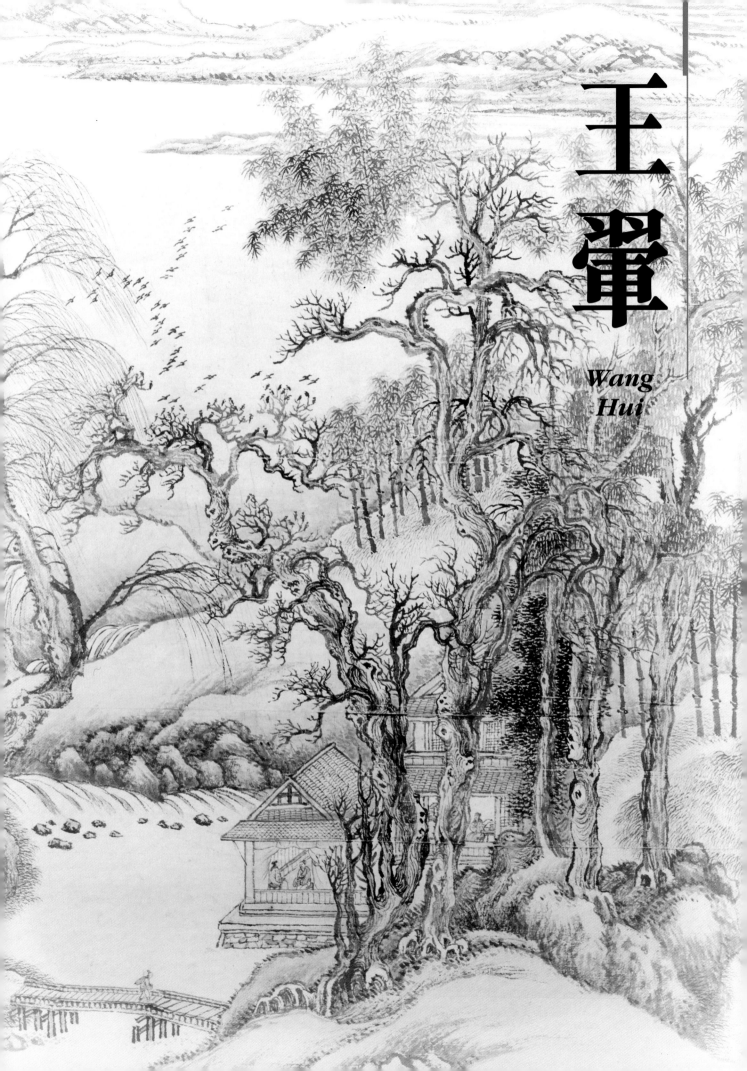

王翬

Wang Hui

王翬

王翬（1632—1717年）字石谷，號耕煙山人、清暉主人等，江蘇常熟人。幼即嗜畫，年二十（1651年）師事王鑑，復經王鑑引薦，又師王時敏。王時敏盡出家藏，與之臨摹，相與參究。他的摹古能力在清六家中首屈一指。據清周亮工《讀畫錄》記："吳下人多倩其作，裝潢為偽，以愚好古者。雖老於鑑別，亦不知為近人筆。"由於他的摹古範圍很廣，漸有切膚感受，於是對當時的門派紛爭提出質疑。他在三十八歲（1669）年時提出："畫學之博大，非區區一家一派所能盡出也。"並"自喜不復為流派所惑。"[1]茲後，他的繪畫開始逐漸形成了自己的面貌，聲名日著。康熙二十九年（1690），他的學生宋駿業"奉旨恭繪"南巡盛典，因之推薦他也赴京參加這一繪事活動，並擔任了主要的構畫工作。巨製完成後，蒙清太子胤礽召見，賜書"山水清暉"四字，乃自稱清暉主人。為避免捲入宮廷政治的旋渦，於康熙三十七年（1698）辭歸故里，以繪事終生。所創山水畫獨成清初"山水正宗"中的一格，從學者甚眾，畫史稱"虞山派"。

王翬是一位長壽而創作殊多的畫家，他的繪畫作品自然有早、中、晚期的變化。大略地分割，其約四十歲前為勤奮地摹古期，主要仿學古代大家畫法。比如黃公望的《秋山圖》，曾為王翬、惲壽平心慕不已，又不得一見。王翬三十七歲（1668年）所繪的《虞山楓林圖軸》（見圖46）雖是描繪家鄉虞山的秋景，其中也包含着對《秋山圖》的嚮往，故採用黃公望畫法。他早年較傾心明唐寅的繪畫，以仿學唐寅畫法的作品最見功力，如三十一歲（1662年）的《寒塘鸂鶒圖軸》（見圖42）和四十一歲（1672年）的《雲溪高逸圖卷》（見圖49）。如果將《寒塘鸂鶒圖軸》與現存台北故宮博物院唐寅的《採蓮圖》對比，所畫衰柳、荷塘諸景物，純然唐畫的拆配、組合，筆墨則更為瀟灑清勁。茲後進入中年期，繪畫不拘一家一派，在實踐中醞釀着他的繪畫宗旨，即"以元人筆墨，運宋人丘壑，而澤以唐人氣韻，乃為大成"[2]。五十五歲（1686年）的《晚梧秋影圖軸》（見圖57）是他與畫友惲壽平共磋畫藝、會心古人畫法後的傑作，是當時畫家師古、師心、師自然而創作的例證。茲後，王翬創作的精品之作愈多，如《仿巨然煙浮遠岫圖軸》（見圖58）、《廬山白雲圖卷》（見圖60）、《溪堂詩思圖軸》（見圖61）、《秋樹昏鴉圖軸》（見圖64）等。畫家不僅更為爐火純青地摹畫古代大家的作品，且更能融合南北不同宗派的畫法、畫風。而在其晚年，雖已形成其獨特的畫風，同時又漸成自家習氣，故曾被王原祁評其畫為"太熟"，然以其畫技在清六家中的超絕而獨享清代畫史中"畫聖"之譽，最重要的還應是清人張庚所言："畫有南北宗，至石谷而合焉"[3]。

註釋：(1) 周亮工：《讀畫錄·卷二》，〈王石谷〉。
　　　(2)、(3) 張庚：《國朝畫徵錄·卷中》，〈王翬〉。

40

王翬　廬山聽瀑圖軸
紙本　水墨　縱122.6厘米　橫59.6厘米

Listening to the Waterfall amid Mount Lu
By Wang Hui
Hanging scroll, ink on paper
122.6 x 59.6cm

本幅自識："廬山聽瀑圖。乙未冬仲贈能翁老先生，擬董北苑五墨法於天潭邃谷。石谷王翬。"鈐"王翬圖書"（朱白文）"石谷"（朱文）。右下角鈐收藏印二："芙水張蓉□心賞"（白文）、"陳延恩觀"（朱文）。

乙未為順治十二年（1655），王翬時年二十四歲。

此圖略近董源《溪山行旅圖》畫法，粗筆長皴，墨色溫潤而富於變化，為石谷極早年的仿古作品，在其傳世畫作中殊為難得。

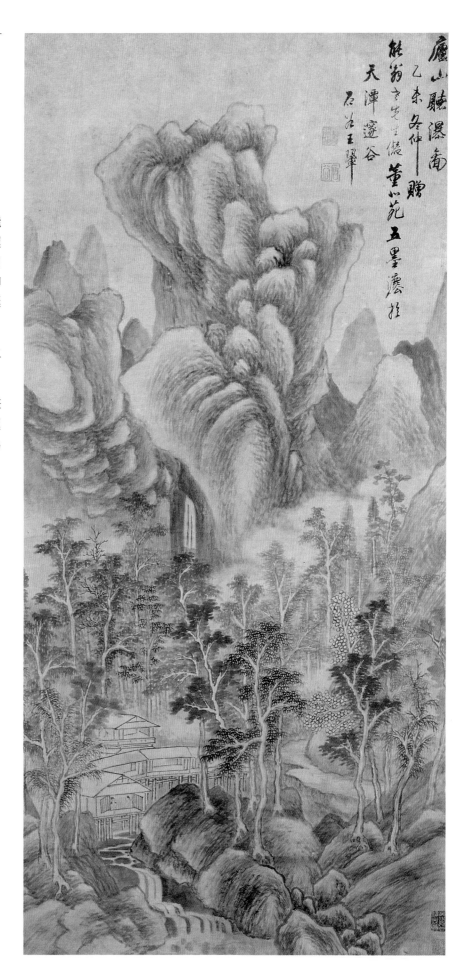

41

王翬 寒山書屋圖軸

紙本　水墨　縱61.3厘米　橫38.6厘米

A Study in Wintery Mountains
By Wang Hui
Hanging scroll, ink on paper
61.3 x 38.6cm

本幅款題："歲次壬寅秋孟，仿曹雲西
《寒山書屋圖》，海虞石谷子王翬。"下鈐
"石谷子"（朱文）、"王翬之印"（白
文），又左下鈐"澂懷館印"（白文）。另
收藏印三方："蕭閑仙卿"（朱文）、"維
岳"（朱文）、"顧崧之印"（白文）。

壬寅為康熙元年（1662），是年王翬三十
一歲。

《古代書畫過目匯考》著錄。

此時王翬正處於從早期的摹仿學習向
創作的成熟期過渡的階般，筆墨已較成
熟。此圖是臨仿元畫家曹知白（雲西）的
山水畫風，寒林畫法，尤似曹氏之《疏松
幽岫圖》軸，意境蕭索，一派元人氣象。

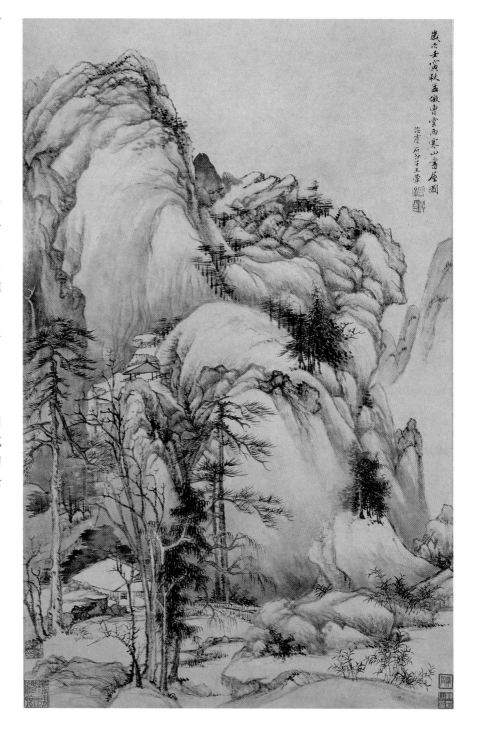

42

王翬　寒塘鸂鶒圖軸

紙本　墨筆　縱73厘米　橫41.6厘米

Aquatic Birds in a Late-Autumn Pond
By Wang Hui
Hanging scroll, ink on paper
73 × 41.6cm

本幅款署："寒塘鸂鶒圖，壬寅臘月燈下，王翬。"下鈐"烏目山人"（白文）、圖右下鈐"太原世家"（白文）二印，又有"孫邦瑞珍藏印"鑑藏印一方。

壬寅為康熙元年（1662），王翬時年三十一歲。

此圖所繪寒塘衰柳、墨荷鸂鶒等景物，與台北故宮博物院所藏明唐寅《採蓮圖》的柳、荷畫法極相似，筆墨清秀瀟灑，應是畫家早期摹學唐寅畫法的佳作。

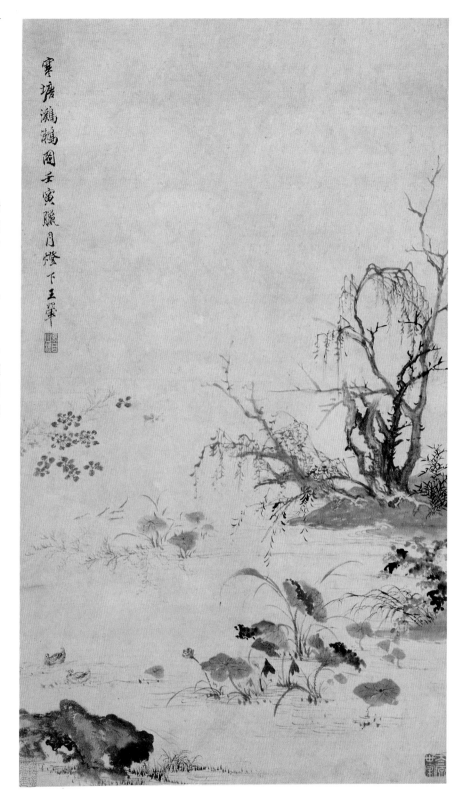

43

王翬　仿沈周霜哺圖卷

紙本　水墨　縱32.1厘米　橫70.5厘米

Crows Flying outside to Find Food for Their
Parents after Shen Zhou
By Wang Hui
Handscroll, ink on paper
32.1 x 70.5cm

本幅款題："霜哺圖。仿白石翁筆，為袁
節母吳太君八十壽。乙巳春正，王翬。"
下鈐"王翬之印"（朱白文）、"王石谷"
（朱白文）。有鑑藏印"臥雲草堂"（白
文）、"廷橋之印"（白文）等三方。

迎首行書題"白華遺響"，款署"半園唐
宇昭"。下鈐"唐宇昭"（白文）、"雲客"
（朱文）、"半園頹叟"（朱白文）。後有同
時人錢謙益、倪長紆、王人鑑、殷時衡、
王會、鄭洪瑗、諸嗣郢（附吳梅村跋）、沈
白、歸允肅、方亨咸、李方綠、管瓏、金
濼、王士祿、姜垛等十五人題跋。

乙巳為康熙四年（1665），王翬時年三十
三歲。"白石翁"即明代著名畫家沈周。

此圖是應吳縣人袁駿之請為祝其母吳
氏八十大壽並表其節烈而作。

慈鳥返哺，據《本草綱目·禽部》云："慈
鳥：此鳥初生，母哺六十日，長則反哺六
十日，可謂慈孝矣。"王石谷以吳派巨匠
沈周之筆法繪此圖，全圖淡墨皴擦，濃
墨點苔，繪平坡古樹，寒鴉陣陣，老婦曳
林而行。筆墨疏簡蒼勁，構圖簡潔，甚具
石田晚年風範，亦是畫家早期摹古佳
作。

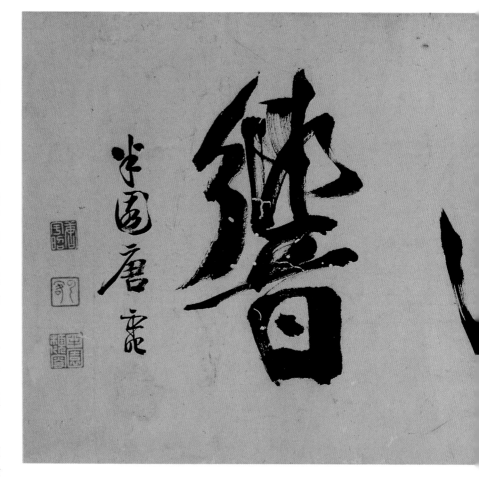

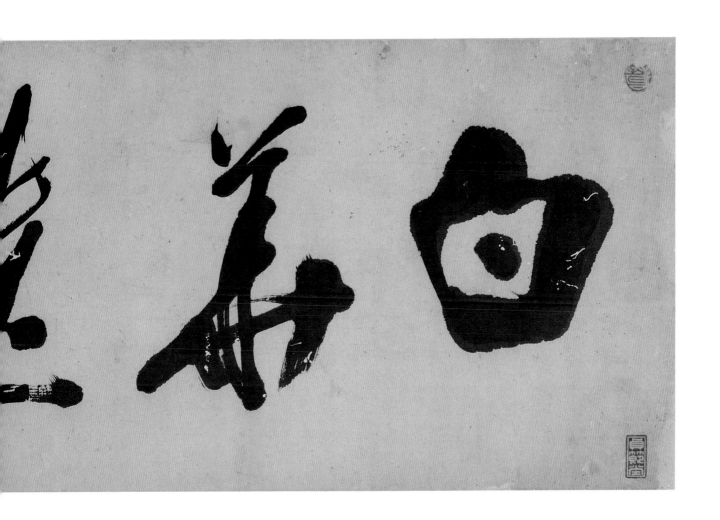

83

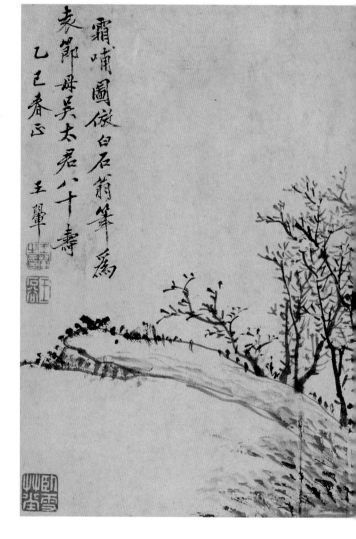

霜哺圖倣白石翁筆意
秦節母吳太君八十壽
乙巳春正
王翬

霜哺篇第三十九卷

題額　秦松齡　　繪圖　王翬　　同里楊无咎襄

五言古　倪長玗　　臞時衡　王會　鄭洪瑷

七言古　諸嗣郢　附梅村跋　沈白　歸元肅

五言律　方亨咸　　李方緑　七言律　管瓏　金濚

詩餘　王士祿　　集唐　姜埰

頌十章　并序　錢謙益

維斗先生吾鄉之李郭也文章節義為海內主盟顧以
時遭非時潔身蒙難有志之士咸共惜之賢郤震百能刻屬
茶苦不隆風徽酽酌為文若詩皆典雅有先民櫱發吾能於是慶
皋里之有後觀其好賢嗜善飢渴不足喻之於兹兹卷亦
見其一斑云　己酉仲春　後明氏書

84

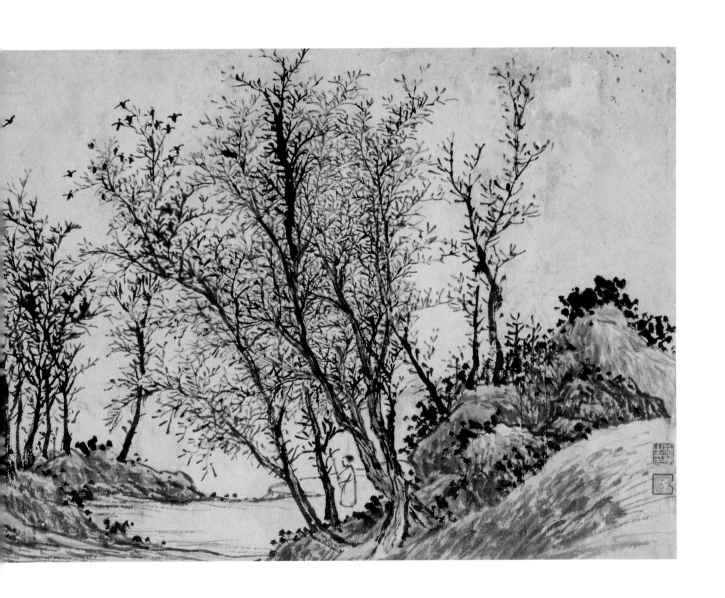

44

王翬　山窗讀書圖軸

紙本　墨筆淡設色　縱160厘米
橫42厘米

Reading in a Mountain Villa
By Wang Hui
Hanging scroll, ink and light color
on paper
160 x 42cm

本幅自題："山窗讀書圖。奉賀藻儒先生
秋薦之喜，時丙午九月九日，虞山王
翬。"下鈐"王翬之印"（朱白文）。

丙午為康熙五年（1666），王翬時年三十
五歲。"藻儒先生"即王時敏之子王掞，
此圖是王翬為祝賀王掞秋試中舉而作。

此圖全以元四家中王蒙筆法出之，畫層
岩疊壑，長松茂林，氣勢蒼鬱。山石作披
麻皴加解索皴，用筆細密精到，是王翬
精心之作。圖中山塢草堂裏一人臨窗苦
讀，用以奉賀王掞十年寒窗終得金榜題
名，喻意亦頗妥貼。

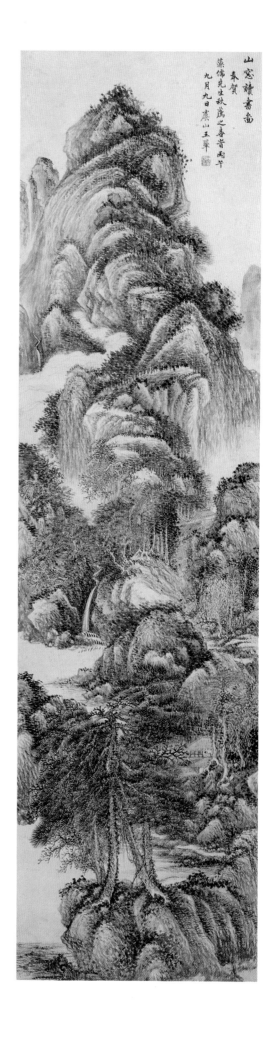

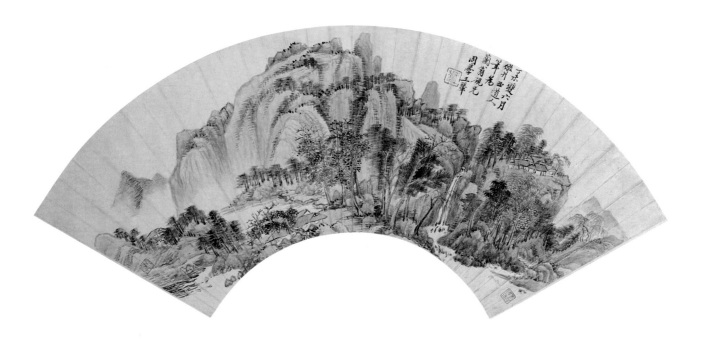

45

王翬　仿井西道人山水圖扇

紙本　設色　縱16厘米　橫50.5厘米

Landscape after Huang Gongwan
By Wang Hui
Fan leaf, color on paper
16 x 50.5cm

本幅自識："丁未夏六月，仿井西道人筆，為蘭翁硯兄，同學王
翬。"鈐"王翬"（朱文）。

丁未為康熙六年（1667），王翬時年三十六歲。

此圖繪崇山峻嶺，構圖高遠。結構繁密而筆法簡練，設色以淺
絳、石綠為主，確有井西道人（黃公望）繪畫遺法，是石谷早年
摹古佳作。

46

王翬 虞山楓林圖軸

紙本 設色 縱146.2厘米 橫61.7厘米

Maple Groves of Mount Yu
By Wang Hui
Hanging scroll, color on paper
146.2 x 61.7cm

本幅自題："戊申小春既望，伊人道長兄
過虞山看楓葉，枉駕荒齋，述勝遊之樂，
臨行並屬余圖其景，因成此幅奉寄，時
長至後三日也。虞山弟王翬。"下鈐"王
翬之印"（朱文）。其右有吳偉業題詩：
"初冬景物未蕭條，紅葉青山色尚嬌。一
幅天然圖畫裏，維摩僧寺破山橋。戊申
嘉平為伊人社長題畫。吳偉業。"鈐"吳
偉業"（白文）及引首章"梅花菴"（朱
文）。另，本幅左下鈐"致遠堂珍賞"（白
文），右下鈐"鶴舟所藏"（朱文），"紫雪
山房鑑藏書畫印"（朱文）。

戊申為康熙七年（1668），王翬時年三十
七歲。

"伊人"即太倉人顧湄，字伊人，以詩文
見稱，為"婁東十子"之一。

此圖為王翬應友人之囑，繪製家鄉虞山
的佳麗秋景。昔黃公望有《秋山圖》，以
設色絢麗，每為董其昌、王鑑諸人歎服，
並令不得一見的王翬、惲壽平心艷不
已，惲氏又曾撰該圖記文一篇，以所聞
而想象該圖的景物佳麗。此圖雖非仿
《秋山圖》，確是全用黃公望畫法，又以
對家鄉之勝境的切實感受，兼具寫實之
景，似可傳《秋山圖》之神影，為畫家早
期佳作之一。

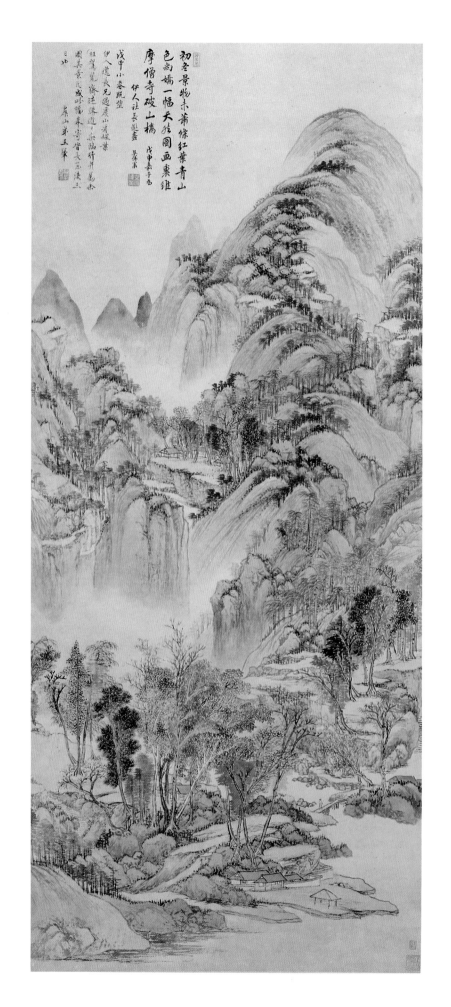

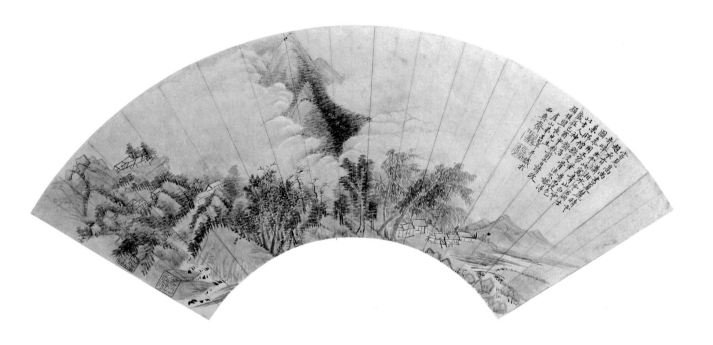

47

王翬　青山白雲圖扇

紙本　設色　縱16厘米　橫51厘米

Green Mountains and White Clouds
By Wang Hui
Fan leaf, color on paper
16 x 51cm

本幅自識："嘗見高尚書《夏麓晴雲》、趙承旨《瀟湘水雲》、方羽士《奇峯出雲》、此寫《青山白雲圖》，參用三家筆意，而設色兼師僧繇沒骨法，不識得似古人神韻否？歲在己酉中秋前二日，請政穎侯盟長先生，虞山弟王翬並識於西爽齋。"鈐"王翬之印"（白文），"石谷子"（朱文）。

己酉為康熙八年（1669），王翬時年三十八歲。

此扇兼採元高克恭（官刑部尚書）、趙孟頫（官翰林學士承旨）、方從義（道士）及南朝梁張僧繇四家畫法。按王翬曾師從王鑑，王鑑設色畫兼採"三趙"（趙令穰、趙伯駒、趙孟頫）法，此圖當是受其影響的設色畫，並取法高克恭諸家，以有別於王鑑。雖為小扇之作，卻是表現出畫家師古而融古的重要作品。

48

王翬　岩棲高士圖軸

紙本　墨筆　縱122.7厘米　橫31.5厘米
清宮舊藏

A Noble Scholar Dwelling in Mountains
By Wang Hui
Hanging scroll, ink on paper
122.7 x 31.5cm
Qing Court Collection

本幅自識："高士岩棲趣自幽，白雲天半
讀書樓。銀河落向千峯裏，長和松濤萬
壑秋。石谷王翬畫並題。"下鈐"王翬之
印"（朱白文）。左側有笪重光題詩："烏
目峯頭睨五侯，等閑墨戲過營丘。人間
作業錢多少，得似青山賣不休。右作和
石谷先生松壑圖，鬱岡居士於毘陵舟次
題並書，時壬子十月望後一日。"鈐"重
光"（朱文）、"江上外史"（朱文）及引首
章"松子閣"（朱文）。右側又惲壽平題
詩："高卧何須萬戶侯，人間別有一林
丘，雲中泉瀑流無盡，壁上松濤聽未休。
和江上先生題畫詩，惲壽平書於楓林舟
次。"鈐"東園"（朱文）、"壽平"（朱
文）。另有收藏印記七方："乾隆御覽之
寶"（朱文）、"樂善堂圖書記"（朱文）、
"石渠寶笈"（朱文）、"重華宮鑑藏寶"
（朱文）、"嘉慶御覽之寶"（朱文）"宣統
御覽之寶"（朱文）、"潤州笪重光鑑定
印"（朱文）。

圖中王翬自識未署年款，但笪重光題跋
書於壬子，即康熙十一年（1672），石
谷時年四十一歲。此圖應作於當時或稍
前。

《石渠寶笈初編·重華宮》著錄。

《岩棲高士圖》，據記載明唐寅嘗有之，
畫家雖未言仿唐寅畫法，然所畫山石用
元人乾筆皴擦參用宋人斧劈法，蒼勁秀
潤，用墨乾濕相濟，變化多端，極富逸趣
和韻味，似應是畫家早期精研唐寅畫法
後的變化所得，堪稱王翬代表傑作。

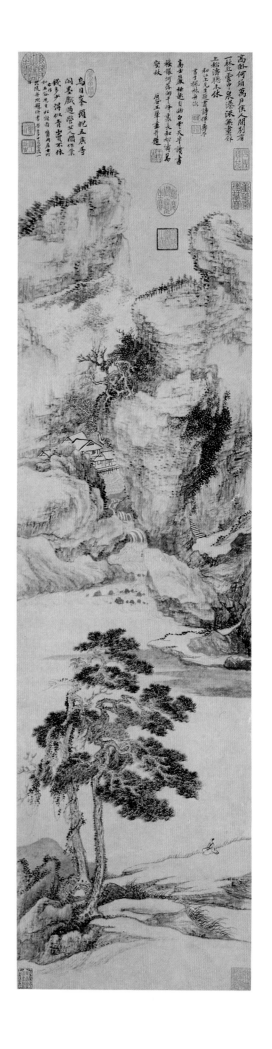

49

王翬　雲溪高逸圖卷

紙本　墨筆　縱22厘米　橫268厘米

A Noble Scholar by the Cloudy Stream
By Wang Hui
Handscroll, ink on paper
22 x 268cm

卷前引首笪重光行草書"雲溪高逸圖，江上蟾光書。"鈐"江上
外史笪重光在辛父印"（朱文）。本幅卷末王翬自識："壬子九
月在楊氏竹深齋，適廣陵李給諫攜六如居士《風雨歸莊》見
示，用其法為江上侍御先生畫《雲溪高逸》。礱礴之際，靈想泛
空，覺指腕間神明不隔，亦一快也。方外後學王翬識。"下鈐
"王翬之印"（白文）、"石谷"（朱文），後接惲壽平七絕一首並
長題（見附錄）。另引首章"自怡悅"（朱文）。本幅前後分鈐笪
重光印五方："茅莊"（朱文）、"江上外史"二（朱文，印文不
同）、"笪重光印"二（白文，印文不同）。前隔水鈐"笪在辛"
（朱文）、"鬱岡精舍"（白文）。後隔水鈐"曹溶之印"（白文）
"潔躬"（朱文）。尾紙有笪重光分書於癸丑（1673年）、乙丑
（1685年）的兩段跋，行書佳妙。

壬子為康熙十一年（1672），王翬時年四十一歲。

據王翬自題，因見唐寅《風雨歸莊圖》，用其法而繪此圖。又據
惲壽平《南田畫跋》記："壬子秋，予與石谷在楊氏水亭同觀米
海岳《雲山大幀》。"而此圖首段正作水墨雲山一段，是該卷兼
採宋米芾、明唐寅二家畫法合繪成圖。雲山一段後全學唐寅畫
法，逼肖唐寅繪畫，是畫家中年的精心作品。

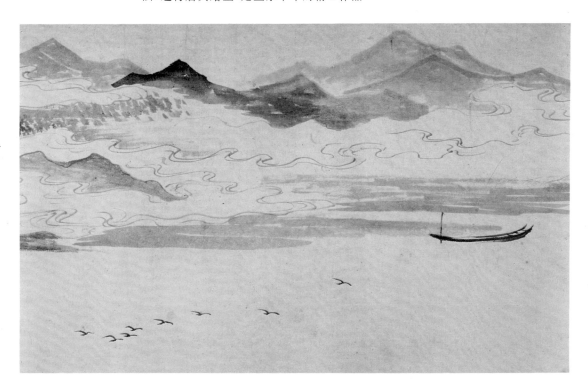

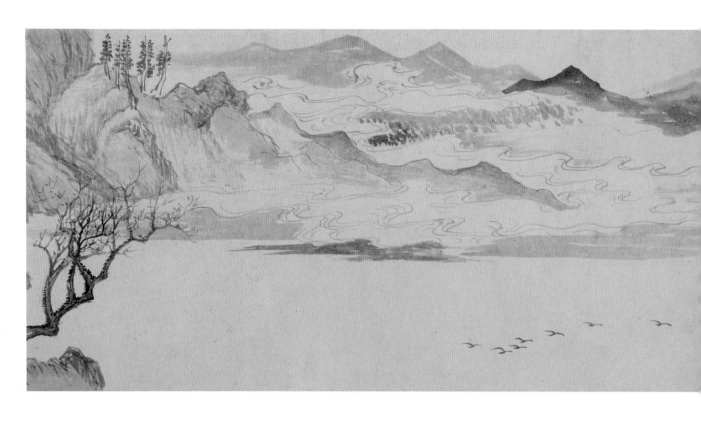

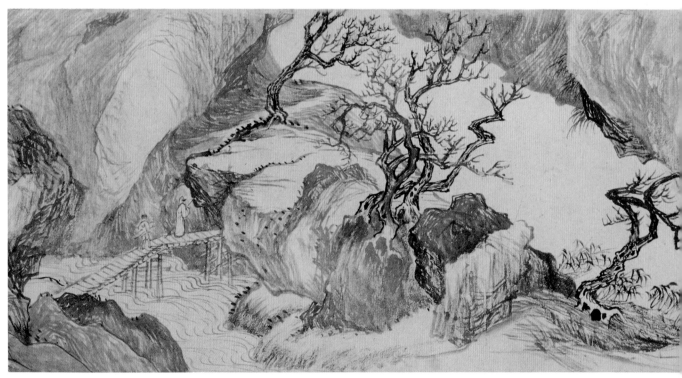

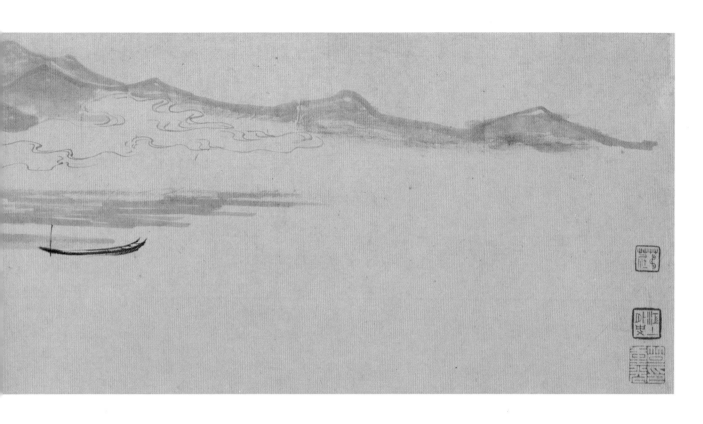

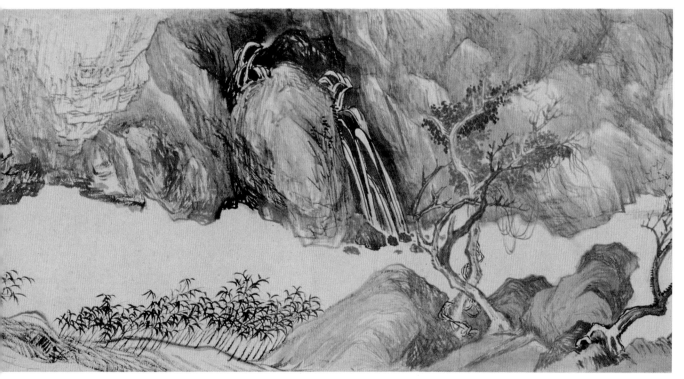

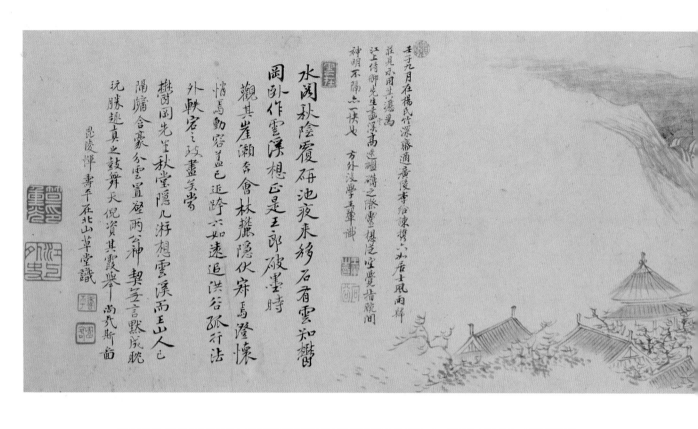

壬子九月在楊氏有溪館通廣陵奉給陳贊云此居士風雨駸
莊見不同其邀為

江上侍卿先生畫溪高逸繪得之滌雲想沒堂賞揹豌間

神明不隔六一俠火　方外逸學王翬傳

水閣秋陰覆研池疲來移石看雲知響

岡卧作雲溪想正是王郎破墨時

觀其崔瀨吞會林巒隱伏宛焉登懷

悄焉動容盡已延跨六如速追洪谷孤行法

外軼宕之玅畫笑當

撊對岡先生秋堂隱几浒想雲溪而玉山人已

隔牖合豪分雲置壁兩公神契芴言黙成脫

玩勝逸貞且鼓舞天倪資其霞興峯尚尔斯畫

昆陵惲壽平在北山草堂識

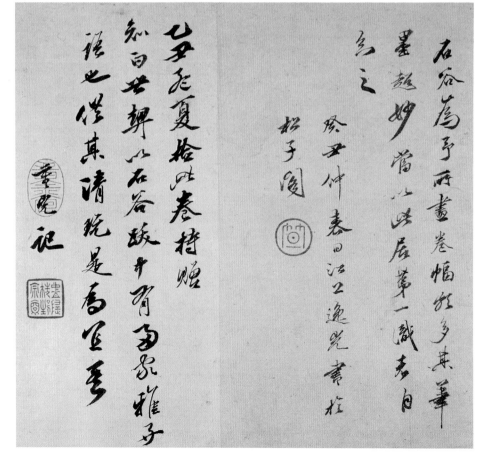

右容蒍子兩畫卷幀輕多某華

墨趣玅當此照居筆一戯春自

弄之

癸丑仲春日江工逸光書於

招子閣

乙亥長夏拾此卷持贈

知白若辨以在容跂中宵晝家雅子

讓此從其清兇是高宜予

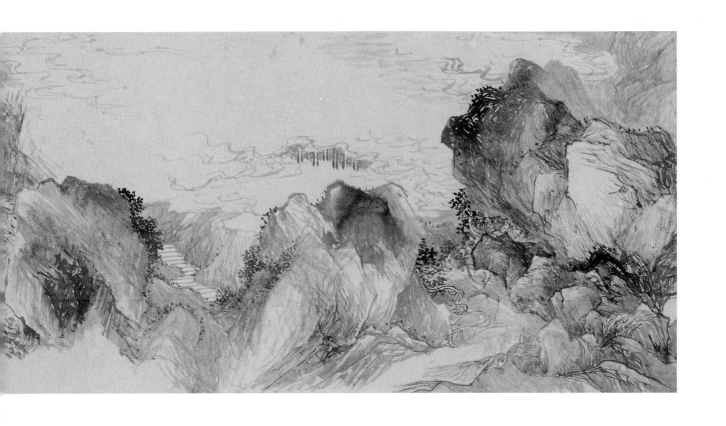

50

王翬　仿古山水四段卷

紙本　墨筆

Landscapes after Ancient Masters (in four sections)
By Wang Hui
Handscroll, ink on paper
First section: 26.2 x 56cm
Second section: 26 x 55.5cm
Third section: 20.9 x 64cm
Fourth section: 25.7 x 61cm

第一段縱26.2厘米、橫56厘米。本幅起首處自識："浦樹冥冥綠未齊，雨晴泥滑鷗鴣啼。相思不見江南客，一曲竹枝春日西。仿莊麐畫，壬子十二月廿四日，崑山舟中並書白石翁絕句。"鈐"王翬私印"（朱文）。

壬子為康熙十一年（1672），王翬時年四十一歲。

第二段縱26厘米、橫55.5厘米。本幅自識："偶見邢子願（邢侗）用痴翁（黃公望）筆作幽潤虛亭，楊龍友（文驄）學迂叟（倪瓚）補平崗亂石，合作成圖。二公皆盡古法簡淡荒率，不入時人畦徑。癸丑五月避暑西山之拂水岩下，石谷。"鈐"王、石、谷"聯珠印，右下角鈐"石谷"（朱文）、"王翬私印"（白文）。

癸丑為康熙十二年（1673），王翬時年四十二歲。

第三段縱20.9厘米、橫64厘米。本幅自識："董元《五株煙樹圖》名著海內，未得寓目。今年春在婁東王奉常齋中見仲圭臨本，枝如屈鐵，勢若張弩，蒼莽遒勁，正如書家篆籀法，令人洞心駭目，正非時人所能窺測，余此幅不能得仲圭形似，安敢望北苑神韻耶。石谷。"鈐"王翬之印（朱白文）。

第四段縱25.7厘米、橫61厘米。本幅自識："宋仲溫（宋克）寫竹溪，王孟端（王紱）補遠山一角，殊有天趣，因仿之。石谷子。"鈐"王翬之印"（白文），左下角鈐"烏目山人"（朱文）。

《虛齋名畫錄》著錄。

此卷仿古山水四段，據王翬自題，當是其逸興之作。故雖云仿畫宋、元諸家，多是取其意思所致，或筆法簡勁，或筆墨酣暢，並不拘泥於一家一法的得失。據畫史所記，畫家在其四十一、二歲之際，正欲突破當時畫壇盛行的門派之爭，力圖融匯古代繪畫的不同畫法。而有所創造。此卷山水及其自題，皆能反映王翬畫學中的一段轉折，頗有畫史研究價值。

（見附錄）

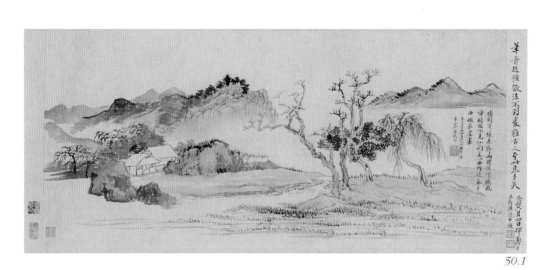

50.1

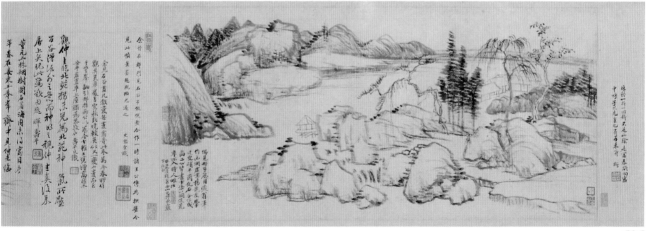

50.2

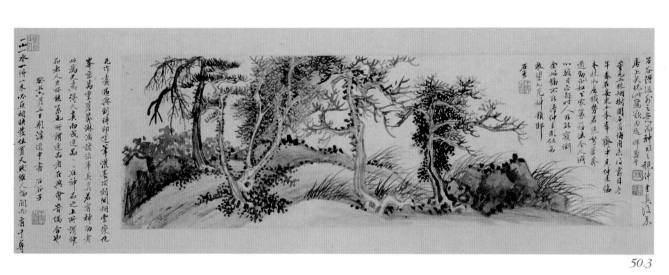

50.3

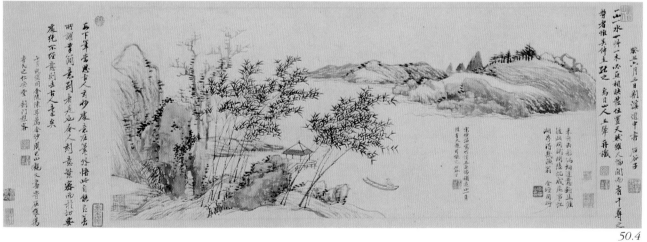

50.4

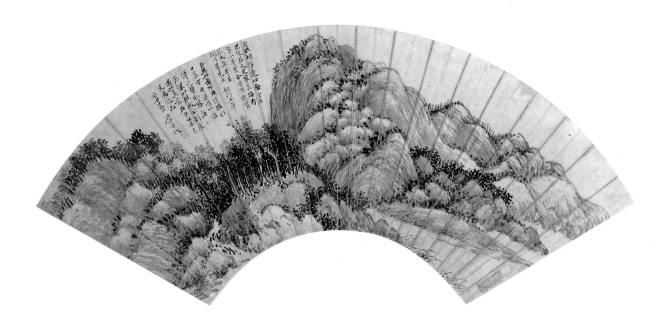

51

王翬　煙浮遠岫圖扇

紙本　設色　縱17.4厘米　橫52.3厘米

Distant Mountains in Mists
By Wang Hui
Fan leaf, color on paper
17.4 x 52.3cm

本幅自識：“巨然《煙浮遠岫圖》今在毘陵莊太史家，真海內第一墨寶。余嘗借觀，背臨大概，寄呈聞川尊先生，劍門王翬。”又識：“巨然此圖不用道路、水口、屋宇、舟梁，惟以雄渾之勢取勝，每每至深山樵牧不到處遇此真景，在巨公本色，更為逸品。癸丑上巳日，石谷重識。”下鈐“王、石、谷”(朱白文) 連珠印。右下角鈐“元瑞曾觀”收藏印一方。

癸丑為康熙十二年 (1673)，王翬時年四十二歲。

此幅較王翬五十六歲所作《仿巨然煙浮遠岫圖》軸多清潤而較少冷逸，但同樣保留了巨然原作的神韻。雖是便面小品，筆法之精仍不遜宏篇巨製。

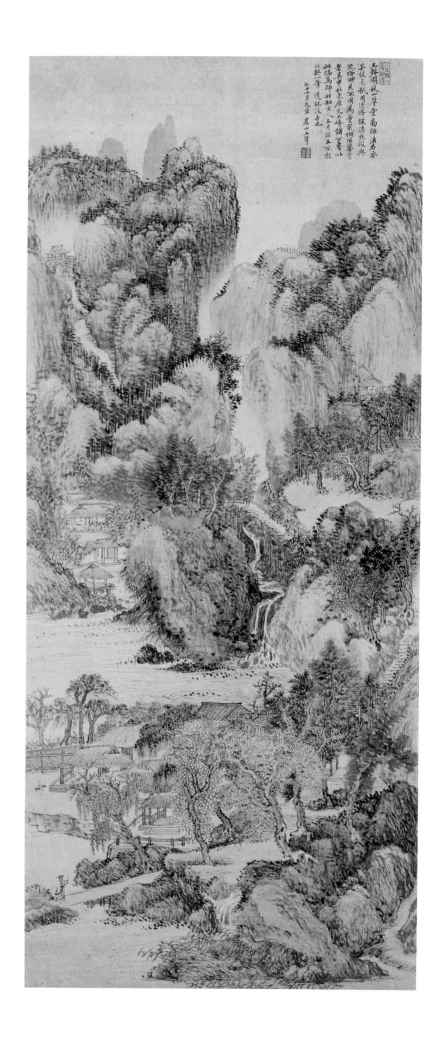

52

王翬　仿王蒙秋山草堂圖軸

紙本　設色　縱106.5厘米　橫47厘米

Thatched cottage in Autumn Mountains
after Wang Meng
By Wang Hui
Hanging scroll, color on paper
106.5 x 47cm

本幅右上自題："王叔明秋山草堂圖，師
法右丞，其設色只用淺絳，皴染點綴與
流俗不同，為董宗伯所鑑賞者，吳中杜
東原、文五峯諸公專以此幅為師，始知
古人各有源本，不敢杜撰一筆，遺訊後
世也。癸丑十月既望，虞山王翬。"下鈐
"王翬之印"（白文）。另引首章"一生好
入名山遊"（朱文）。

裱邊左側有王文治題記："此石谷仿黃
鶴山樵《秋山草堂圖》，雖真迹無以過
也。石谷畫有直逼元人者，有僅與時俗
畫家等者，其間位次不啻倍蓰，全在鑑
賞家真能剖晰之耳。嘉慶元年冬，王文
治。"下鈐"王文治"（朱文）。

"癸丑"為康熙十二年（1673），石谷時
年四十二歲。

王翬摯友惲壽平曾在他的另一幅名作
《溪山紅樹圖軸》中題曰："烏目山人為
余言，生平所見王叔明真迹不下廿餘
本，而真迹中最奇者有三，吾從秋山草
堂一幀悟其法……"所以石谷一生中曾
屢仿此圖，而將這一幅與王蒙傳世的
《秋山草堂圖》真迹（徐邦達編《中國繪
畫史圖錄》影印出版）相比較，可看到二
者不論構圖還是畫法上都多有不同，這
是因畫家每一臨仿，必有一番自家用
意，據此圖自題，該圖乃是由王蒙而上
追唐王維畫法，並參究明杜瓊（東原）、
文伯仁（五峯）的不同臨本畫法等。全圖
畫法工穩，用筆蒼秀，林壑繁複而又不
失明爽之致，的確是王翬中年佳作。

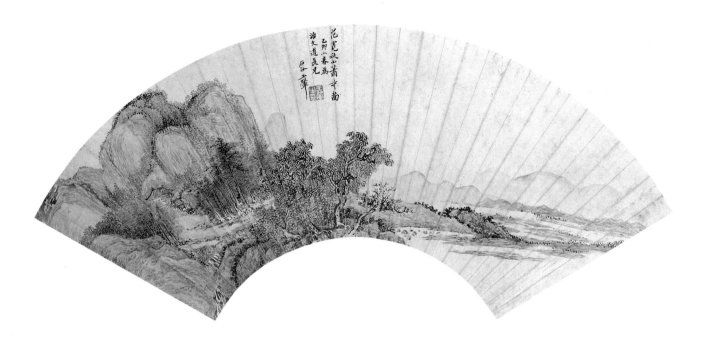

53

王翬　仿范寬秋山蕭寺圖扇

紙本　設色　縱17厘米　橫52.5厘米

Lonely Temple in Autumn Mountains after Fan Kuan
By Wang Hui
Fan leaf, color on paper
17 x 52.5cm

本幅自識："范寬《秋山蕭寺圖》，乙卯小春為治文道長兄，石
谷王翬。"鈐"王翬之印。"（白文）。

乙卯為康熙十四年（1675），王翬時年四十四歲。

此圖設色淡雅，筆致勁峭，得范寬之雄強气勢而又參之以秀
雅，是石谷中年佳作。

54

王翬　陡壑奔泉圖軸

紙本　墨筆　縱74.3厘米　橫31.4厘米
清宮舊藏

Ravines with Running Streams
By Wang Hui
Hanging scroll, ink on paper
74.3 × 31.4cm
Qing Court Collection

本幅自識：黃鶴山人《陡壑奔泉圖》，丙
辰中秋，王翬。"鈐"石谷子"（朱文），
"王翬之印"（白文）。另收藏印十方：
"乾隆御覽之寶"（朱文）、"石渠定鑑"
（朱文）、"寶笈重編"（白文）、"石渠寶
笈"（朱文）、"乾隆御賞"（白文）、"三
希堂精鑑璽"（朱文）、"宜子孫"（白
文）、"重華宮鑑藏寶"（朱文）、"嘉慶御
覽之寶"（朱文）、"宣統御覽之寶"（朱
文）。

丙辰為康熙十五年（1676），王翬時年四
十五歲。

《石渠寶笈續編·重華宮》著錄。

此圖仿王蒙（黃鶴山人）畫法，乾筆皴擦
繁而不亂，構圖緊密而層次分明，格調
秀逸。

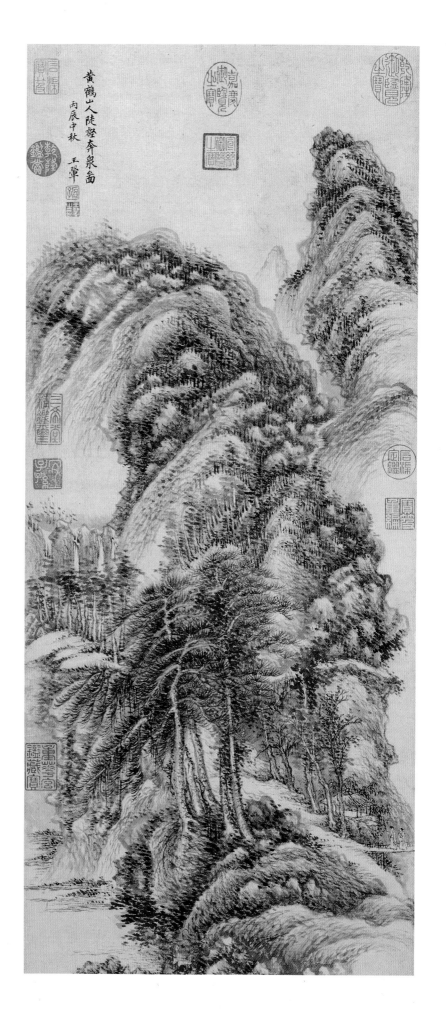

55

王翬　仿古山水圖冊

紙本（十二開）　設色　每開縱23厘米　橫45.5厘米

Landscapes after Ancient Masters
By Wang Hui
Album of 12 leaves, color on paper
Each leaf: 23 x 45.5cm

第一開　自識："寫痴翁富春卷一角。"鈐"石谷子"（朱文）、"王翬之印"（白文）。

第二開　自識："冬日舟次丹徒道中寫所見。"鈐"王翬之印"（白文）。

第三開　自識："溪村暮色。仿曹□□（雲西）。"鈐"石谷子"（朱文）、"王翬之印"（白文）。

第四開　自識："晚霽泊舟芙蓉涇。漫寫即景。"鈐"石谷子"（朱文）、"王翬之印"（白文）。

第五開　自識："寫唐人'霧卷晴山出'之句。"鈐"石谷子"（朱文）、"王翬之印"（白文）。

第六開　自識："數□漁笛在滄浪。石谷。"鈐"石谷子"（朱文）。

第七開　自識："楊柳昏黃曉西月，梨花明白夜東風。仿惠崇筆。"鈐"王翬"（朱文）。

第八開　自識："瀟湘□雲，臨巨然筆。"鈐"王翬"（白文）。

第九開　自識："□營丘雪□圖。"鈐"王翬之印"（朱文）。

第十開　自識："黃鶴山人秋林書屋。"鈐"石谷子"（朱文）、"王翬之印"（白文）。

第十一開　自識："春來遍是桃花水，不辨仙源何處尋。"鈐"王翬"（朱文）。

第十二開　自識："辛酉臘月恭祝莘翁侍御先生並正，王翬。"鈐"石谷子"（朱文）、"王翬之印"（白文）。

辛酉為康熙二十年（1681），王翬時年五十歲。

此冊仿古山水為笪重光（莘翁）而作。按王翬此一階段的繪畫已然完全成熟，故能隨心而不逾矩地拈出古人繪畫粉本一角，或選取會心的自然中景物，或以佳句命意，構畫出幅幅清新自然的小品畫。合冊觀之，實為其中年佳構。

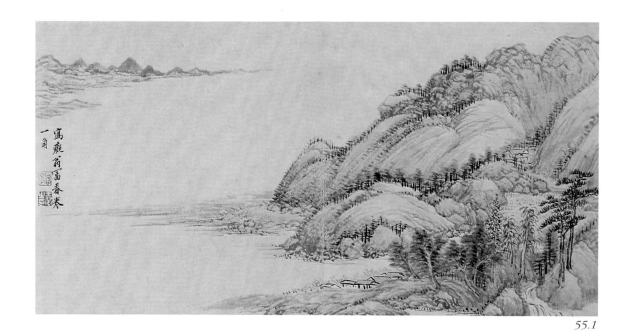

55.1

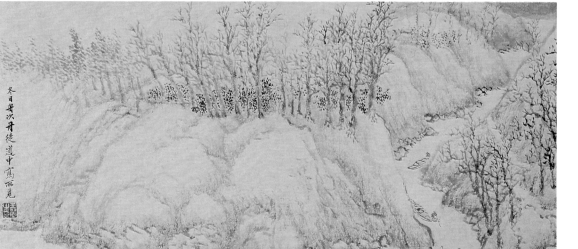

55.2

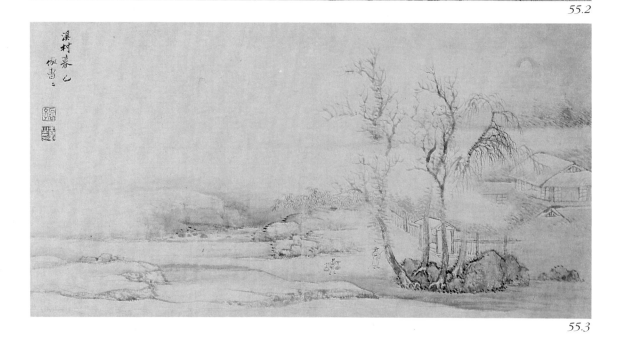

55.3

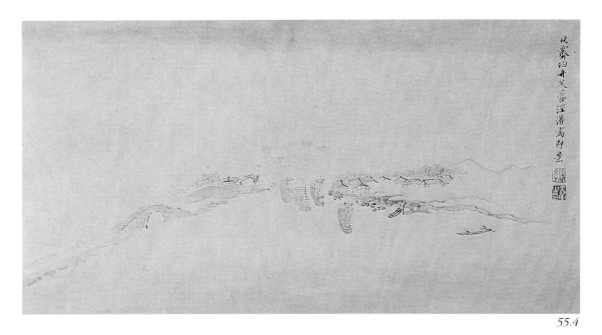

夜露泊舟芙蓉涇溝寫即景 〔印〕

55.4

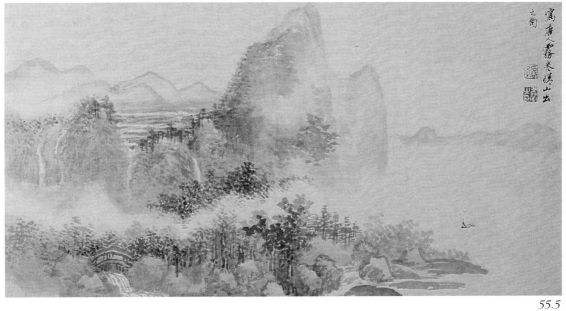

窩麿人霧岁偽山出
之句 〔印〕

55.5

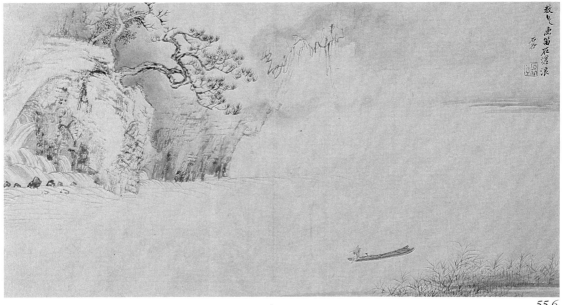

数見魚留在煙浪
石 〔印〕

55.6

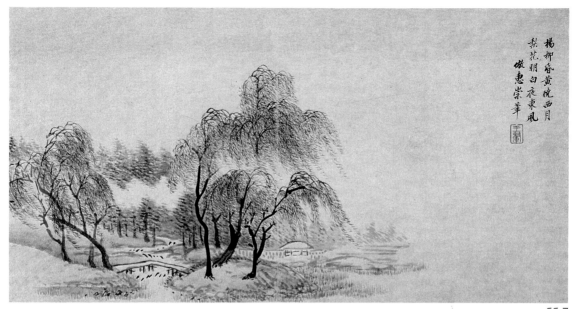

楊柳昏黃曉西月
梨花明白夜東風
倣惠崇筆

55.7

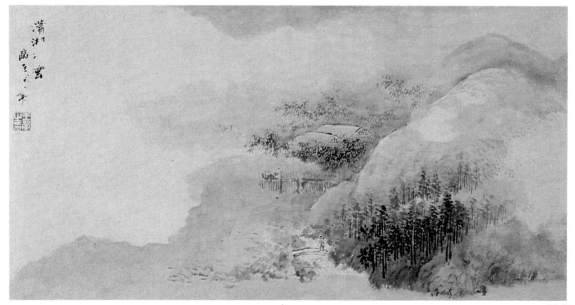

瀟湘之雲
臨三生

55.8

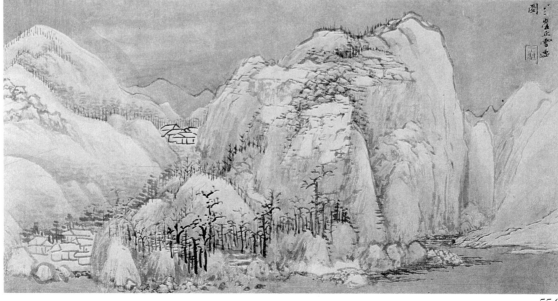

堂正雪岳圖

55.9

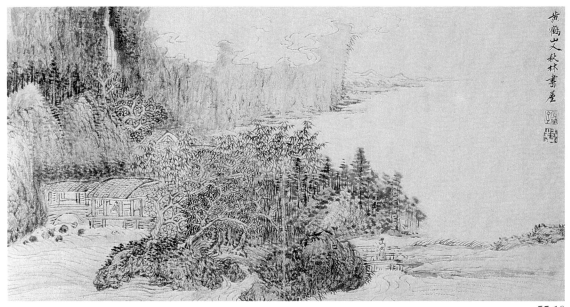

55.10

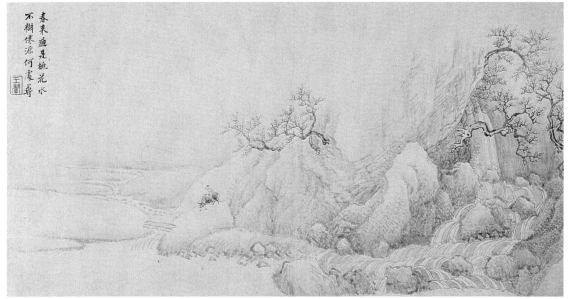

55.11

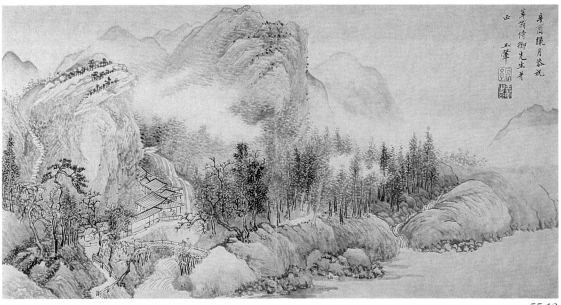

55.12

56

王翬　蕉竹圖軸

紙本　水墨　縱133.2厘米　橫32.5厘米

Broadleaf Plants and Bamboos
By Wang Hui
Hanging scroll, ink on paper
133.2 × 32.5cm

本幅自識："太湖石畔種芭蕉，色映軒窗
碧霧搖。瘦骨主人清似水，煮茶香透竹
間橋。甲子初夏畫於金陵客舍，耕煙散
人王翬。"下鈐"王翬之印"（白文）、"耕
煙散人"（白文）及引首章"太原"（白
文），左下角鈐"意在丹丘黃鶴白石青藤
之間。"（朱文）。右側下方又題："甲午
小春十日重觀於水雲精舍，耕煙子。"鈐
"王翬之印"（朱文）、"耕煙散人時年八
十有三"（白文）。另收藏印"陸時化藏"
（朱文）。

甲子為康熙二十三年（1684），王翬時年
五十三歲。重識中之"甲午"為康熙五十
三年（1714），王翬時年八十三歲。"水
雲精舍"即王翬本人之齋室名。

此圖所畫墨竹、樹石筆法簡勁，景物錯
落有致。石谷雖以山水名，但於此類題
材偶一涉筆，仍不失個中名手。

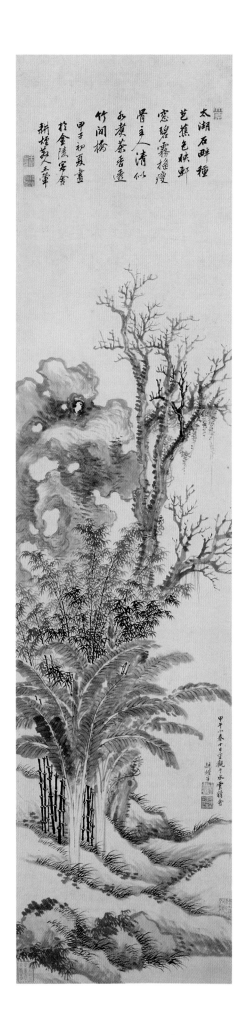

57

王翬　晚梧秋影圖軸
紙本　墨筆　縱76.8厘米　橫41厘米
清宮舊藏

Wutong Trees in Autumn
By Wang Hui
Hanging scroll, ink on paper
76.8 x 41cm
Qing Court Collection

本幅左上角自識："晚梧秋影。丙寅七夕後三日王翬秉燭戲墨。"鈐"王翬之印"(朱白文)、"石谷子"(朱文)。其右有惲壽平行楷書七絕一首並長題。本幅計有乾隆、宣統內府印"乾隆御覽之寶"、"宣統御覽之寶"等十二方。詩堂上有乾隆行書詩題。

丙寅為康熙二十五年(1686)，王翬時年五十五歲。

《石渠寶笈續編·寧壽宮》著錄。

從惲壽平題識來看，此圖應為寫實之作。圖中墨筆繪池上高梧疏柳掩映書堂，坡頭二人對語。筆法鬆秀，意境淡遠。在王翬眾多的摹古、仿古的宏篇巨製中，此種寫實的園林小品猶顯清新可喜。王翬常與惲氏相往還，"商論繪事"，是以王畫再加惲題身價倍增。正如惲氏在給王翬的一封信中所説："先生之珍圖，不可無南田生之題跋，敢云合則雙美，庶非糠秕播揚耳。"此圖實可寶也。

(見附錄)

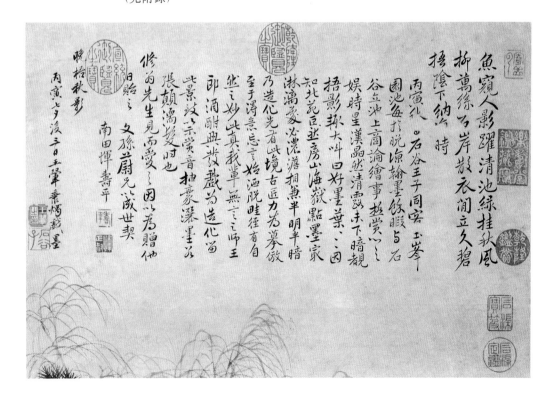

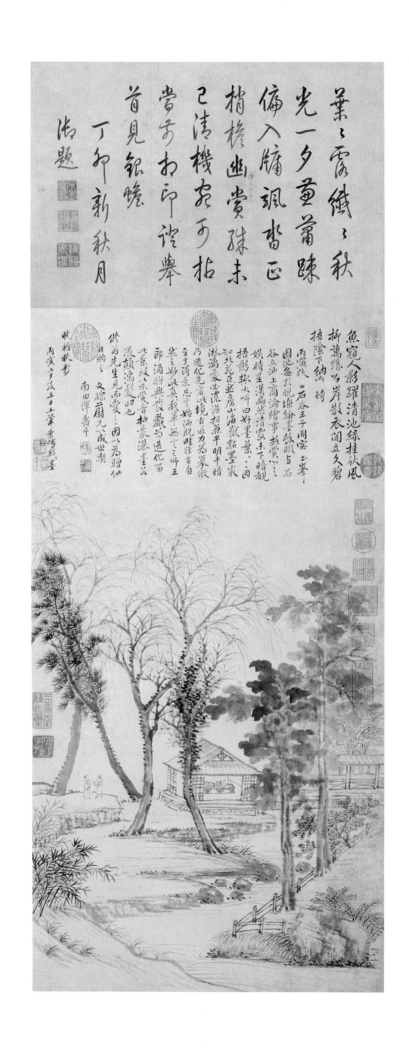

58

王翬 仿巨然煙浮遠岫圖軸

絹本 墨筆 縱187厘米 橫67.2厘米

Distant Mountains Veiled with
Mists after Ju Ran
By Wang Hui
Hanging scroll, ink on silk
187 x 67.2cm

本幅自識："煙浮遠岫圖。丁卯臘月八日
仿巨然筆，海虞石谷子王翬。"下鈐"王
翬之印"（白文）、"石谷"（白文）。另收
藏印三方："王藻儒考藏圖書"（白文）、
"愉庭吳雲審定"（白文）、"陸樸埜娛
老"（朱文）。裱邊鈐藏印四方："閣鑑
藏"（朱文）、"夫容江館"（朱文）、"愉
庭吳雲審定"（白文）、"白雲私印"（白
文）。又裱下端有李瑞清書牘。

丁卯為康熙二十六年（1687），王翬時年
五十六歲。

《王奉常書畫題跋》、《吳越所見書畫
錄》著錄。

此圖全學巨然畫法，以大披麻皴法畫崇
山峻嶺，山多作礬頭，以濃墨重筆點苔，
山下小樹兩排繞山勢叢生，山腳點綴坡
草。全幅皴法繁密，水墨濕潤，有明淨淡
冶之致。摹仿之逼真，實已攝巨然神髓，
是石谷數十年摹古功力之所聚。

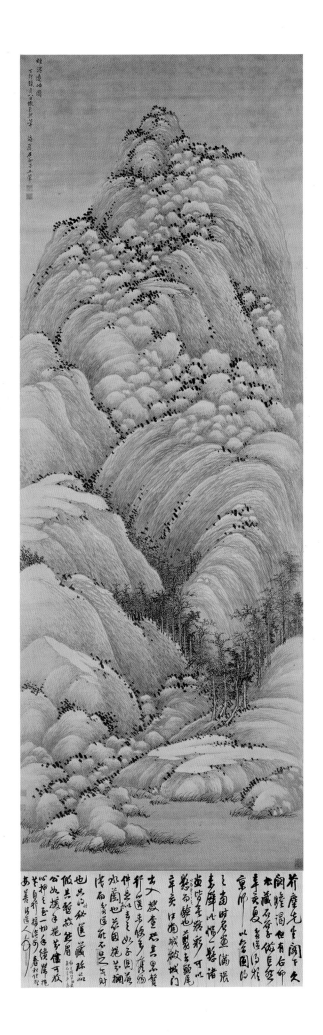

59

王翬　仿王蒙山水圖軸

紙本　設色　縱140.2厘米　橫61.6厘米

Landscape after Wang Meng
By Wang Hui
Hanging scroll, color on paper
140.2 x 61.6cm

本幅左上方自識："每出幽尋杖短藜，無
窮勝事愜幽期。村村野老柴門裏，日對
青山自不知。仿黃鶴山人筆意，庚午秋
九月廿日，石谷王翬。"鈐"王翬之印"
（白文）、"石谷子"（朱文）。左下角鈐
"陸潤之鑑藏"（朱文），右下角鈐"古虞
西鄙曾氏珍藏"（朱文）、"觀文審定"
（朱文）。

庚午為康熙二十九年（1690），王翬時年
五十九歲。

此圖山石勾皴仿王蒙畫法，設色則用黃
公望的淺絳法。整幅畫面明淨爽朗，雖
云"仿黃鶴山人筆意"，卻是融古之作。

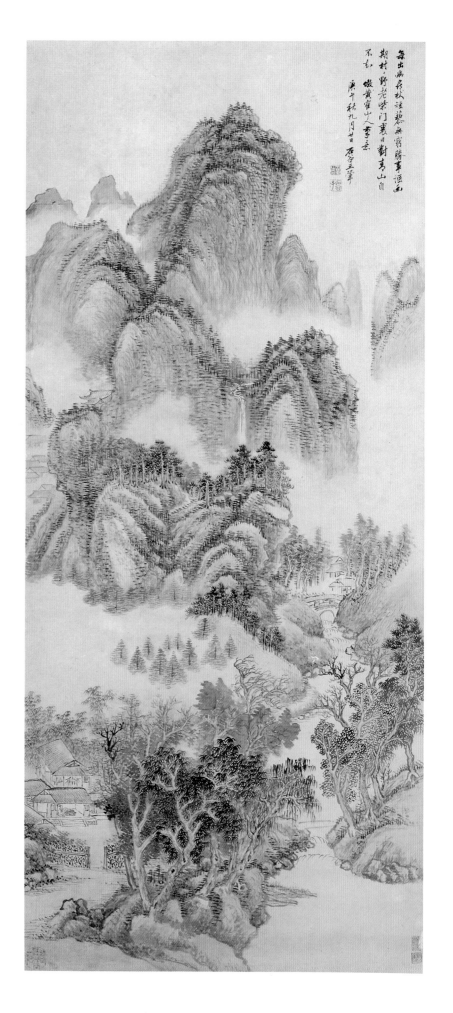

60

王翬　廬山白雲圖卷
紙本　設色　縱35厘米　橫124厘米

Mount Lu Shrouded in White Clouds
By Wang Hui
Handscroll, color on paper
35 x 124cm

卷末自識："關仝廬山白雲圖為海內名
迹，林壑位置迥出意匠之外。余三十年
前偶於金陵友人齋中展閱數過，卷尾有
董文敏題識，至今追憶恍在目前邊。古
香主人以藏紙屬畫，聊仿其意，萬不及
一，當不值方家一哂也。董跋並錄於右。
康熙丁丑暮春望後三日，虞山王翬。"下
鈐"王翬印"（白文）、"石谷"（白文），
另引首章"上下千年"（朱文）。此段題
識之前，有王翬所臨書之董跋："頃遊廬
山，自天池策杖大林寺至崖頭，下視山
腰，俱為雲霧所斷，四空濛濛作白豪光，
身如在銀海中，無復林麓村墟可得。以
為畫家未曾收此奇境，及披此圖，宛然
廬山所見也。獨是日見廬山上方諸峯，
亦縹緲滅沒為飛煙斷靄耳。丙申閏八月
晦日舟次繁昌大江中書，玄宰。"另卷首
有壓角印一方："耕煙野老"（白文），又
本幅收藏印"仲麟鑑賞"（白文）、"傲徠
山房"（白文）等三方。尾紙有清姜宸英
跋。

康熙丁丑為康熙三十六年（1697），石谷
時年六十六歲。

"古香主人"名岳樂，為清宗室，此圖即
為其而作，是以極為精心。圖中淡設色
繪峯嵐起伏，雲霧迷濛，其中間以瀑布、
雜樹、山莊、竹亭，山石以濃密的雨點皴
出之，是仿關仝、范寬一路北方山水畫
法。全圖工整謹密，秀潤蒼渾，深得關仝
"筆簡景少，气壯意長"之旨。

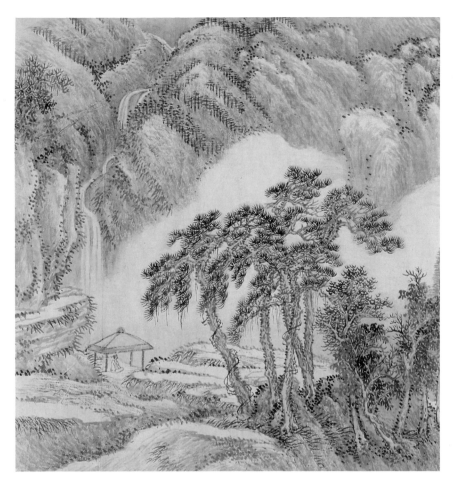

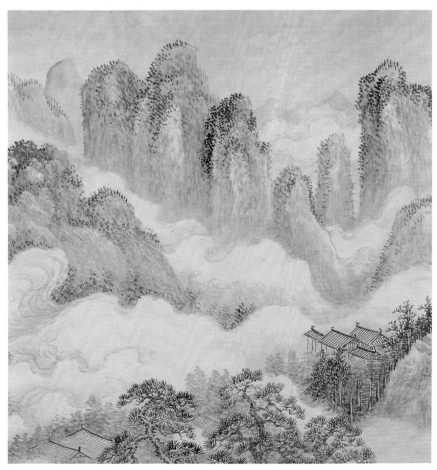

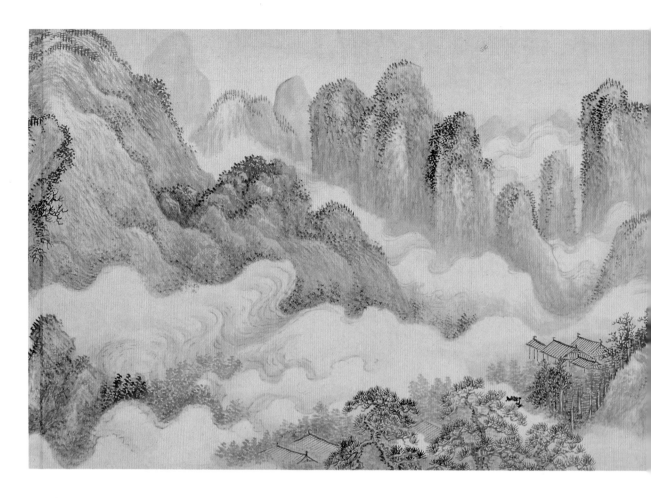

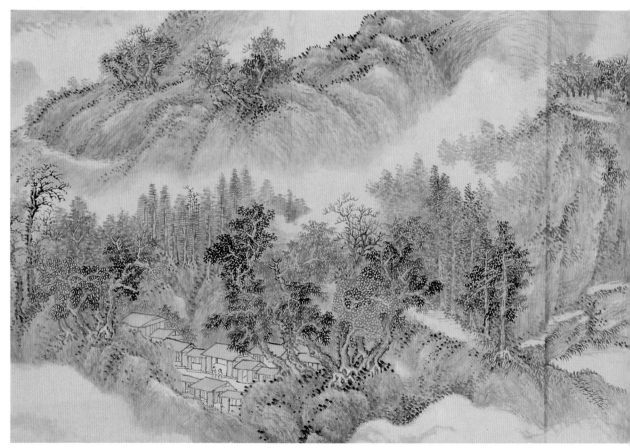

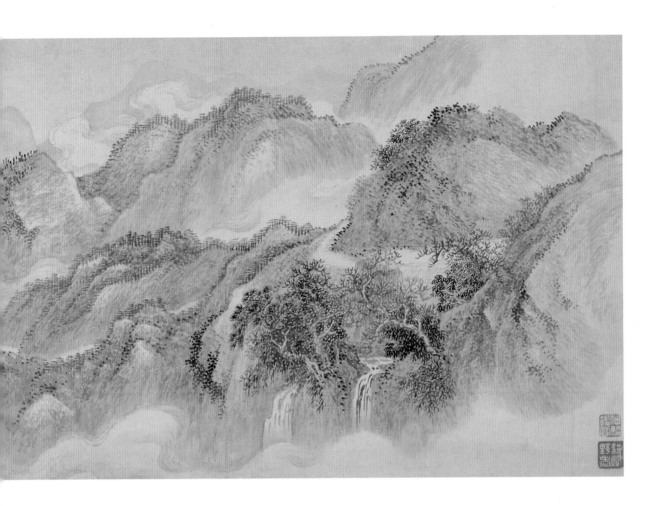

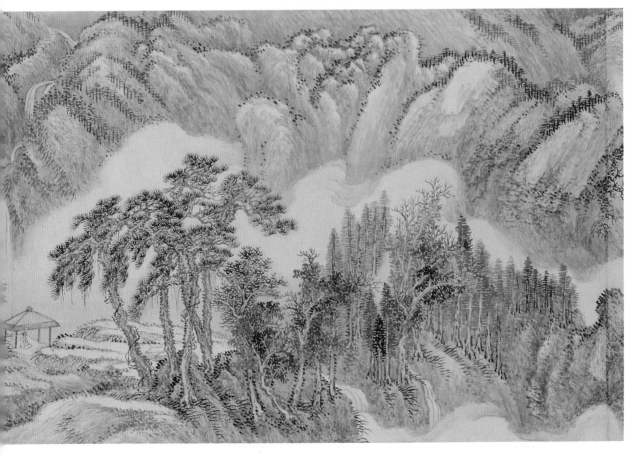

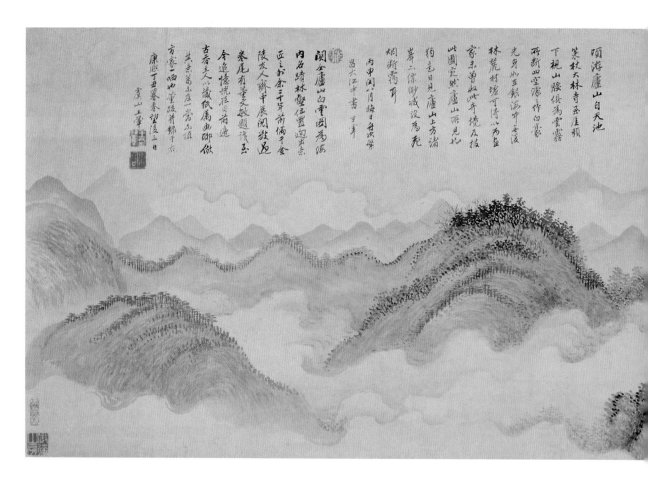

顷游廬山自天池
菜秋大林寺丞莊頌
下視山腰俱為雲霧
所斷四望溟溟行白豪
光年此至銀漢汗漫中乏漫
家未曾极此平境及接
林荒村境丁导以為至
此圖宛然廬山所見也
狗毛日見廬山上方諸
峯二縹缈滅没為死
烟断霿耳
丙申閏八月晦日舟次繁
昌大江中書　至宰

關全廬山白雲圖為源
内名蹟林壑位置迴出意
正之於余三十年前偶千金
陵友人嶠中展閱數過
卷尾有董文敏題後玉
今追憶怳怳在目前通
古香主人以藏紙屬畫聊做
其意無不及一當不值
方家二晒也董跋并錄于右
康熙丁丑暮春望後二日
虞山王翬

此圖宛然廬山所見也
狗毛日見廬山上方諸
峯二縹缈滅没為死
烟断霿耳
丙申閏八月晦日舟次繁
昌大江中書　至宰

關全廬山白雲圖為源
内名蹟林壑位置迴出意
正之於余三十年前偶千金
陵友人嶠中展閱數過
卷尾有董文敏題後玉
今追憶怳怳在目前通
古香主人以藏紙屬畫聊做
其意無不及一當不值
方家二晒也董跋并錄于右
康熙丁丑暮春望後二日
虞山王翬

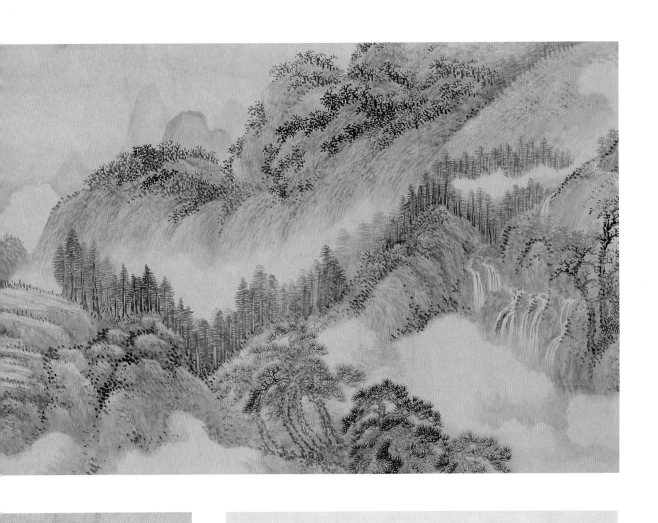

石谷山人畫工力精到少時於宋元舊
蹟臨摹極多故其臨本此自運更溥
天然之趣古人所謂讀賦千首自能
作賦良不虛也此卷為
古香主人徇知之作故尤覺筆墨生動
著低欲飛　主人寓興山水遠接董巨宜
其鑒賞與我華汀外人尤別耳戊寅八
月四明姜宸英跋

頃游廬山自天池
策杖大林寺孟崖頭
下視山腰俱為雲霧
而斷四望濛三作白豪
光身如左銀海中三渡

61

王翬　溪堂詩思圖軸
紙本　水墨　縱105.9厘米　橫59.8厘米

Thatched cottage by the Stream
By Wang Hui
Hanging scroll, ink on paper
105.9 x 59.8cm

本幅右上方篆書"溪堂詩思"四字,款署
"歲次戊寅春三月望仿雲西老人筆,海
虞石谷子王翬。"下鈐"王翬之印"(白
文)、"耕煙散人"(朱文),右下角鈐"意
在丹丘黃鶴白石青藤之間"(朱文)。另,
本幅分鈐收藏印記七方:"劉氏寒碧莊
印"(朱文)、"訥菴"(白文)、"傳經堂
鑑賞"(白文)、"含青樓書畫記"(朱
文)、"蓉峯鑑賞"(朱文),"劉恕家藏"
(白文)、"虛齋鑑定"(朱文)。

戊寅為康熙三十七年(1698),石谷時年
六十七歲。

王翬此圖仿元曹知白(雲西老人)畫法。
曹知白工畫山水,兼師宋李成、郭熙、董
源、巨然諸古代大家。此幀非具體臨摹
曹氏之作,乃是融合宋、元繪畫的不同
畫法。石谷曾言,以元人筆墨,運宋人丘
壑,而澤以唐人氣韻,乃為大成。此圖正
是典型作品之一。

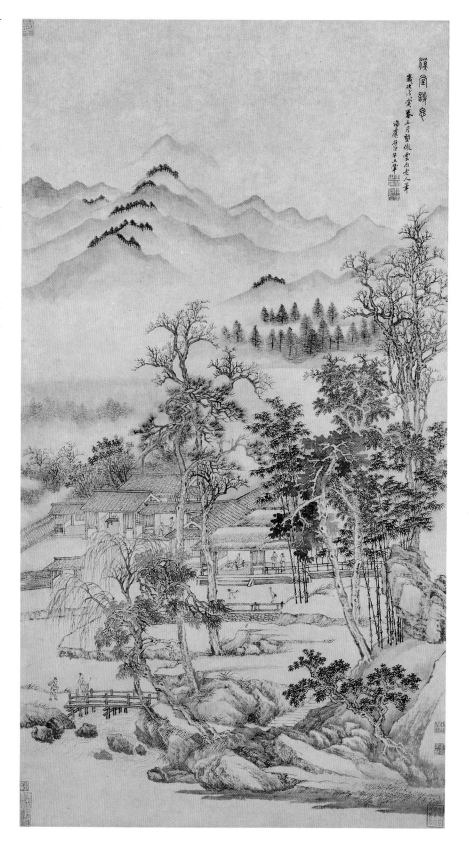

62

王翬 臨黃公望富春山居圖卷

紙本　水墨　縱 34.7 厘米　橫 728 厘米

**Mountain Hermitage by the Fuchun River
after Huang Gongwang**
By Wang Hui
Handscroll, ink on paper
34.7 x 728cm

本幅臨元黃公望《富春山居圖》全卷及卷末題識。其後石谷自識："大痴道人真迹流傳者絕少，此卷行筆佈置皆從董巨風韻中來，荒寒簡率，妙得象外之趣。白石翁、董文敏先後標題，奉為藝林墨寶，而文敏研精六法，一生宗尚尤見於此。壬午秋，山窗閑寂，適有佳紙，心慕手追，吮毫殊有所得，因記之。虞山後學王翬。"鈐"王翬之印"（白文）、"石谷子"（朱文）、"耕煙外史時年七十有一"（白文）、前鈐"海虞"（朱文）、"山水清暉"（朱文）。

尾紙有王翬臨沈周、文彭、王穉登、周天球、鄒之麟、董其昌題跋或觀款，最末有顧文彬題跋。本幅有"三韓蔡琦圖書"等鑑藏印記多方。

壬午為康熙四十一年（1702），石谷是年七十一歲。

《過雲樓書畫記》著錄。

據著錄與傳世作品，王翬一生先後七次摹寫黃公望著名畫作《富春山居圖》，迄今仍有三本傳世，此卷即為其中之一，且是最後一次的摹寫。該卷首尾齊全，是《富春山居圖》遭火焚而殘之前的全本。據專家研究，與記載中唐宇昭"油素本"同，該油素本為火前的全本。畫家一生善摹古畫，獨於該圖屢為臨摹，故此卷為其重要的摹古作品，又是研究《富春山居圖》的重要實物資料。

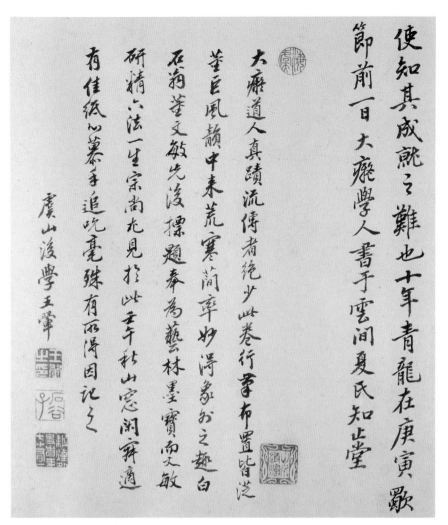

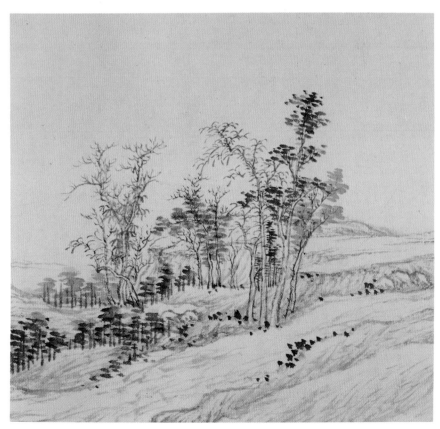

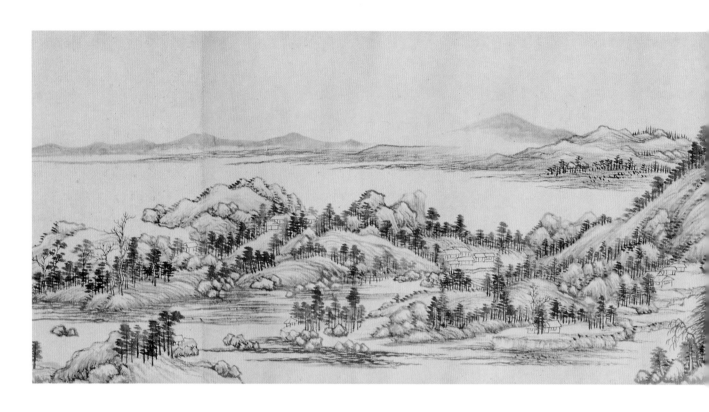

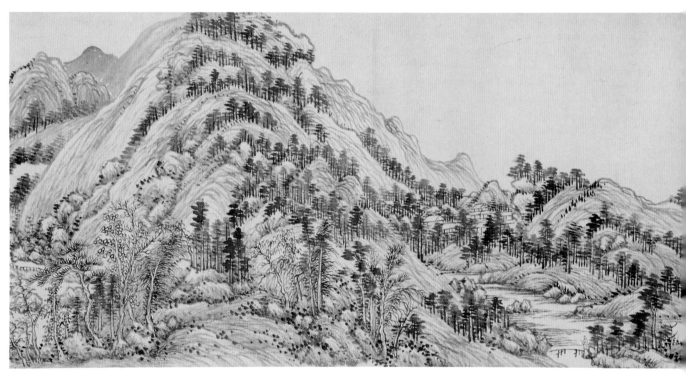

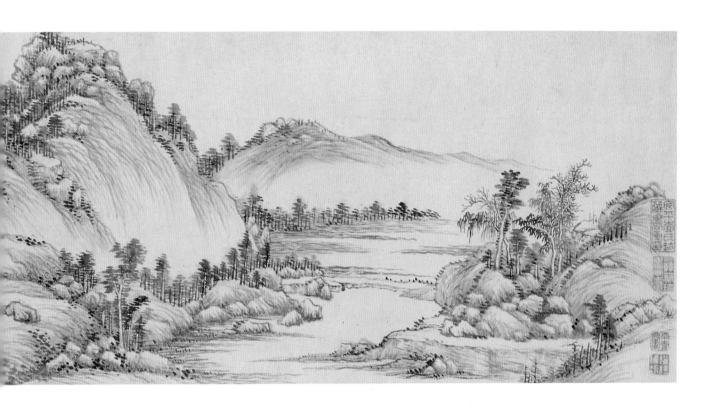

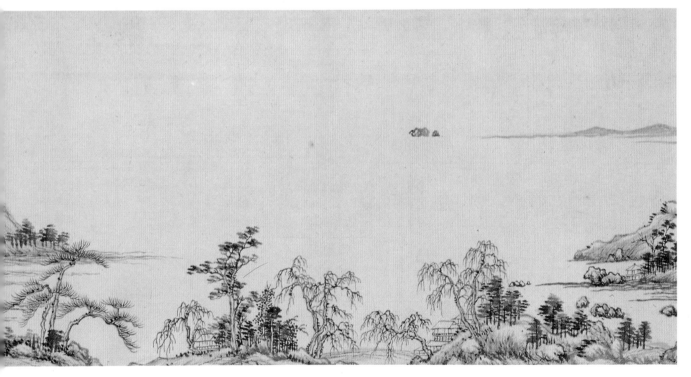

121

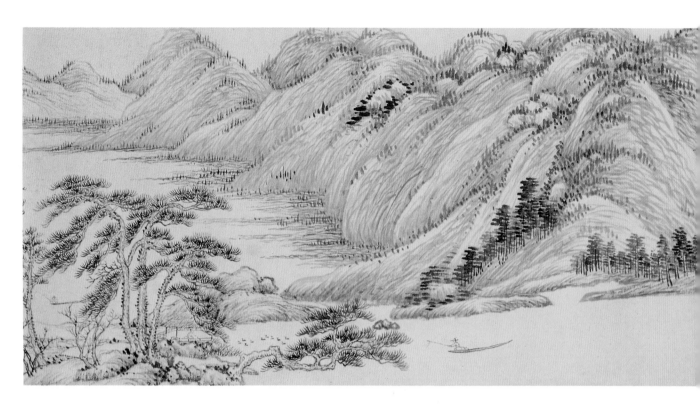

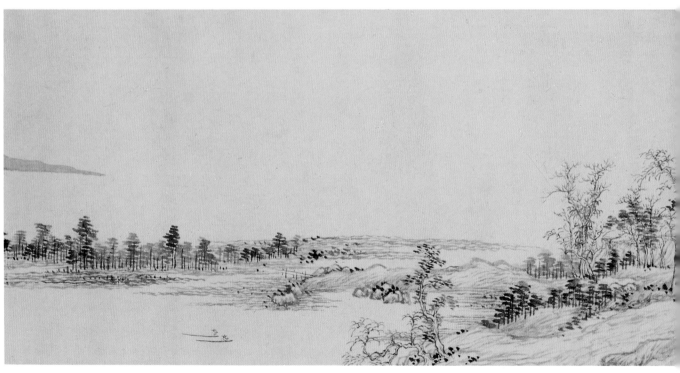

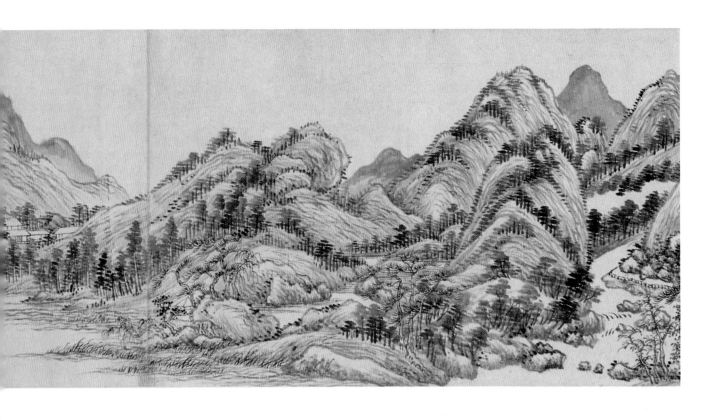

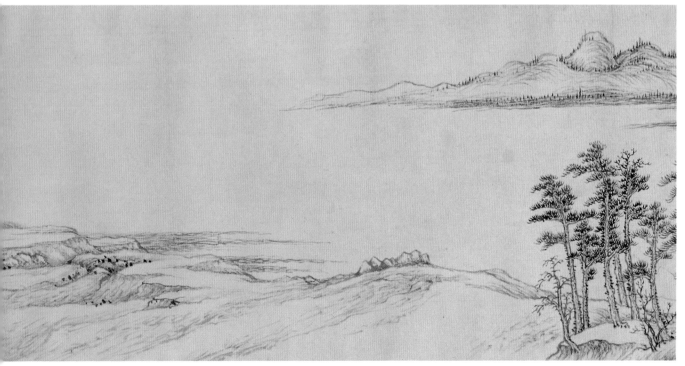

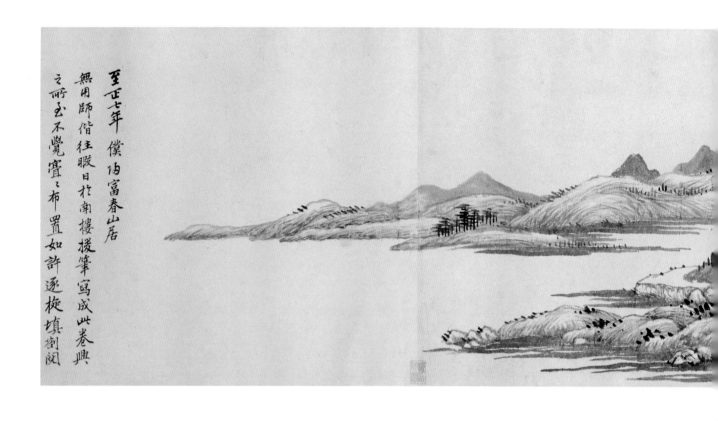

至正七年僕歸富春山居
無用師偕往暇日於南樓援筆寫成此卷興
之所至不覺亹亹布置如許逐旋填劄閱

大癡黃翁在勝國時以山水馳聲東
南其博學惜為畫所掩而至三教之人
雜然問難翁論辯其間風神竦逸
口如懸河今觀其畫亦可想見其標
致墨法筆法深得董巨之妙此卷全
在巨然風韻中來後尚有一時會萃
題跋歲久脫去獨此畫無恙豈翁在
仙之靈而有所護持耶舊在余所飫
之今節推樊公重購而得又豈翁擇
人而陰授之耶節推蒞吾蘇文章
政事著為名流雅好翁筆特因其人品
可尚不然時豈無塗抹綠者其水墨
淡之致節之重如此初翁之畫名未必期
後世之識後世自不無楊子雲必得畫者
家者之湏肯人品何如耳人品高則畫亦
高古人論畫法云然

弘治新元立夏　長洲後學沈周題

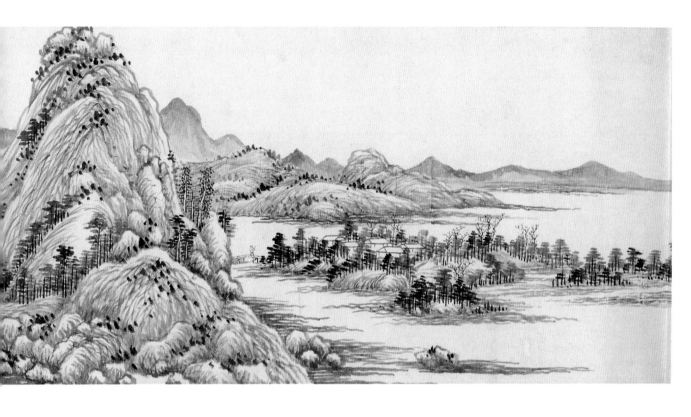

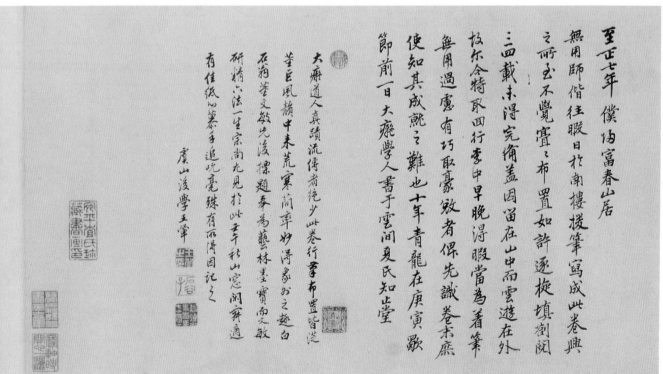

至正七年僕歸富春山居

無用師偕往暇日於南樓援筆寫成此卷興

之所至不覺亹亹布置如許逐旋填劄閱

三四載未得完備蓋因留在山中而雲遊在外

故爾今特取回行李中早晚得暇當為著筆

無用過慮有巧取豪敓者俾先識卷末庶

使知其成就之難也十年青龍在庚寅歜

節前一日大癡學人書于雲間夏氏知止堂

大癡道人真蹟流傳者絕少此卷行筆布置皆蒼

莽巨風韻中末荒寒簡率妙得象外之趣白

石翁董文敏先後標題奉為藝林墨寶而敏

研精六法一生宗尚尤見於此壬午秋山窗閒展通

有佳紙以摹手追吮毫殊有所得因記之

虞山後學王翬

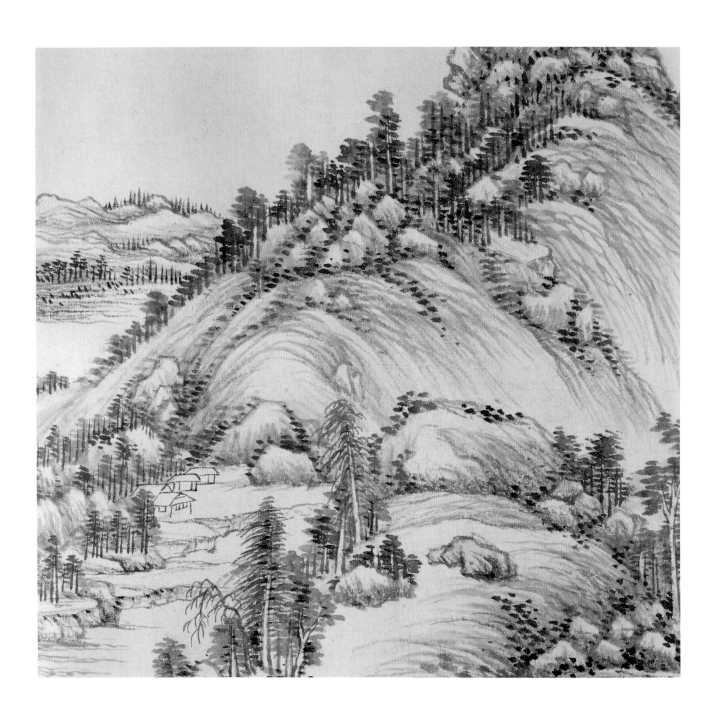

63

王翬　水閣延涼圖軸

紙本　設色　縱63.8厘米　橫54厘米

Enjoying the cool in Waterside Pavilion
By Wang Hui
Hanging scroll, color on paper
63.8 × 54cm

本幅自題："綠樹團陰散晚涼，水扉開處
看鴛鴦。坐來獨愛南風起，分得荷花茉
莉香。雲林詩，王翬畫，庚寅夏日。"下鈐
"耕煙散人時年七十有九"（白文）、"王
翬之印"（朱文）及引首章"太原"（白
文），又左下角鈐"清暉老人"（朱文）、
"來青閣"（朱文）。另本幅右側收藏印
記四方："御賜經德秉哲"（朱文）、"虛
齋審定"（朱文）、"萊山真賞"（朱文）、
"陸俟心賞"（朱文）。

庚寅為康熙四十九年（1710）。

此圖描繪元倪瓚（雲林）詩意，畫法上則
仿宋代趙令穰《湖莊清夏圖》及劉松年
《四景山水圖》一路湖山小景的構圖方
法。畫環湖綠柳，池中荷葉茂盛，臨岸處
水榭書堂，景致極為清幽，正是"荷靜納
涼時"的意境。設色雅麗，樹石筆法老
蒼，是王翬晚年佳製。

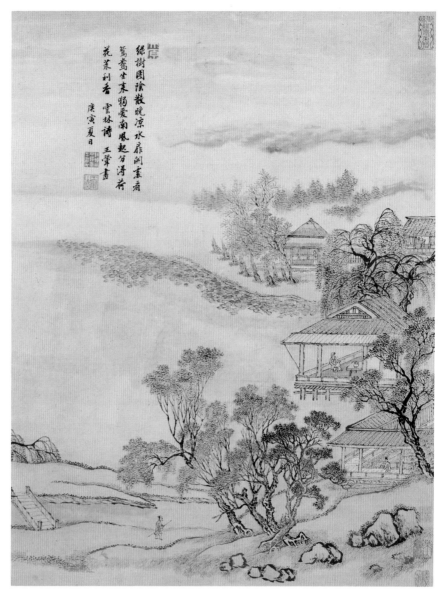

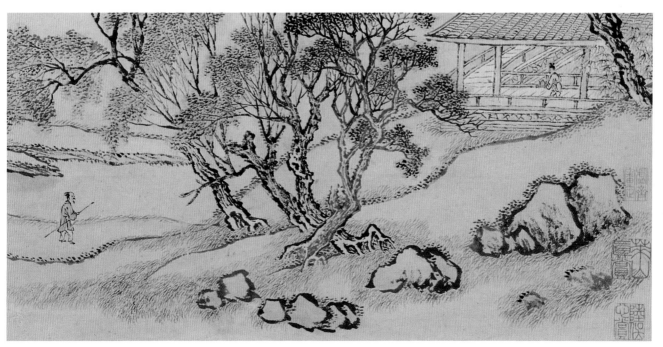

64

王翬　秋樹昏鴉圖軸

紙本　設色　縱118厘米　橫74厘米

Crows Gathering on the Autumn Trees at
Twilight
By Wang Hui
Hanging scroll, color on paper
118 x 74cm

本幅自識："小閣臨溪晚更嘉，繞簷秋樹
集昏鴉。何時再借西窗榻，相對寒燈細
品茶。補唐解元詩。壬辰正月望前三日，
耕煙學人王翬。"鈐"王翬之印"（朱
文）、"清暉老人時年八十有一"（白文）
及引首章"澂懷"（朱文），又右下角鈐
"不二法"（朱文）、"來青閣"（朱文）。
另本幅收藏印八方：右上角"御賜經德
秉哲"（朱文），左下角"萊山真賞"（朱
文）、"得此至寶存豈多"（白文）、"虛齋
至精之品"（朱文）、"虛齋鑑定"（朱
文），右下角"寶軸時開心一灑"（朱
文）、"蔡氏巍公書畫之章"（白文）、"金
執佰精鑑印"（朱文）。

壬辰為康熙五十一年（1712），王翬時年
八十一歲。

此圖以唐寅詩意構畫境，將宋李成的寒
林昏鴉、趙大年的湖天垂柳、元王蒙的
修竹遠山等典型圖繪景物融置一圖，並
形成為畫家晚年特有的畫法、畫貌，為
其一生師古、臨古後演化所得，是其晚
年的精品之作。

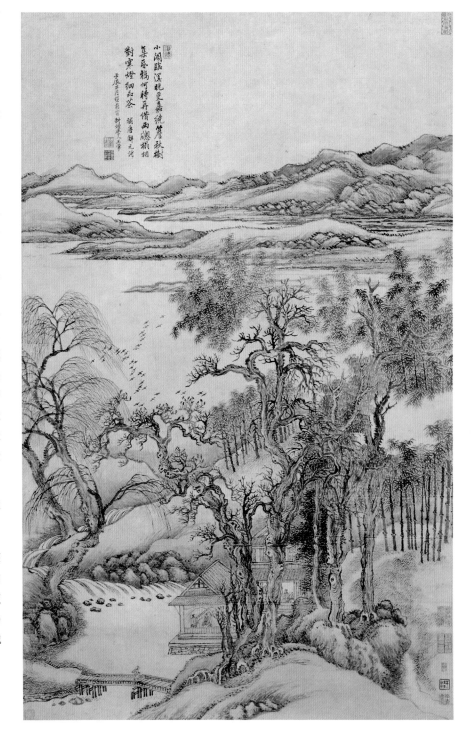

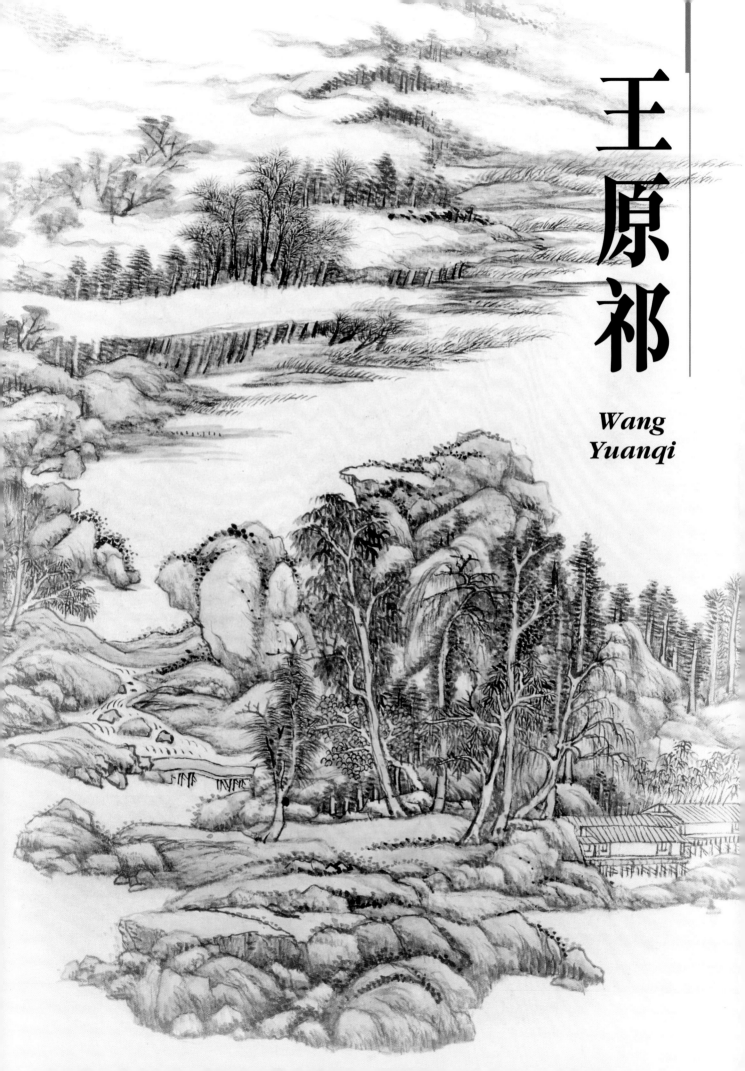

王原祁

*Wang
Yuanqi*

王
原
祁

王原祁（1642—1715年）字茂京，號麓臺、石師
道人，江蘇太倉人。王時敏孫。康熙九年（1670）進士，官至戶部侍郎，人稱"王司農"。他曾於康熙
三十九年（1700）入直南書房，參加鑑定內府所藏書畫；奉旨纂輯《佩文齋書畫譜》，任總裁；又經常
奉命"御前染翰"；並主持繪製康熙六旬《萬壽慶典圖》。他的繪畫承緒家學，一生傾注於筆墨施運的
營求中，自稱筆端有"金剛杵"，對清代院畫中山水畫風貌的形成有重要影響，畫史稱"婁山派"。

王原祁受家庭薰染，自幼即與繪事結緣。祖父王時敏更為加意指導，"間與講析六法之要，古今異同之
辨。"(1)及其中進士後，又授以家藏名迹的臨摹縮本，期望他繼續畫學。因此，他的畫學與藝術思想基
本上是紹繼家學的，並轉承了董其昌的南北宗論。縱觀其一生的繪畫作品，多以仿學所謂南宗畫派中諸
家繪畫為主，其中尤以仿黃公望畫法的作品最多。如其所言："余弱冠時得聞先贈大父訓，迄今五十餘
年矣。所學者大痴也，所傳者大痴也，華亭（董其昌）血脈，金鍼微度，在此而已。"(2)他的繪畫又有
"中年秀潤，晚年蒼渾"的區別。清方薰《山靜居論畫》一書指出："麓臺壯歲參以己意，乾墨重筆皴
擦，已博混淪氣象，嘗自誇筆端有金剛杵，意在百劫不壞也"。如以本集所收其三十六歲（1677年）的
《仿古山水圖冊》（見圖66）和六十四歲（1705年）的為匡吉作《仿古山水圖冊》（見圖80）相比，即
可看出其間的變化。而所謂的"筆端有金剛杵"，則不僅是"乾墨重筆"的形象比喻。金剛杵本是古印
度兵器，後為密宗佛教借用為表示堅利之智、斷煩惱、伏惡魔的法器。以執金剛杵者能夠"表起正
智"。轉為繪畫用筆的比喻，即指筆模山水之形，要在取山水表象中的藝術真境。為此，王原祁曾傾一
生之功以營求筆墨運用。據記載，其凡畫一山水，反覆皴擦點染之功，頗費歲月。如《竹溪松嶺圖卷》
（見圖77）就是畫家用了三年時間才完成的。據畫家自題，該巨製是仿學董源《溪山行旅圖》和《夏景
山口待渡圖》，又稱是欲求董源繪畫的"純任自然"，試圖再現宋米芾《畫史》所言董源畫"峯巒出
沒，雲霧顯晦，不裝巧趣，皆得天真"的"平淡天真多"的意趣。因此，畫家凡構畫一圖，大多有着類
似的深層考慮。值得注意的是，王原祁為他的弟子、門生繪製了許多精品之作，並加以品題，講析繪畫
之要。世稱王原祁有四大弟子，即王敬銘（丹思）、李為憲（匡吉）、金明吉、曹培源。本集所收即有
為匡吉作《仿古山水圖冊》（見圖80），為丹思作《仿古山水圖冊》（見圖86），為明吉作《神完氣足
圖軸》（見圖83）。看來，由董其昌之教王時敏，王時敏又教畫家本人的經歷，給王原祁以深刻影響，
因之畫家再度以同樣的方法教授其弟子。這一方法為從學者開了方便的摹學之門，但是儘管他一時畫傾
朝野，終於限制了後進之才。而我們則可以從其畫作的構思與品題的文字說明中了解到畫家一生的藝術
精粹之所在。

註釋：(1) 張庚：《國朝畫徵錄·卷下》，〈王原祁〉。
　　　(2) 王原祁：《麓臺畫跋》，〈又仿大痴設色為輪美作〉。

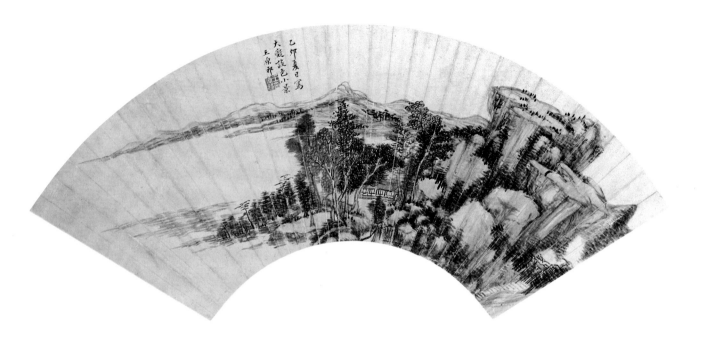

65

王原祁　山水圖扇

紙本　設色　縱16.6厘米　橫50.4厘米

Landscape
By Wang Yuanqi
Fan leaf, color on paper
16.6 x 50.4cm

款識："乙卯夏日寫大痴設色小景，王原祁。"下鈐"王原祁印"
（白文）。

乙卯為康熙十四年（1675），王原祁時年三十四歲。

此扇山水畫作，是王原祁早期稀見的作品之一。畫仿黃公望設
色小景，筆墨清潤，設色雅潔，山石皴筆則略呈滯嫩之態。按畫
家曾承家學，一生傾學黃公望畫法，故此扇對認識其早年繪畫
具有重要研究價值。

66

王原祁　仿古山水圖冊
紙本（六開）墨筆或設色　每開縱21厘米　橫27厘米

Landscapes after Ancient Masters
By Wang Yuanqi
Album of 6 leaves, ink or color on paper
Each leaf: 21 x 27cm

第一開　墨筆。自識：“仿大痴”。鈐“茂京”（朱文）。

第二開　墨筆。自識：“仿黃鶴山樵”。鈐“麓臺”（白文）。

第三開　青綠設色。自識：“仿趙承旨”。鈐“茂京”（朱文）。

第四開　墨筆。自識：“仿梅道人”。鈐“原祁茂京”（白朱文）。

第五開　設色。自識：“仿高尚書”。鈐“茂京”（朱文）、“別號麓臺”（朱白文），“蒼潤”（白文）。

第六開　墨筆。自識：“仿雲林”。鈐“麓臺”（朱文）。

畫冊前副頁為王時敏隸書：“靈心自悟”四大字。款“西廬八十七老人題”，鈐“西廬老人”（白文）。畫冊後跋紙為王原祁自題：“此余丁巳春間往雲間筆也，先奉常見之謂余為‘可教’，題識四字。今閱十五年矣，於古人筆墨終未夢見，殊愧先大父指授，為之泫然。康熙庚午長夏觀於毗陵舟次謹題，原祁。”鈐“原祁之印”（白文）、“麓臺”（朱文）、“興與煙霞會”（白文）。

畫冊首副頁、尾跋紙計鈐龐元濟藏印11方，分別為“萊臣審藏真迹”、“虛齋鑑藏”、“龐萊臣珍賞印”等印。

丁巳為康熙十六年（1677），王原祁時年三十六歲。

冊前王時敏款署“西廬八十七老人題”，應為康熙十七年（1678年）所題，即王原祁創作該冊後的次年所書。以丁巳下推至庚午，不足十五年，而跋稱“今閱十五年”，當是王原祁之誤。

《虛齋名畫錄·卷十四》著錄。

此冊仿古山水，是王原祁早期繪畫的代表作品。所仿元六家山水，各具六家形貌，筆墨或敷色又別具蒼潤、疏淡或工麗等不同特點，故王時敏以“靈心自悟”四字為讚，是獎攜其孫原祁在仿古的同時，有所悟古人畫法、畫理，並漸開個人的藝術創作之途。王時敏於眾多子孫中，尤重原祁一人，冀其“以繼我學”，該冊正為實物之證，亦是研究王原祁早期繪畫的寶貴材料。

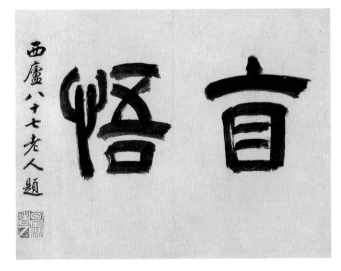

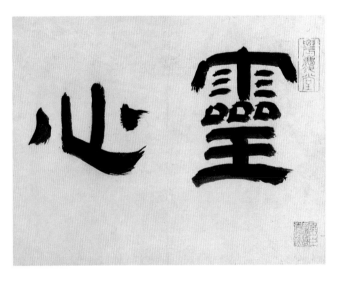

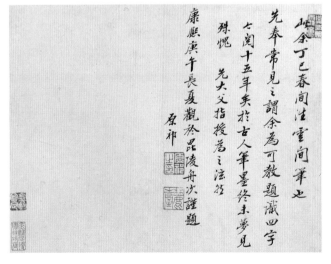

西廬八十七老人題

此余丁巳春閒注靈間筆也
先奉常見之謂余為可教題識四字
七閱十五年矣於古人筆墨終未夢見
殊愧 先大父指授為之法耳

康熙庚午長夏觀於毘陵舟次謹題
原祁

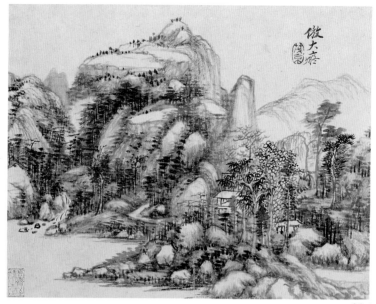

仿大癡

66.1

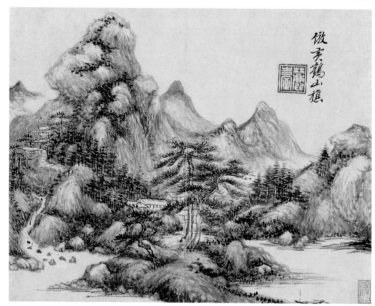

仿黄鶴山樵

66.2

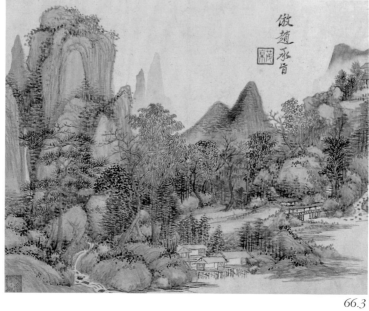

仿趙承旨

66.3

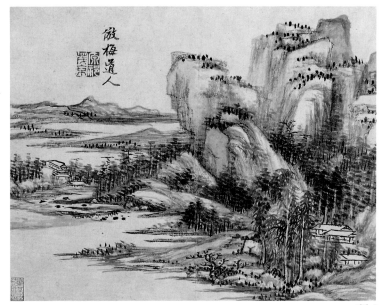

仿梅道人

66.4

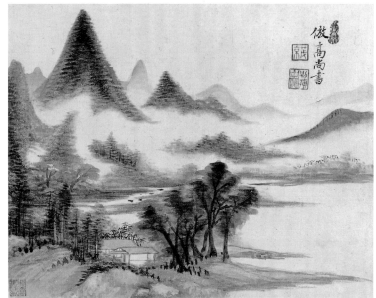

仿高尚書

66.5

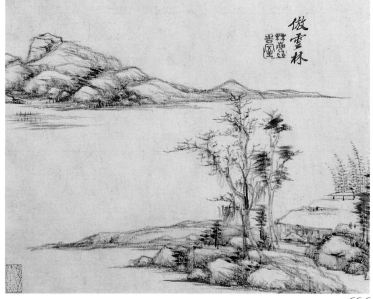

仿雲林

66.6

王原祁　富春大嶺圖軸

紙本　設色　縱100厘米　橫36厘米

Greater Ridge of Fuchun Mountains
By Wang Yuanqi
Hanging scroll, color on paper
100 × 36cm

本幅自識："辛酉清和仿大痴富春大嶺，
似東嶼老長兄正。婁水弟王原祁。"鈐
"王原祁印"（白文）、"麓臺"（朱文）。
左下空白有"虛齋審定"藏印。

辛酉為康熙二十年（1681），王原祁時年
四十歲。

《虛齋名畫錄》著錄。

據清人方薰《山靜居畫論》記："西廬、麓
臺，皆瓣香子久，各有所得。""麓臺壯
歲，參以己意，乾墨重筆皴擦，以博渾淪
氣象。"此幅仿黃公望作品，尚存潤墨濕
筆的皴染之態，頗具黃畫的"華滋"之
象，是畫家向"壯歲"過渡，變而未盡的
一種表現，亦是其四十歲以前不多的畫
中佳作之一。

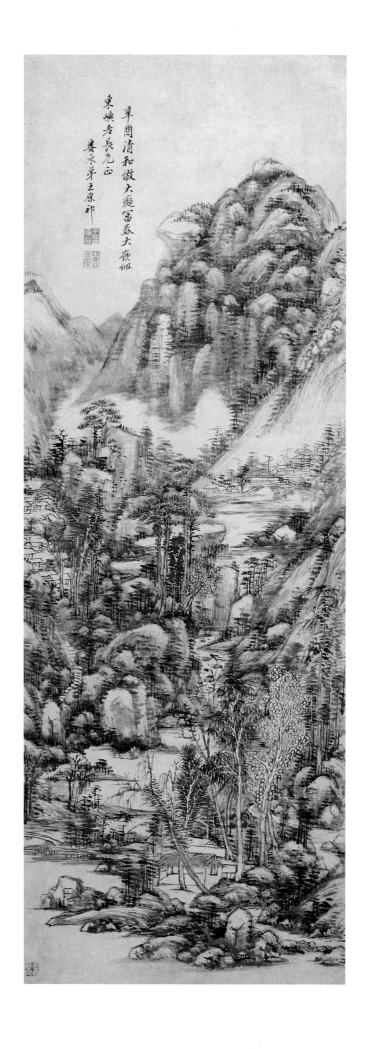

王原祁　溪山高隱圖卷

紙本　墨筆　縱31.8厘米　橫817厘米

Mountain Hermitage by Stream
By Wang Yuanqi
Handscroll, ink on paper
31.8 x 817cm

本卷自識："溪山高隱圖。時甲子仲春為雲壑道兄寫於渚陽官署之蔭碧軒。王原祁。"鈐"王原祁印"（白文）、"麓臺"（朱文）。又識："是卷與雲壑有夙約，戊亥二載相聚渚陽，公餘即出此遣興，吏事鞅掌，時復作輟。今雲壑壽母南歸，為之盡晷窮膏，半月告竣。中間未免多荒率之筆，或以古法繩之者，取其意不泥其迹可也。麓臺又識。"鈐"茂京"（朱文）。

卷後有"戊午秋日渚陽署中寄懷王麓臺"及"題麓臺畫卷"兩首長詩及"己卯仲夏雲壑布衣錄於沙溪之古閑草堂"長題。

此卷為友人雲壑而作。按"戊亥"應為壬戌、癸亥的合寫，即康熙二十一年壬戌（1682）、二十二年癸亥（1683），其時王原祁官任縣知縣，因"吏事鞅掌"，至"甲子仲春"，即康熙二十三年（1684）方始完成此長卷巨製，是年王原祁四十三歲。

《聽颿樓續刻書畫記》著錄。

據記，王原祁自舉進士任官後，頗用心吏事，但又始終遵循祖父王時敏勉其不廢畫學之囑。此卷即在吏事之餘費卻二載功夫始成。全圖分作三、四大開合，兼取黃公望、董源、巨然、米家雲山諸畫法，筆墨蒼秀，風格雅逸，是畫家中年傑作。

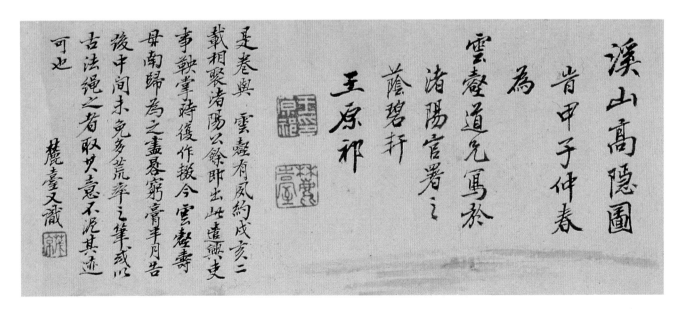

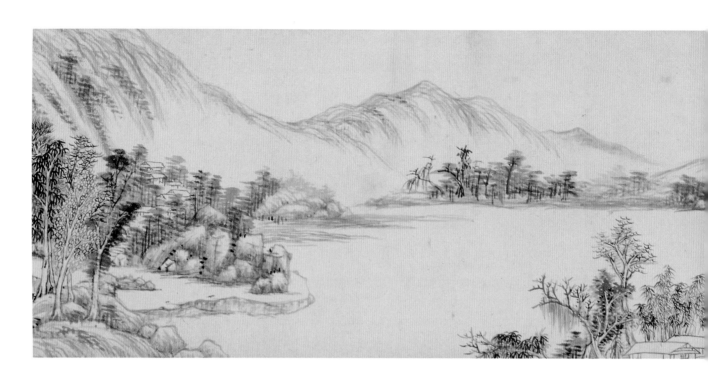

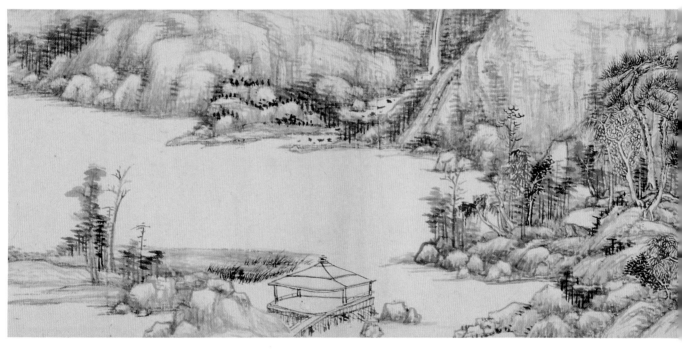

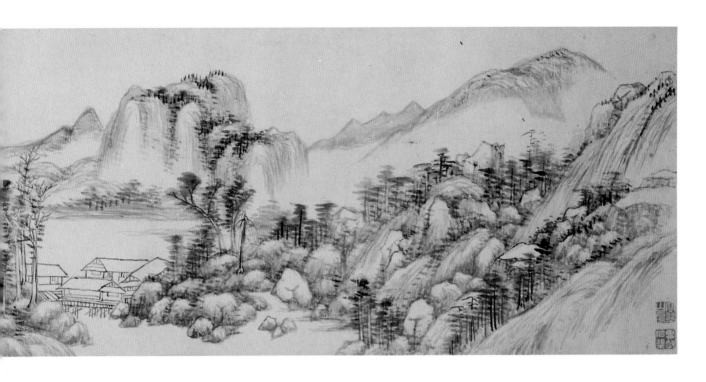

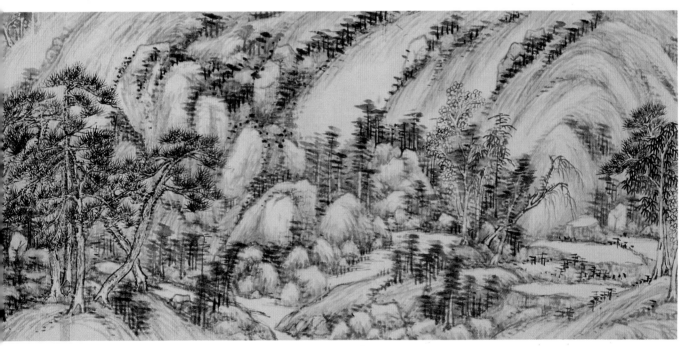

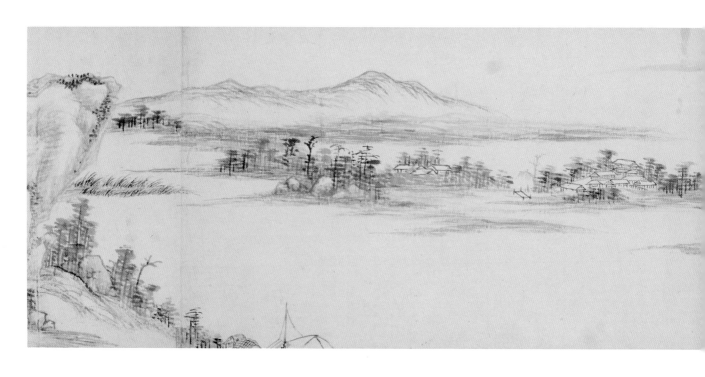

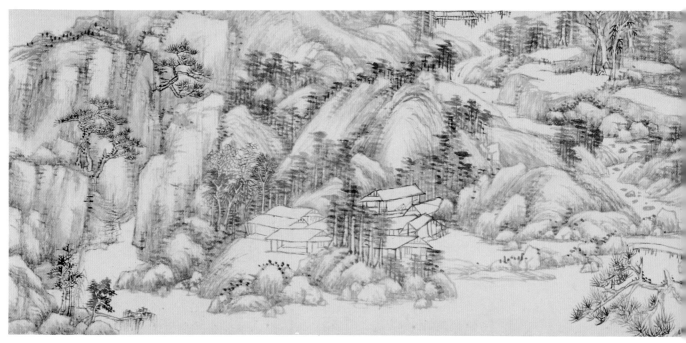

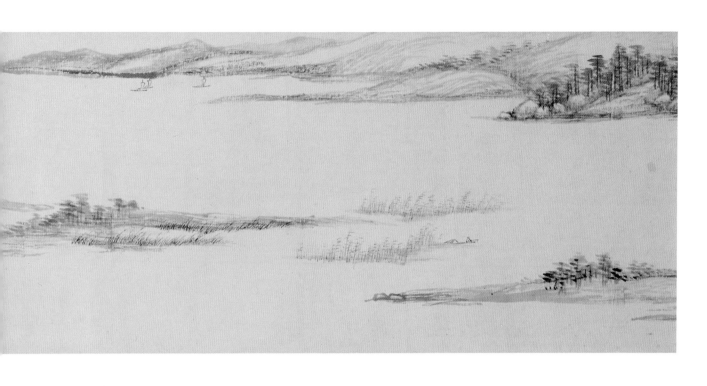

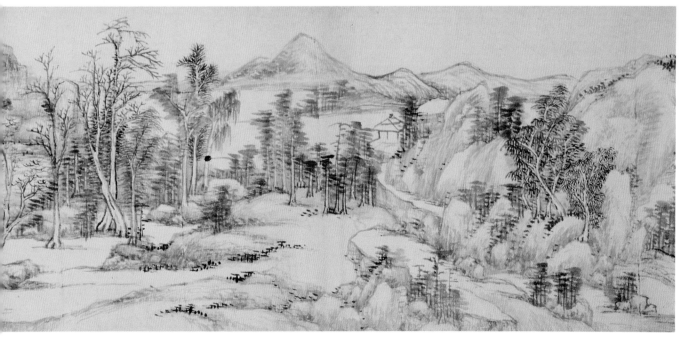

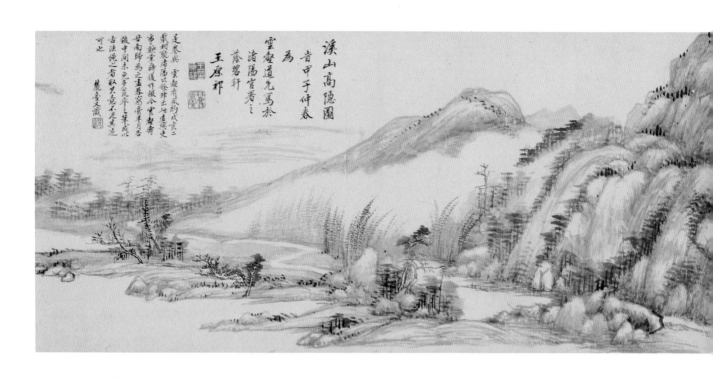

溪山高隱圖

乙巳仲春
為
雲壑道兄寫於
潇湘館署之
養碧軒
王原祁

是卷興雲壑有戊申之

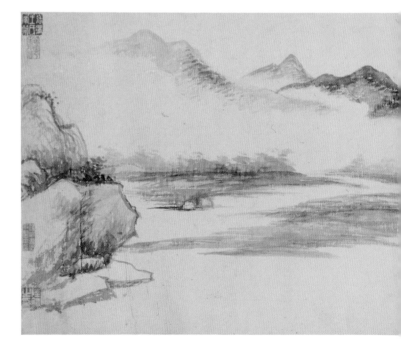

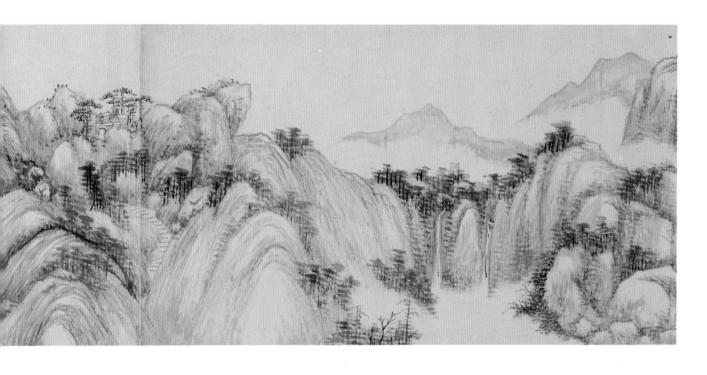

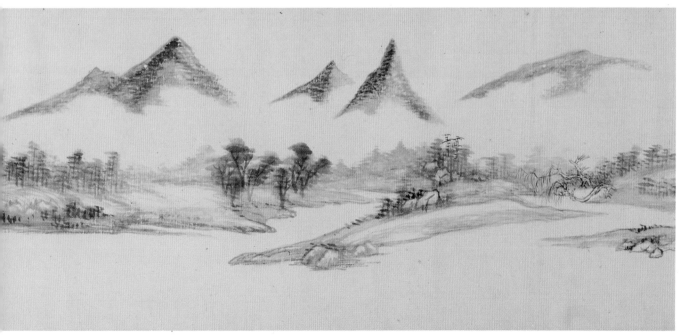

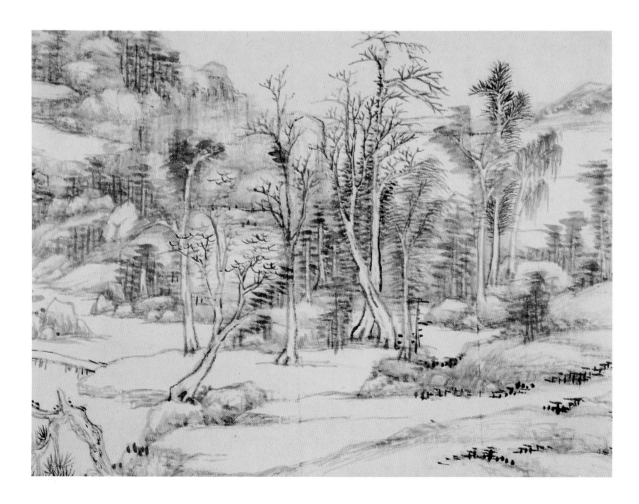

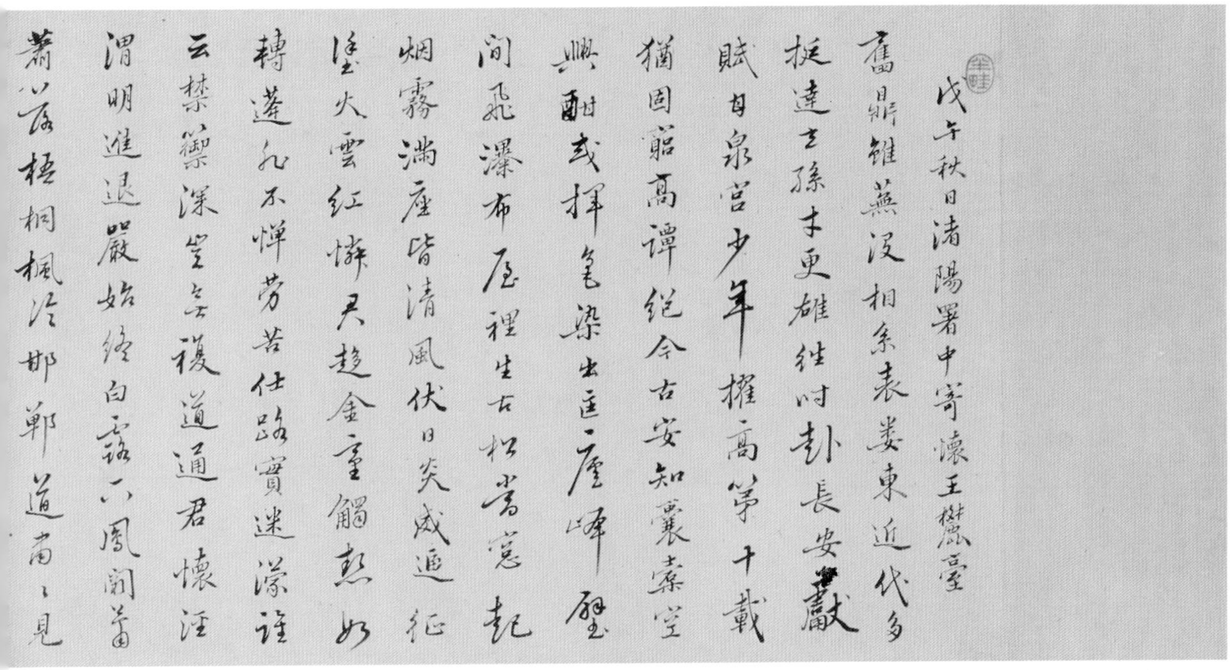

戊午秋日清陽署中寄懷王樂臺

舊鼎雖燕沒相承表婁東近代多
挺遠玄孫才更雄往时赴長安獻
賦甘泉宮少年擢高第十載
猶固韜高譚絕令古安知襄素堂
酬酢或揮毫染出匡廬峰壁
間飛瀑布屋裡生石松嵾嵳起
烟霧滿座皆清風伏日炎威通征
途火雲紅惭天趍金臺觴熱奶
轉蓬孔不憚勞苦仕路實迷濛誼
云禁籥深宝容禄道通君懷注
渭明進退巖始終白露六凤閣當
蕭嶸梧桐楓冷邶郵道而一見

69

王原祁　仿大痴山水軸

紙本　墨筆　縱100.5厘米　橫54.8厘米

Landscape after Huang Gongwang
By Wang Yuanqi
Hanging scroll, ink on paper
100.5 x 54.8cm

本幅自識："丁卯初春邢州寓所多暇，偶撿籬中廢紙柔（揉）薄醉作此圖。紙澀拒筆，竟未得大痴腳汗氣，存之以傳識者一笑可也。麓臺。"鈐"麓臺"（朱文）。本幅下方另有藏印四方。

丁卯為康熙二十六年（1687），王原祁時年四十六歲。

驗王原祁的繪畫用紙多為半生半熟、柔韌光潔的鏡面箋。該種紙易吸墨而不致自行暈破筆觸，故能使畫者施用筆墨時得心應手，且耐反覆皴染，不致疲破。此幅仿黃公望山水，據畫家自題，是用一"廢紙"，雖經揉薄，仍"紙澀拒筆"，所畫山巒樹石因筆澀而乏筆黑渾融滋厚之致。昔元張雨評黃公望畫以"峯巒渾厚，草木華滋"，每為王時敏、王原祁祖孫奉為仿黃圭旨，故此幅紙、筆不協暢的作品被畫家稱作"未得大痴腳汗氣"。雖如此，對研究王原祁的繪畫仍有啟示價值。

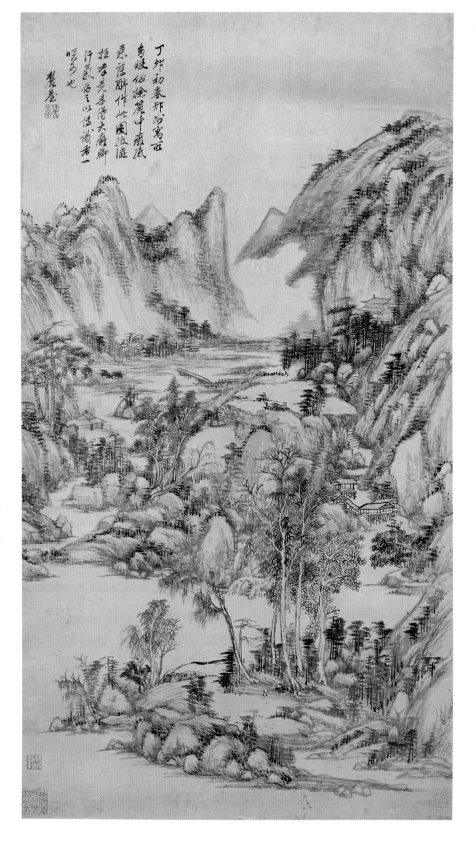

70

王原祁　仿大痴富春山圖軸

紙本　墨筆　縱98.8厘米　橫60.1厘米

Mountain Hermitage by the Fuchun River after Huang Gongwang
By Wang Yuanqi
Hanging scroll, ink on paper
98.8 x 60.1cm

木幅左上款識："癸酉清和雨窗，余作觀
大痴富春長卷歌，適倫敘年兄以素紙索
畫，遂寫其意請正，王原祁。"鈐"王原祁
印"（白文）、"麓臺"（朱文）、"古期齋"
（朱文）。詩堂有陳元龍、孫岳頒、胡會恩
三家詩題，右下角鈐"虛齋鑑定"等藏印
二方。

癸酉為康熙三十二年（1693），王原祁時
年五十二歲。

《吳越所見書畫錄》、《虛齋名畫錄》二
書著錄。

王原祁一生篤力於黃公望繪畫，《富春
山居圖》為黃氏平生傑作，據王原祁自
言，曾有幸寓目，並多有仿學，此圖即為
其中之一。以此幅較黃氏《富春山居
圖》，雖具梗概形模，卻非畢肖臨學。畫
家嘗有言："大痴畫至《富春》長卷，可謂
化工。學之者須以神遇，不以迹求。"故
該圖於"清和雨窗"下所繪，筆墨蒼潤，
景物清新，頗富"杏花春雨江南"詩意，
正如胡會恩所書讚："何必按圖尋子久，
分明雨後富春山。"是畫家雖每作必題
仿古，又每每自成佳構的典型一例。

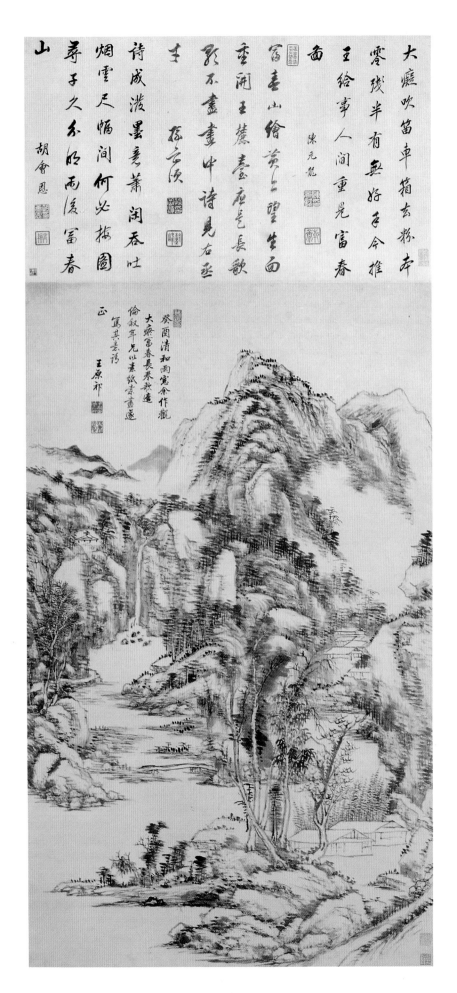

71

王原祁　仿大痴山水圖軸

紙本　墨筆　縱127厘米　橫53.5厘米

Landscape after Huang Gongwang
By Wang Yuanqi
Hanging scroll, ink on paper
127 x 53.5cm

本幅自識："門外青山筆墨收，天然風韻
此中求。學人須會餐霞意，姑射峯前接
素秋。丙子秋日仿大痴筆，似愚齋老姑
夫正，王原祁。"鈐"王原祁印"（朱文）、
"麓臺"（白文）、"掃華庵"（朱文）、"西
廬後人"（白文）。右下藏印一方。

丙子為康熙三十五年（1696），王原祁時
年五十五歲。

《古代書畫匯目匯考》著錄。

此圖為王原祁仿黃公望山水的作品之
一。據畫家自題詩："姑射峯前接素秋"，
當是以黃公望畫法繪製的秋山圖。畫家
以凝煉明潔的筆墨，畫出的山巒、樹石、
溪橋、茅舍歷歷分明，以此呈現素秋時
節的一種"天然風韻"。故此圖雖是仿
古，其藝術內蘊卻是畫家頗具匠心的創
造。

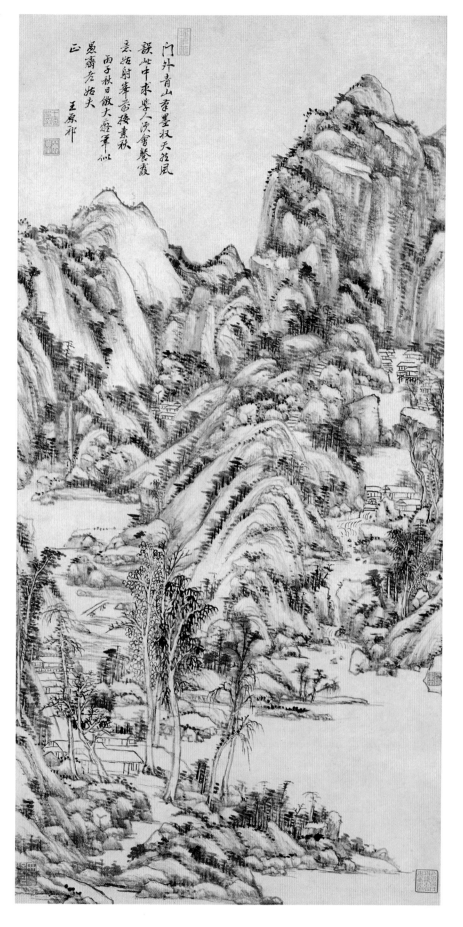

72

王原祁　仿高尚書雲山圖軸

紙本　墨筆　縱94厘米　橫45.7厘米

Mountain in Mist after Gao Kegong
By Wang Yuanqi
Hanging scroll, ink on paper
94 x 45.7cm

本幅自識："客秋雨中,雲期道兄過談竟
日,為作高尚書筆未竟,今復坐索,率爾
續成,恐非古人面目矣。時康熙己卯三
月下澣,王原祁。"鈐"王原祁印"(白
文)、"茂京父"(白朱文)、"掃華庵"
(朱文)。右下鈐"虛齋審定"等藏印。

己卯為康熙三十八年(1699),王原祁時
年五十八歲。

《虛齋名畫錄‧卷九》著錄。

此幅山水是王原祁仿元高克恭雲山圖
一類題材。按高克恭所畫雲山圖,多為
青綠設色,此作則以墨筆為之。所畫山
腰間出沒的白雲,以"留白"的方法出
之。即畫山巒、樹石時,亦留空白紙素,
以當飄忽的白雲。因此,畫家須先有胸
中丘壑,臨畫之際方能不亂章法。據畫
家所記,該圖為友人坐索,"率爾續成",
然筆墨依然淹潤、繁複,是畫家技藝日
臻佳境的體現。

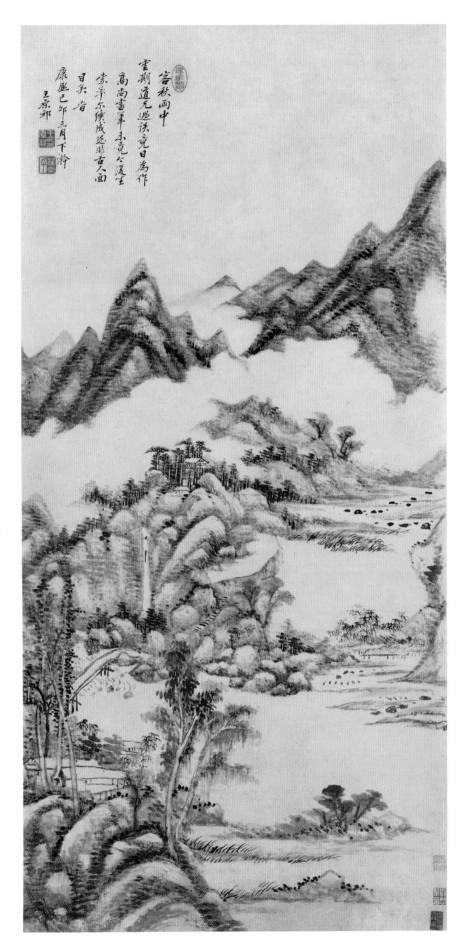

73

王原祁　送別詩意圖軸

紙本　設色　縱128.6厘米　橫75.6厘米

Landscape in Illustration of a Farewell Poem
By Wang Yuanqi
Hanging scroll, color on paper
128.6 x 75.6cm

本幅自題詩並識（見附錄）。

本幅年款"康熙辛巳小春下澣王原祁。"
下鈐"王原祁印"（白文）、"麓臺"（朱
文），引首鈐"御書畫圖留與人看"（朱
文）。另有"虛齋鑑定"等藏印三方。

辛巳為康熙四十年（1701），王原祁時年
六十歲。

《虛齋名畫錄》著錄。

此幅又稱《四絕山水軸》，是王原祁為其
鄉前輩龔秉直所畫。龔秉直，字敬立，號
石帆，王原祁為其所繪《意止齋圖》長卷
著錄於《吳越所見書畫錄》一書。本集所
收畫家創作於同年的《仿古山水六段
卷》亦為龔氏作。據兩圖王原祁自題，都
是在龔氏催促下完成的。而畫家自來作
畫甚為遲慢，故於四絕詩中有句"促迫
由來多疥癲"。雖然如此，此圖所仿黃公
望畫法，依然筆蒼墨厚，又富淹潤姿致，
為其平生佳作之一。

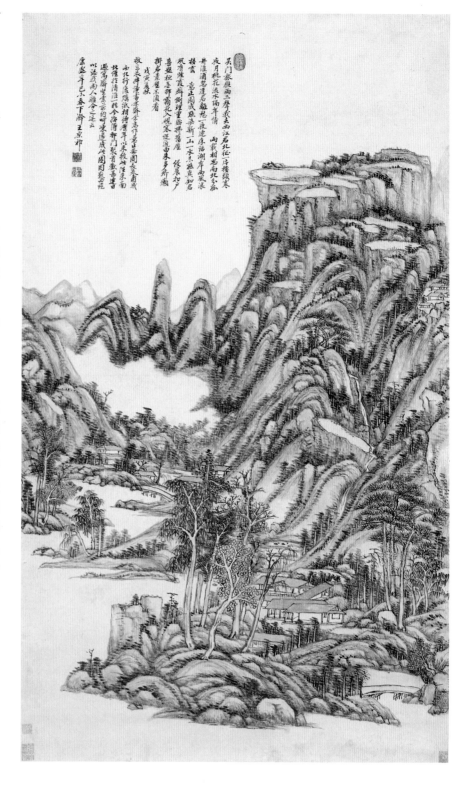

74

王原祁　仿王蒙山水圖軸

紙本　墨筆　縱95.7厘米　橫49厘米

Landscape after Wang Meng
By Wang Yuanqi
Hanging scroll, ink on paper
95.7 x 49cm

本幅右上自識："山樵皴法變化，人學之
者每不能得其端倪。余謂山樵用筆實有
本源，脫略長短粗細之迹，察其中之陰
陽剛柔，探取生氣，面目自見，真得董巨
骨髓也，不識有會時否？康熙辛巳仲冬
麓臺祁。"鈐"王原祁印"（白文）、"麓
臺"（朱文），右上鈐"期仙廬"（白文）、
左下鈐"西廬後人"（朱文）。右下有"遠
湖所藏"藏印。

辛巳為康熙四十年（1701），王原祁時年
六十歲。

此圖筆法蒼老，佈局緊密，既不失王蒙
之深秀，又兼具董巨之元氣磅礴，實為
佳作。

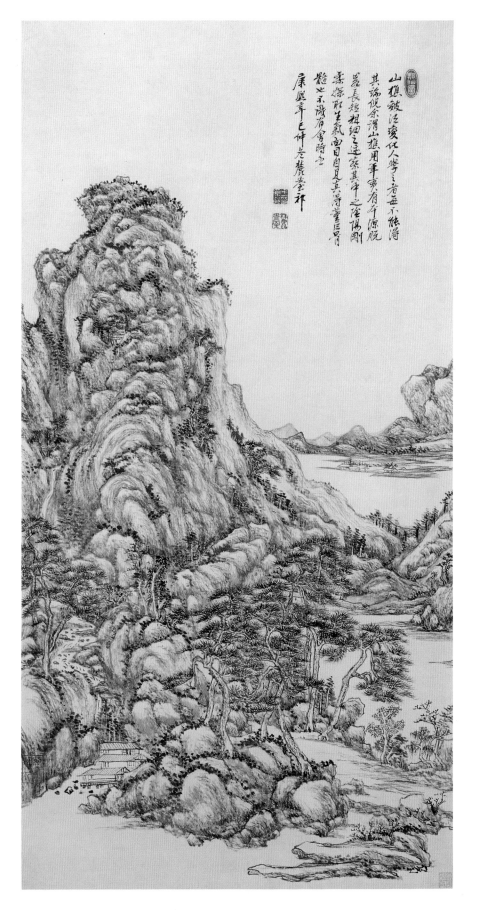

75

王原祁　仿吳鎮山水圖軸

紙本　墨筆　縱94厘米　橫53.1厘米
清宮舊藏

Landscape after Wu Zhen
By Wang Yuanqi
Hanging scroll, ink on paper
94 × 53.1cm
Qing Court Collection

本幅款識："康熙壬午春日，暢春園直廬
仿梅道人筆，王原祁。"引首章鈐"掃華
菴"（朱文）。款下鈐"王原祁印"（白
文）、"麓臺"（朱文），右下角鈐"西廬後
人"（朱文）。

本幅上有王翬一題，題云："曩與麓臺先
生同客京師，每見行筆破墨透過紙背，
自覺天趣橫生，余心折之。此幀雖仿仲
圭，而氣韻位置實得董巨三昧，剗俗入
雅，可謂超絕。彼世之抹綠塗朱者，何足
比數哉。耕煙外史王翬題於西爽閣之南
窗下"。下鈐"王翬之印"（白文）、"石谷
子"（朱文）。左裱邊有"教育部點驗之
章"一印。

壬午為康熙四十一年（1702），王原祁時
年六十一歲。

此圖為王原祁仿吳鎮畫法，然以傳世吳
鎮山水畫相比頗有距離，故王翬題以
"得董巨三昧"。畫家曾有論，以為學吳
鎮墨筆畫，"要取淡中之濃，要於位置間
架步步得肯"，即不能只襲用吳鎮墨法
濃厚的表面現象。而要學其畫法的所由
建立處，化解為筆墨明潔可鑑，經營位
置條理清晰，最終上溯而師法董、巨山
水。其實也仍然是由董巨派生元四家畫
法的南北宗論，而決定畫家仿吳鎮山水
依然不脫"董巨三昧"的一種表現。該圖
創作於北京的"暢春園直廬"，是王原祁
繪畫最臻佳鏡時期的代表作之一。

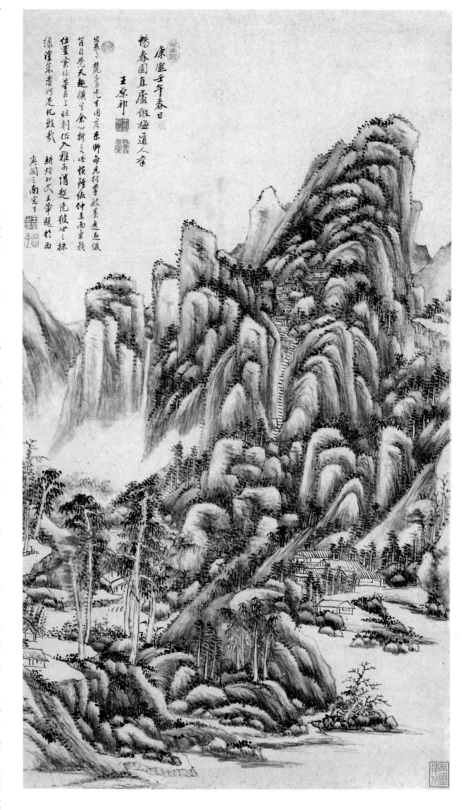

王原祁　昌黎詩意圖軸

紙本　設色　縱97.5厘米　橫54.3厘米

**Landscape in Illustration of Han Yu's Poem
By Wang Yuanqi**
Hanging scroll, color on paper
97.5 x 54.3cm

本幅自識："天空浮修眉，濃綠畫新就。
用昌黎詩意者。壬午仲春寫於京師邸
舍，麓臺祁。"鈐"王原祁印"（白文）、
"麓臺"（朱文）、"期仙廬"（白文）、"西
廬後人"（朱文）。

壬午為康熙四十一年（1702），王原祁時
年六十一歲。

《麓臺畫跋》中有"仿松雪、大年筆意，為
服尹作"一節文字，云："天空浮修眉，濃
綠畫新就。此昌黎（韓愈）詩也。余和樹
百弟一絕句，以廣其後二語有合處。因
仿松雪、大年筆意，並錄拙詠於後。眼飽
長安花欲燃，卻教愁絕路三千。竹深處
處鶯啼綠，輸與江南四月天。"因知王原
祁繪製《昌黎詩意圖》非僅此圖一幅，且
皆用松雪、大年設色法。體味畫家所和
詩，當是其在京任職時的思鄉之作，因
不能南歸，故屢繪此詩意，以當臥遊。此
是畫家構思新奇，又飽含思鄉之情的傑
作。

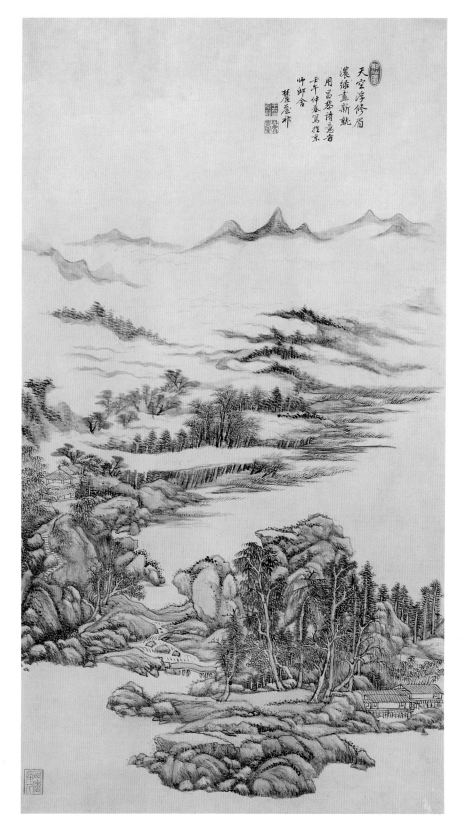

王原祁　竹溪松嶺圖卷

紙本　墨筆　縱26.8厘米　橫471.7厘米

Zhu Stream and Pine Mountains
By Wang Yuanqi
Handscroll, ink on paper,
26.8 x 471.7cm

卷首自題"竹溪漁浦，松嶺雲岩"。鈐"石師道人"（白文），卷末鈐"西廬後人"（朱文）。畫後作者長題："畫法氣韻生動，摩詰創其宗，至北苑而宏開堂奧，妙運靈機，如金聲玉振，無所不該備矣。余曾見半幅董源及夏景山口待渡二圖，莫窺涯際，但見其純任自然，不為筆便，由此進步，方可脫盡習氣也。此卷始於辛巳之秋，成於甲申之夏，位置牽置，筆痕墨迹，疥癩滿紙，然其中經營慘澹處，亦有苦心處，瑕瑜不掩，識者當自鑑。康熙甲申六月望日麓臺祁題於京邸穀貽堂。"鈐"王原祁印"（白文）、"麓臺"（朱文）、"御書畫圖留與後人看"（上朱文下白文）。有"萊臣審定真迹"、"劍泉平生癖此"、"景氏子孫寶之"等藏印。後接成訴、潘遵祁跋，略之。

辛巳為康熙四十年（1701），甲申為康熙四十三年（1704），此卷是王原祁於六十一歲至六十三歲間以三年時間完成的巨製。

龐元濟《虛齋名畫集》卷五著錄。

此卷《竹溪松嶺圖》，據王原祁卷後自題，是仿學五代董源畫法。自董其昌倡南北宗論以來，所謂唐王維繪畫為南宗之祖，不過是虛論，事實上從其論者大多是以元四家而上溯董源、巨然。董源繪畫的江南山水向以"平淡天真"、無刻畫之痕的特點而為從學者所宗範。此卷山水，其"峯巒渾厚，草木華滋"，正是以黃公望繪畫遺意而追溯董源繪畫的傳統。據清張庚《國朝畫徵錄》記，王原祁的繪畫創作，其過程相當繁複，反復皴染，頗費時日。可知，畫家所稱"純任自然，不為筆便"，是求所繪山水之境界和畫圖之風格，而非筆墨的施用過程。筆繁而意簡，正是王原祁畫藝精進時的傑出作品。

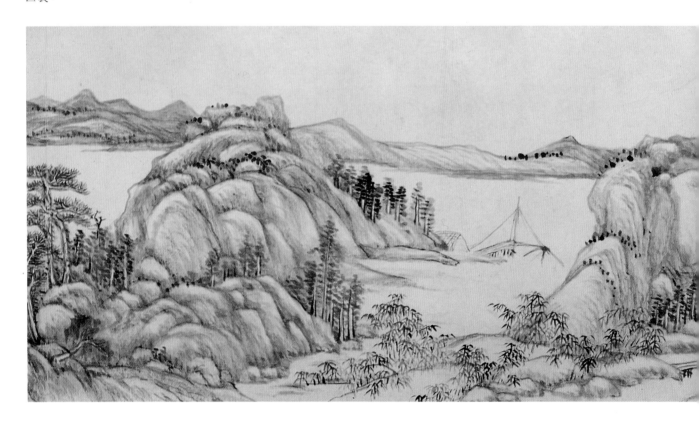

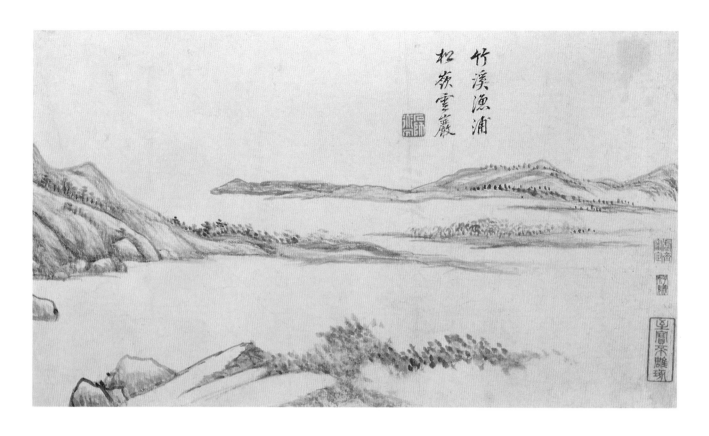

竹溪漁浦
松嶺雲巖

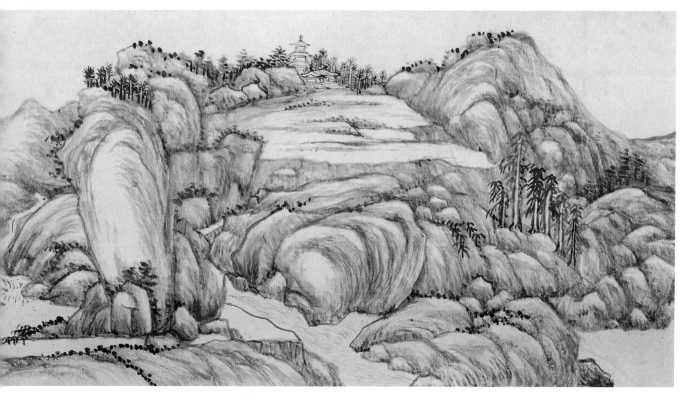

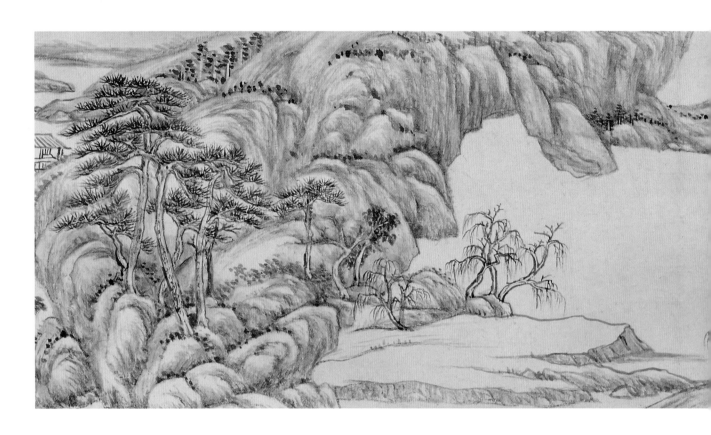

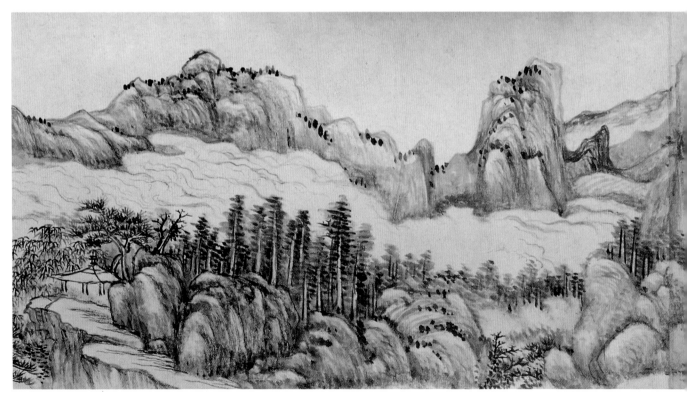

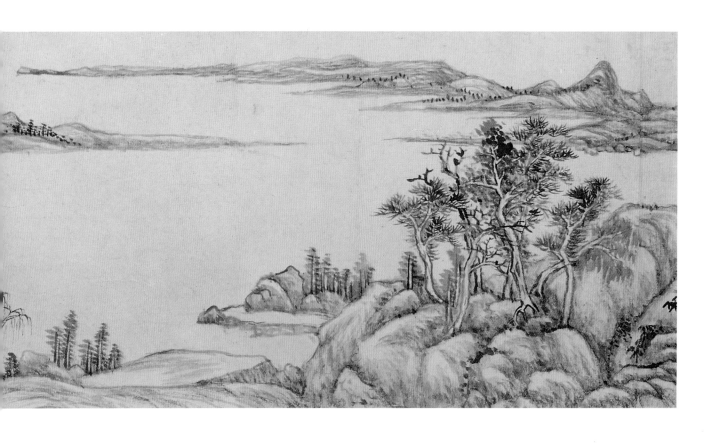

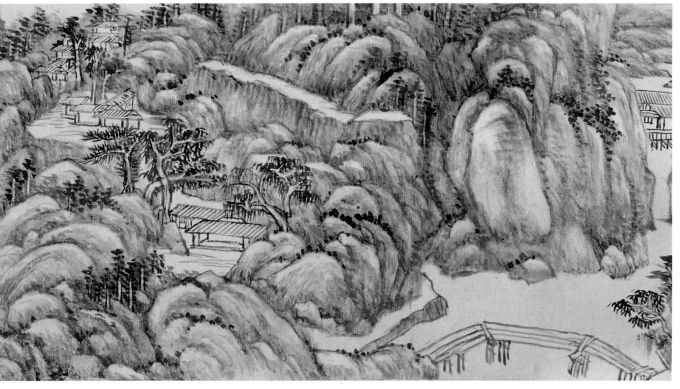

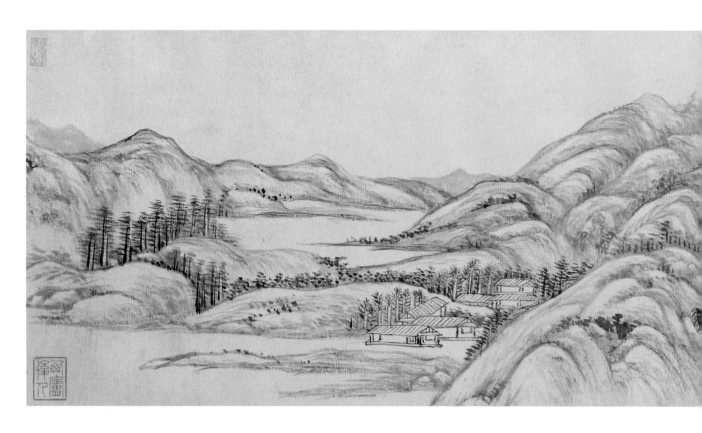

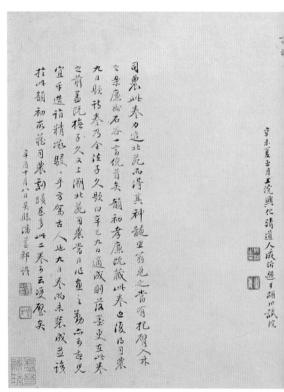

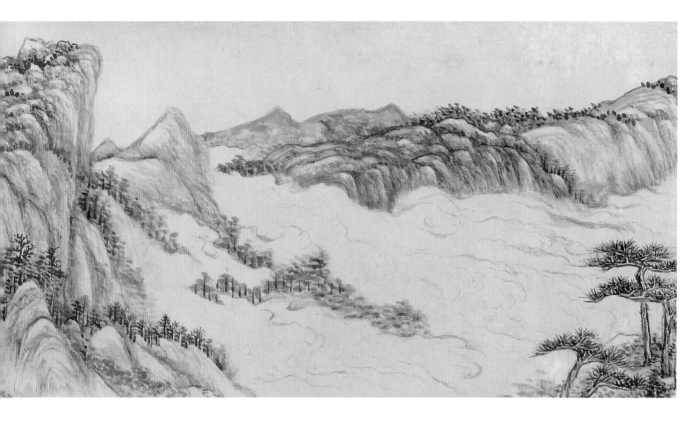

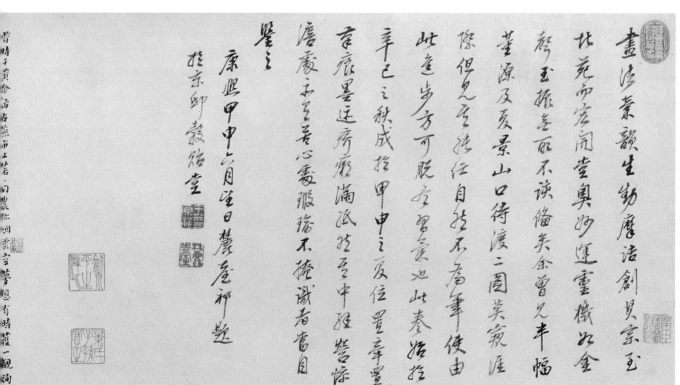

78

王原祁　仿宋元山水圖冊

紙本（十二開）　設色　每開縱41.3厘米　橫36.2厘米
清宮舊藏

Landscapes after Song and Yuan Masters
By Wang Yuanqi
Album of 12 leaves, color on paper
Each leaf: 41.3 x 36.2cm
Qing Court Collection

第一開　自識："仿關仝筆"。鈐"麓臺"（朱文）。本幅另有藏印"石渠寶笈"、"樂壽堂圖畫印"。

第二開　自識："仿高房山筆"。鈐"麓臺書畫"（白文）。本幅藏印"樂壽堂圖畫印"。

第三開　自識："趙大年江村花柳"。鈐"王茂京"（朱白文）。本幅藏印"樂壽堂圖畫印"。

第四開　自識："仿米家山"。鈐"興與煙霞會"（白文）。本幅藏印"樂壽堂圖畫印"。

第五開　自識："趙松雪松溪僊館"。鈐"石師道人"（白文）。本幅藏印"樂壽堂圖畫印"。

第六開　自識："仿黃鶴山樵"。鈐"麓臺"（朱文）。本幅藏印"樂壽堂圖畫印"。

第七開　自識："仿董北苑"。鈐"王原祁印"（白文）。本幅藏印"樂壽堂圖畫印"。

第八開　自識："仿倪雲林。"鈐"茂京"（朱文）。本幅藏印"樂壽堂圖畫印"。

第九開　自識："仿黃子久"。鈐"原祁之印"（白文）。本幅藏印"樂壽堂圖畫印"。

第十開　自識："梅道人關山秋霽筆意"。鈐"蒼潤"（朱文）。本幅藏印"樂壽堂圖書印"。

第十一開　自識："寫曹雲西筆"。鈐"我心寫兮"（朱文）。本幅藏印"樂壽堂圖畫印"。

第十二開　自識："仿李營丘霽雪筆意。"鈐"興與煙霞會"（白文）。又識："康熙甲申冬日敬仿宋元諸家十二幀呈台鑑。王原祁。"鈐"王原祁"（朱白文）、"麓臺"（白文）、"陪倩"（朱文）。本幅有乾隆藏印三方。

該十二開山水冊每開均有"臣梁詩正敬題"對題及騎縫印乾隆璽印四方，裱邊二方乾隆藏印。

甲申為康熙四十三年（1704），王原祁時年六十三歲。

《古書畫過目匯考》著錄。

按王原祁於甲申四月升翰林院侍講學士，旋又升侍讀學士，入直南書房，經常奉命"御前染翰"，是畫家一生事業與藝術創作最為輝煌的時間。以其聲名日隆，朝中權貴、在野名人，多有慕名索畫者，而原祁的許多精品之作亦多出於此一期間。此冊"敬仿宋元諸家十二幀"雖不知究竟畫贈何人，當是權貴者無疑，並最終入藏乾隆內府。此為畫家精品之作。

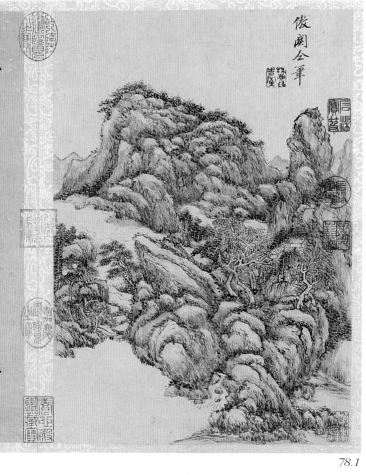

倣閞仝筆

一帶岡巒似列屏半腰隱
隱結林亭雲依斷巘尋常
白樹入高秋特地青古澗香
生松子落仙樵疏過草堂
雲山深合待幽人住長日高
眠獨掩扃

臣梁詩正敬題

78.1

倣高房山筆

疊峰蒸翠雲溶溶散朱雨
屏翠者不分溫翠黏天宇
四溪春氣泉硐戶防樵岑
人家不可我迷望祇煙橋
色東樓雲人生鎖辛芝
圖

臣梁詩正敬題

78.2

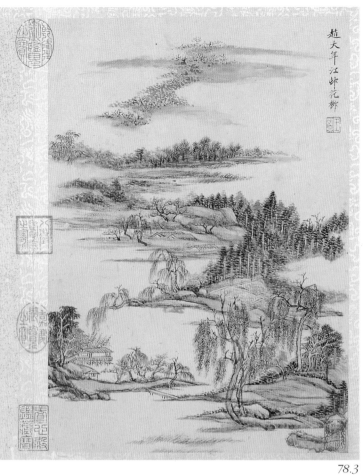

趙大年江邨花柳

江田村舍畫中詩九十春光
未盡時花纈齊舒宮繡樣柳
條輕散麹塵絲埜橋綠漲初
經雨茅屋陰稠好避羲更擬
圖間添短艇半篙閒泛晚風
遲

臣梁詩正敬題

78.3

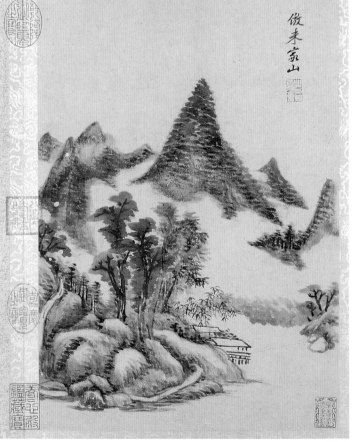

倣米家山

山氣日夕佳化雲、作煙雲淒護
山脊彷彿數峰尖函往迷所道者
霄蒸重巖霜、欲成兩碇道難攀
緣冥濛竹樹色隱薮屋數楹四
邪者無人澗靜法瀦淺圖成不
望尺兼陽法猶傳

臣梁詩正敬題

78.4

162

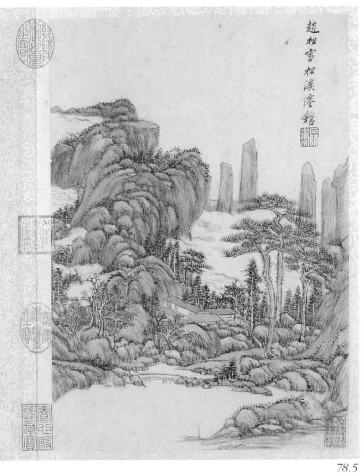

趙松雪松溪墅館

小築茅茨傍蒼山深門外
對蹬輪囷風吼松子獻檐署
百步苔紋梁經句通洞澶泉
間海源湧雲圍岫雲峰岣
熱中等機神仙占玉望瑤
林受新

臣梁詩正敬題

78.5

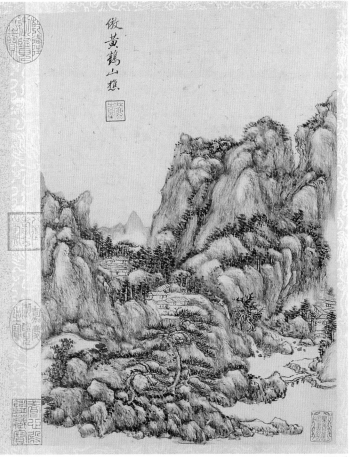

倣黃鶴山樵

四面遙青疊嶂岑山坡邐迤
結雲林淡如夜半天風度樹
杪依潋出梵音名山合得
往參寮一徑斜通林麓遙
不識高人迎送吾門前騶
歸佛溪橋

臣梁詩正敬題

78.6

163

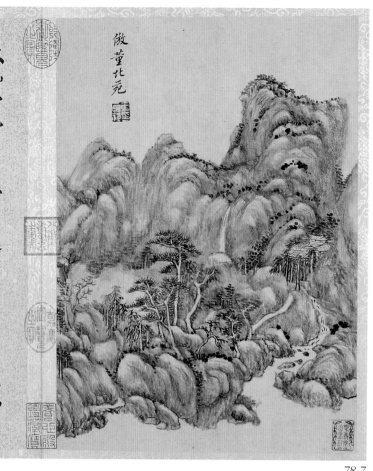

倣董北苑

大山小山重複重迭、蔓窐連枝峰
半空積翠色不極蔚為每致秀芙
蓉幽溪艸香過松齋跰厓石老栖苔
蹤手奉灌木散濤蔭藹遠白日森陰
濃尻屋幾間藏樹底紫門香曉嵐
烟封雲光色映窗皓：洞響靜聽
聲淙、此中逅憺良遠倣披圖点
足用心匄

臣梁詩正敬題

78.7

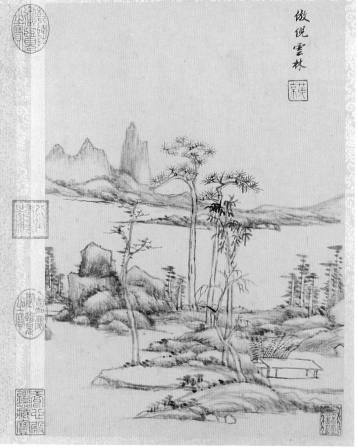

倣倪雲林

山風掃秋烟林麓添竦爽空
徑窄無人石上青笞長此地
可忘樅林竦雲六微喧埃吹
不到水石澹寒暉溪雨滋
林潤溪風掃石涼畫中清
曠意似滕輞川莊

臣梁詩正敬題

78.8

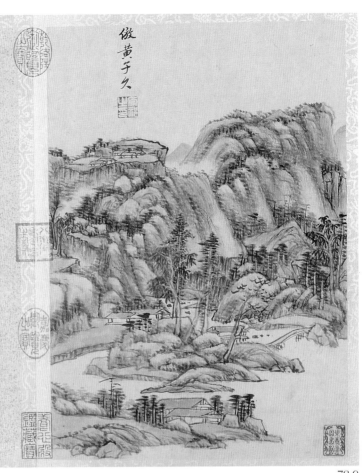

78.9

倣黃子久

開圖窅雙眸林密何幽美烟雲靜不
生數峰青遞迤嵐風振修薄杉松響
溪溪鏦錚香澗泉潺潺漱石齒小橋
亘飛虹路覆綠陰底茆齋開深樾徑
草忘莫薙安得九夏時迺暑散巾履
對冊抒遐情畫漏巳移晷

臣梁詩正敬題

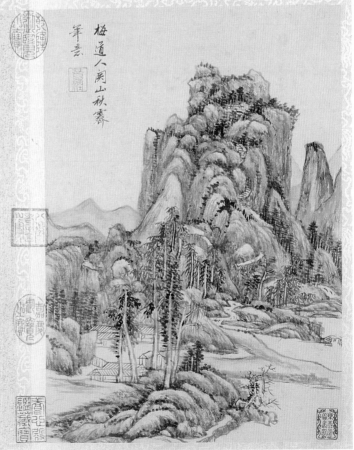

78.10

梅道人關山秋霽
筆意

關山秋霽暑＼霽後遙看
畫列粧陡嶂雨消翠翠積
踈林日澹楚村涼推溪回互
泉聲風碎鑑島道長餘
暑不生氣翳掃峰＼明淨
列斜陽遠

臣梁詩正敬題

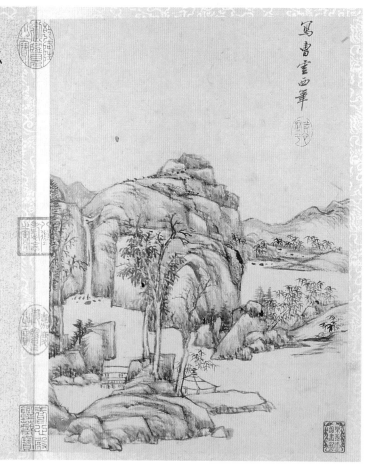

写书云西笔

破笔参差搁林岫画峰耸出云西右
搜图匕收见宋风剗画秋家转清瘦
平冈淡抹脊砮皴象挂天绅石岌濑
一道溪桥横坡科叶巅岫树坚而秀
野舍寨优老菱缠坊影薄咏林
逗景物萧森秋耕往邑堂奕气丞裸
袖天幅秋山枫木围澹染输廉择宇
就曾家画枒毅何如笔纵来识谁
先後

臣梁诗正敬题

78.11

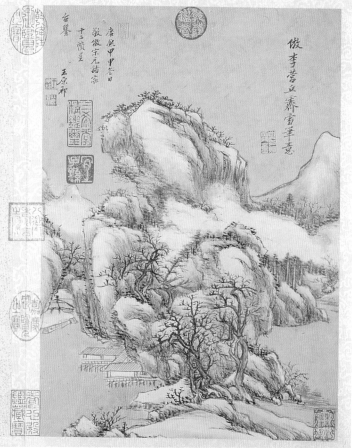

傲李营丘霁雪笔意

庚辰甲午谷日　敬傲宋元诸家
十二帧主
王原祁

朔飒摇空林玉花飞不已朝
素冻雪妆浩、白子里客雀嵘
崢嶬日云々开雪仙山积楼阁
银澜参差美羣峰韵翠鬟
了、广雪时廛桥攵璃柯石
象混霁乳大地咸冰壶瀛间
眇可揽

臣梁诗正敬题

78.12

79

王原祁　仿董巨山水圖軸

紙本　墨筆　縱94.6厘米　橫52.5厘米

Landscape in the Style of Dong Yuan and
Ju Ran
By Wang Yuanqi
Hanging scroll, ink on paper
94.6 x 52.5cm

本幅自識："學董巨畫要於雄偉奔放中
得平淡天真之趣，稍露刻畫之迹，未免
有作家氣矣。偶仿其筆並識之。乙酉六
月杪時新秋雨後，麓臺祁。"鈐"王原祁
印"（白文）、"麓臺"（朱文）、"西廬後
人"（朱文）。

乙酉為康熙四十四年（1705），王原祁時
年六十四歲。

此幅為王原祁仿董巨山水畫法。宋米芾
於《畫法》中評董源畫："平淡天真多，唐
無此品"。所以稱"平淡天真"，一是"峯
巒出沒，雲霧顯晦，不裝巧趣"；二是"嵐
色鬱蒼，枝幹勁挺，咸有生意"。此作筆
墨施用濃淡相宜，層次分明，寓深厚的
功力於平淡自然的旨趣中，即所謂"不
裝巧趣"之意。故此圖是畫家師古人之
意而不師其迹的典型之作。

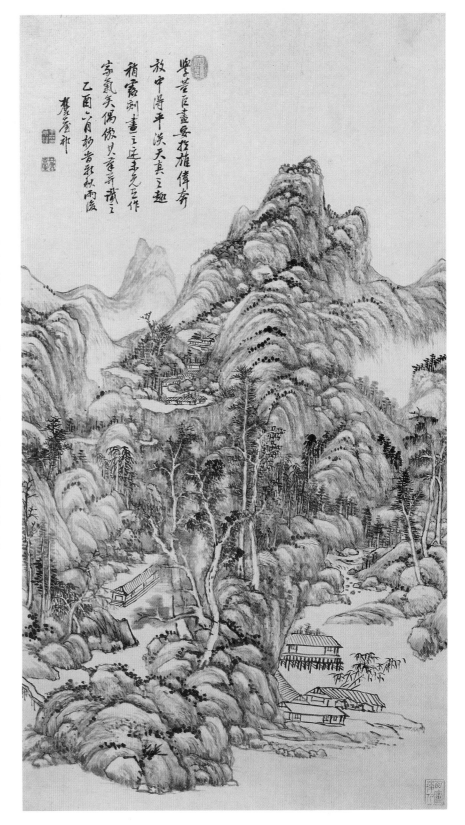

80

王原祁　仿古山水圖冊

紙本（十二開）墨筆或設色　每開48.1×32.4厘米（不等）

Landscapes after Ancient Masters
By Wang Yuanqi
Album of 12 leaves, ink or color on paper
Each leaf: 48.1 x 32.4cm

此冊每開均有畫家本人對題。引首隸書"六法金鍼"。款識"八十四叟隨菴撰書"。鈐印"王撰異公"、"隨菴"、"卷霞書閣"。

第一開　設色。自識："仿董北苑"。鈐"原祁之印"（白文）、"西廬後人"（朱文）。

第二開　墨筆。自識："仿黃大痴"。鈐"太原"（白文）、"茂京"（朱文）、"西廬後人"（朱文）。

第三開　設色。自識："仿趙松雪"。鈐"王原祁印"（朱文）、"別號麓臺"（朱白文）、"西廬後人"（朱文）。

第四開　設色。自識："仿高房山"。鈐"王原祁印"（白文）、"西廬後人"（朱文）。

第五開　墨筆。自識："仿黃鶴山樵"。鈐"石師道人"（白文）、"西廬後人"（朱文）。

第六開　設色。自識："仿一峯老人"。鈐"原祁之印"（白朱文）、"西廬後人"（朱文）。

第七開　設色。自識："仿雲林設色"。鈐"別號麓臺"（朱白文）"西廬後人"（朱文）。

第八開　墨筆。自識："仿巨然"。鈐"茂京"（朱文）、"西廬後人"（朱文）。

第九開　墨筆。自識："仿黃子久"。鈐"石師道人"（白文）、"西廬後人"（朱文）。

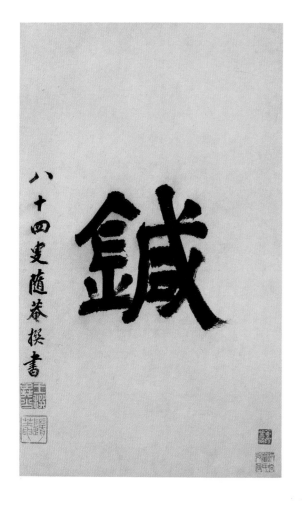
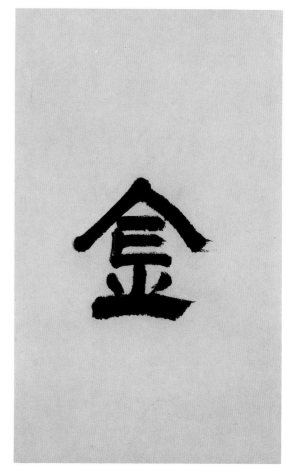

第十開　墨筆。自識："仿梅道人"。鈐"麓臺"（朱文）、"西廬後人"（朱文）。

第十一開　設色。自識："仿大痴道人"。鈐"麓臺"（朱文）、"西廬後人"（朱文）。

第十二開　墨筆。自識："仿倪高士"。鈐"麓臺"（朱文）、"西廬後人"（朱文）。

以上每開冊頁及對開題紙上鈐藏印共計26方。

乙酉為康熙四十四年（1705），王原祁時年六十四歲。

《吳越所見書畫錄》、《繪事發微》二書著錄。

此冊仿古山水是王原祁為明吉所繪製。明吉乃李為憲，王原祁甥，又與王敬銘、曹源、金永熙並為原祁四大弟子。昔王時敏嘗授家藏名畫縮模粉本與原祁，令其時加臨摹、研索。茲後，王原祁屢以己繪仿古山水授諸弟子，是以同一方法教授弟子。此冊贈甥明吉，尤傾一生所學，每畫並題以心得，故名"液萃"。後畫家的另一弟子唐岱將該冊著錄於己撰《繪事發微》一書，可知該冊影響之巨。留傳至今，對研究王原祁一生畫學乃至婁山派的形成、延續等皆有重要的價值，是畫家藝術創作的結晶之作。

（每開對題見附錄）

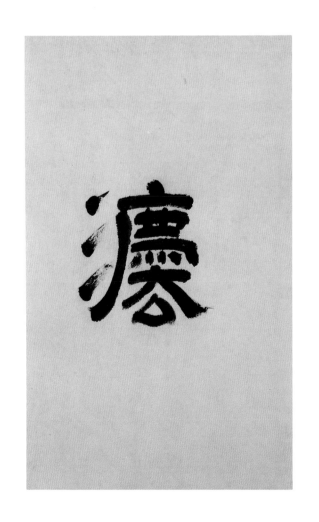

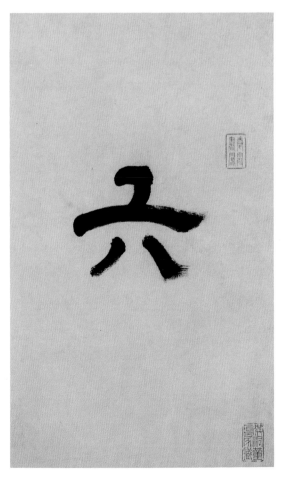

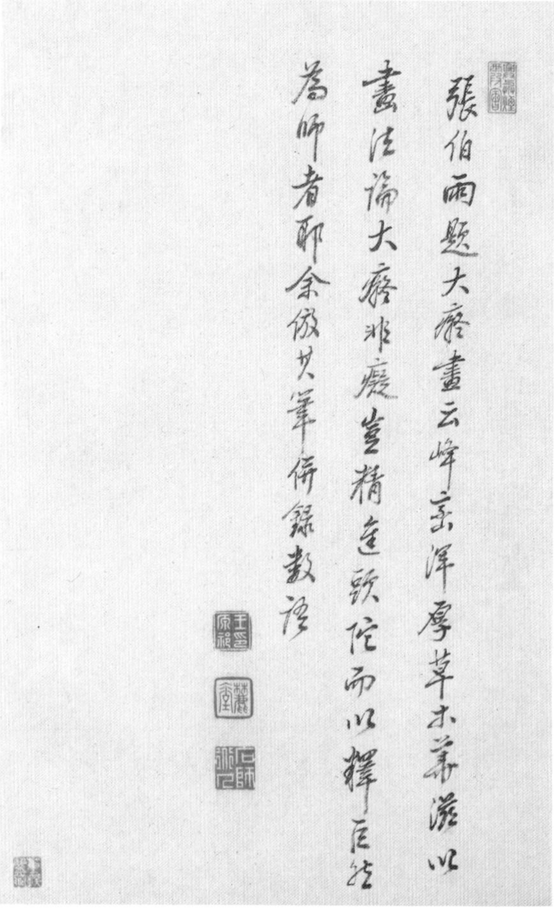
張伯雨題大癡畫云峰峦渾厚草木華滋以
畫法論大癡非癡豈精進頭陀而以釋巨然
爲師者耶余倣其筆併錄數語

80.2b

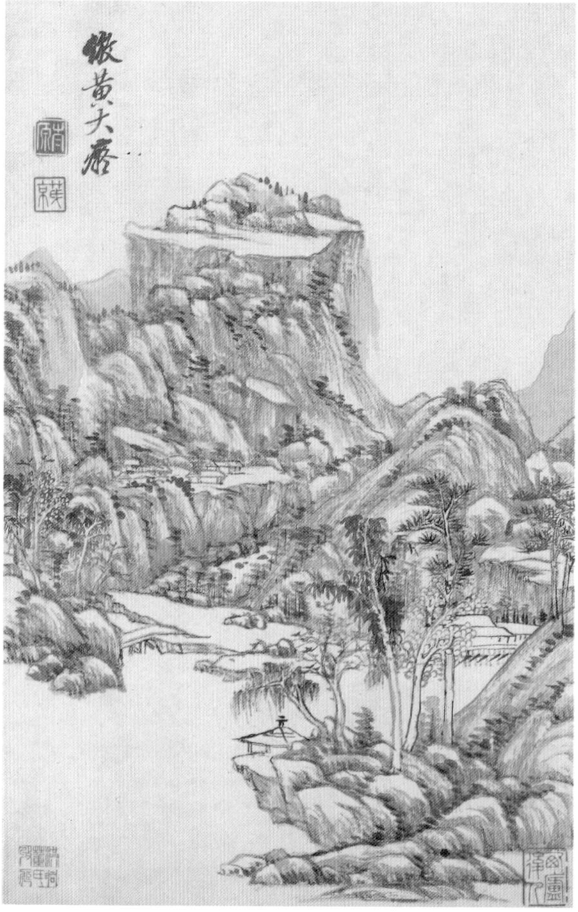
倣黃大癡

80.2a

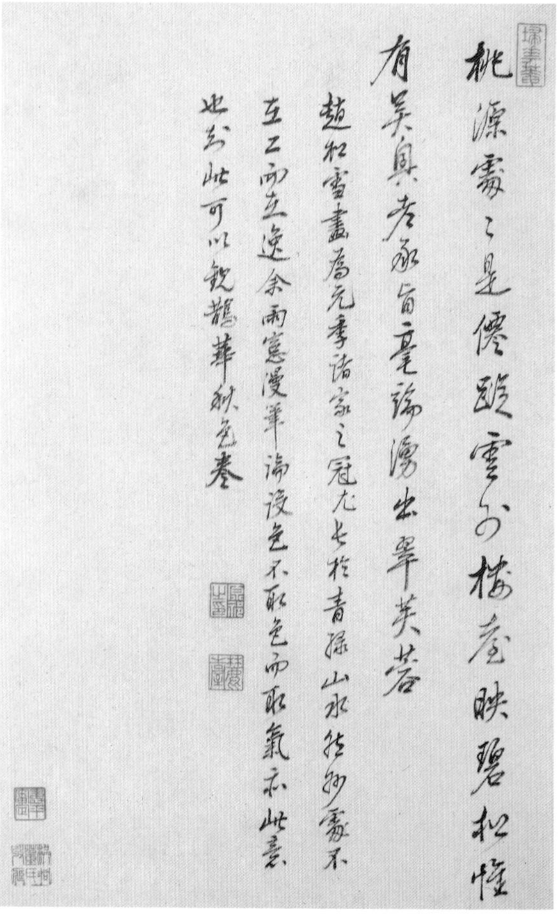
桃源處〻是僊蹤雲外樓臺映碧松恍
有吳興老筆意毫端湧出翠芙蓉
趙松雪畫爲元季諸家之冠尤長於青綠山水然妙處不
在工而在逸余雨窓漫筆論設色不取色而取氣亦此意
也若此可以鈍鵲華秋色卷

80.3b

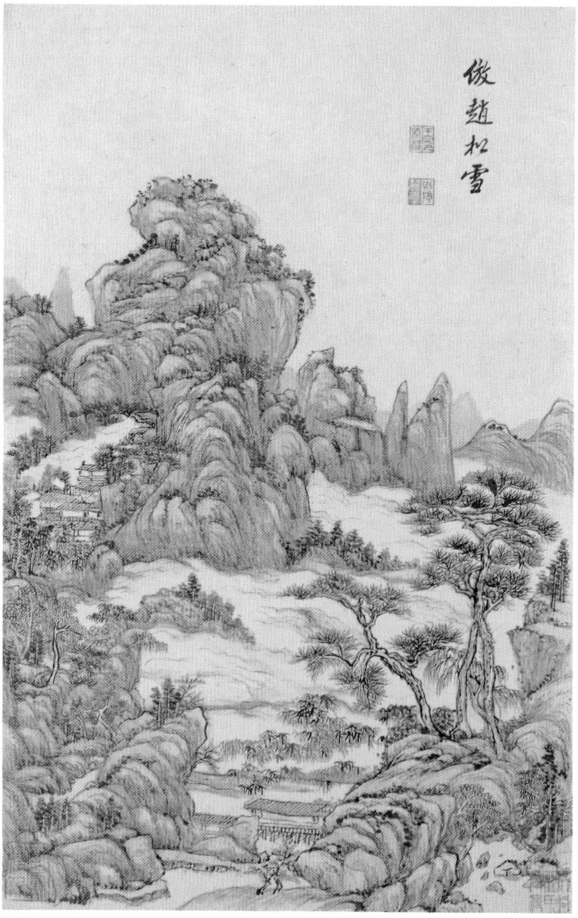
倣趙松雪

80.3a

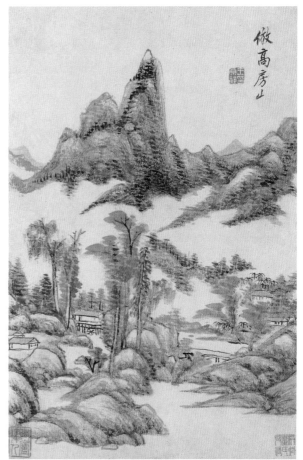

董宗伯評房山畫稱其平淡天真近接董
米與子昂董巨余永學步久而未成方信古
人不可及也

80.4b

做高房山

80.4a

大癡畫經營位置可學而至其荒率蒼茫不可學
而至若平林厝周沙水容與尤出人意表沙石着意
不着意間於桃江曉色沙磧圖是也若不會平源粽兒
揣摩疲精竭力以學之未免刻舟求劍爾

80.6b

做一峯老人

80.6a

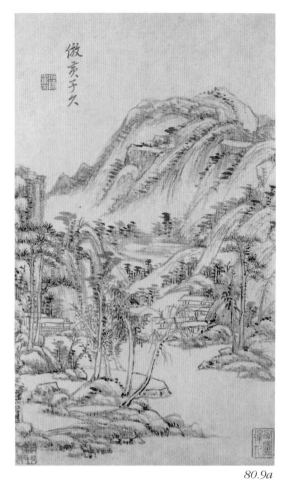

仿黄子久

80.9a

大癡元人筆畫法得宗派筆花墨瀋間眼光
窮天界從臺密林圖可解不可解一生皆篆攜下
士嘆而怪尋輝有見人舍之如泥滓
余倣大癡題此贅之識者

80.9b

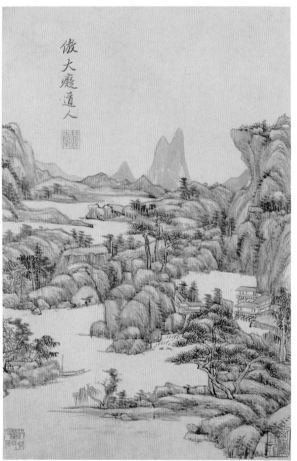

仿大癡道人

80.11a

荊關遺意大癡別之容興渾厚自見嶺巍剝劃圭角
纖巧韋脂以言斯道皆非正宜學人須慎毫釐至差
天池石壁豺奔辵師 大癡天池石壁有高圖浮巒
暖翠中亦用此景皆傳作也誤用者每蹈習篆余故
作箴語

80.11b

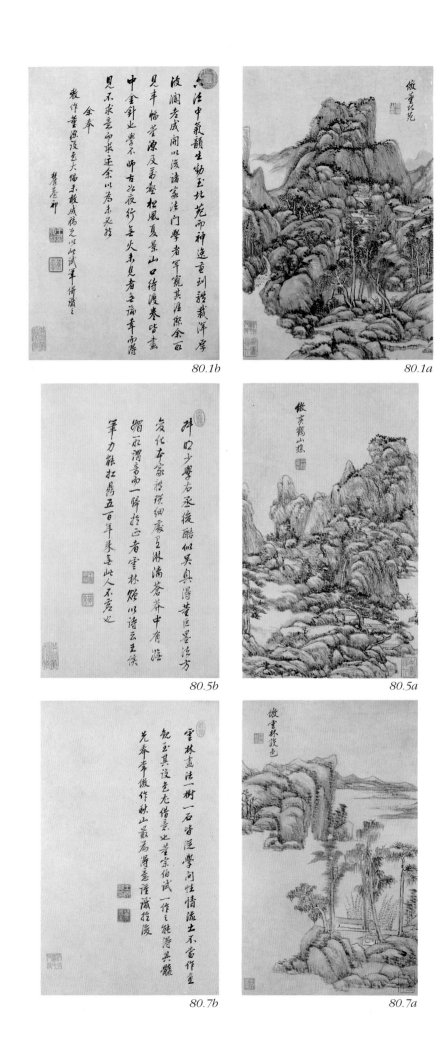

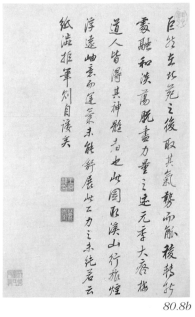

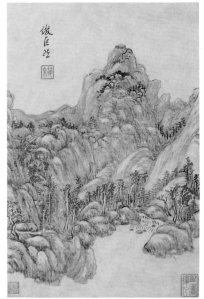

80.8b　　　　　　　　　　　　　80.8a

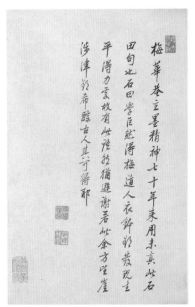

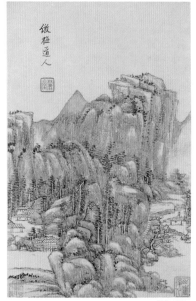

80.10b　　　　　　　　　　　　80.10a

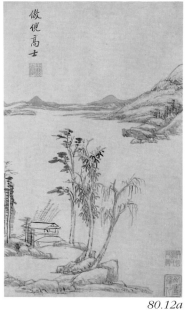

80.12b　　　　　　　　　　　　80.12a

81

王原祁　仿王蒙山水圖軸
紙本　墨筆　縱154厘米　橫64.5厘米

Landscape after Wang Meng
By Wang Yuanqi
Hanging scroll, ink on paper
154 x 64.5cm

本幅自識："黃鶴山樵為趙吳興之甥，酷似其舅，有扛鼎之筆。以清堅化為柔軟，以湧蕩化為天矯，其骨力在神不在形，此畫中之猶龍也。寫此請正澹翁，亦另開一面耳，非敢望出董之譽也。丙戌冬日王原祁畫並題。"鈐"王原祁印"(白文)、"麓臺"(朱文)、"西廬後人"(朱文)。另有藏印二方。

丙戌為康熙四十五年 (1706)，王原祁時年六十五歲。

《古書畫過目匯考》著錄。

此幅仿王蒙畫作雖似王蒙繪畫的深秀、細密，總體形模卻頗類董巨。畫家每論王蒙，皆以為其畫"出沒變化，莫可端倪，不過以右丞 (王維) 之體推董巨之用"。意思是其由董巨畫法演化而出的。一是筆墨運用的演化，即本幅畫家自題中所謂"以清堅化為柔軟"云云。因之，此圖所仿王蒙畫，構圖類董巨，而山勢多蜿蜒之態，筆墨則清新腴潤，不作尋常王蒙繪畫的蒼鬱筆法。故云仿王蒙，其實均是上追董巨，正如題中自云："非敢望出董之譽也"，此是畫家一生研索後的晚年佳構。

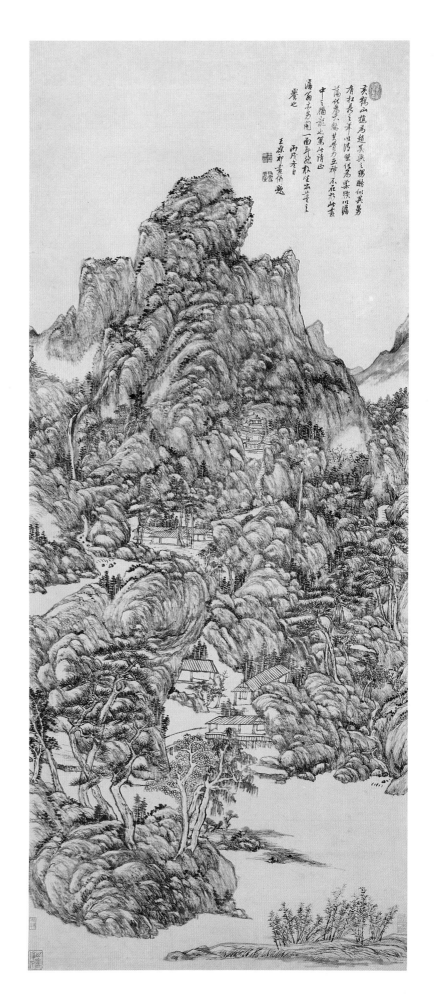

82

王原祁　西嶺春晴圖卷

紙本　墨筆　縱 38.5 厘米　橫 363 厘米
清宮舊藏

A Clear Sky over the Western Mountain in Spring
By Wang Yuanqi
Handscroll, ink on paper
38.5 x 363cm
Qing Court Collection

本卷自識：“西嶺春晴。仿大痴筆於暢春寓直。丙戌夏日起丁亥仲冬輟筆，麓臺”。鈐“王原祁印”（白文）、“麓臺”（朱文）、“掃華庵”（朱文）。本幅前後分鈐乾隆、嘉慶內府鑑藏璽印計十方。

丙戌為康熙四十五年（1706），丁亥為康熙四十六年（1707），該卷為王原祁六十五、六十六歲二年間完成的作品。

《石渠寶笈續編》御書房五著錄。

據《麓臺畫跋》記，王原祁曾繪《西嶺春雲》一圖，並記“仿黃子久筆”。文曰：“余聞粵西多山少水，拔地插天，與此迴別。

及於此者，寒山流水，另有一番登臨氣象矣。大痴得董巨三昧，平淡天真，不尚奇峭，意在富春、烏目間也。”該圖是為送張南陔遠宦所作，故引動畫家將粵西山水、“寒山流水”的京都山水與江南山水做一比較，以黃公望畫法繪製成圖。此卷《西嶺春晴圖》是畫家的又一番創作，其時畫家寓京都海淀暢春園，正是北京西山之麓，然所繪則是富春、烏目等江南山水，所謂“攬峯巒之獨秀，思湖山之佳麗”，當是居官京師，觸目西山之景而生思鄉之情的佳作，故名“西嶺春晴”。

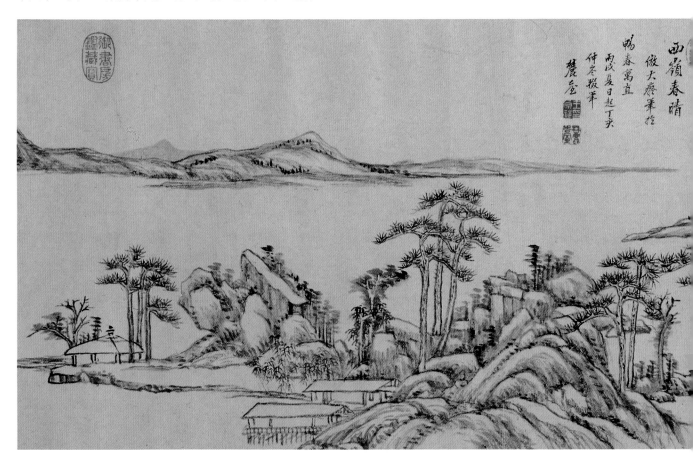

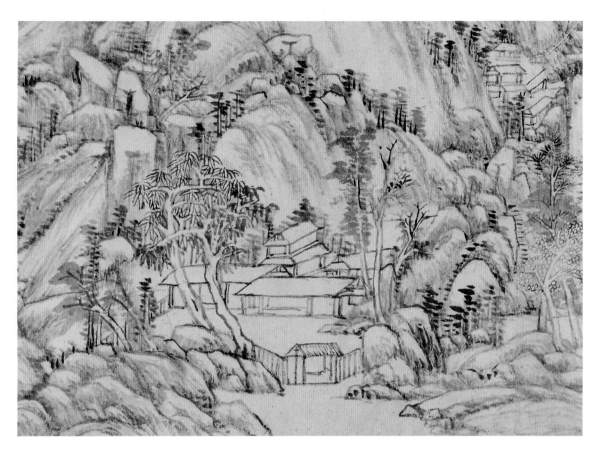

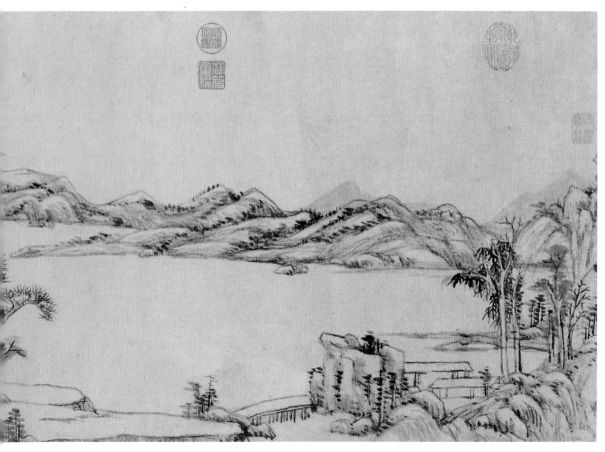

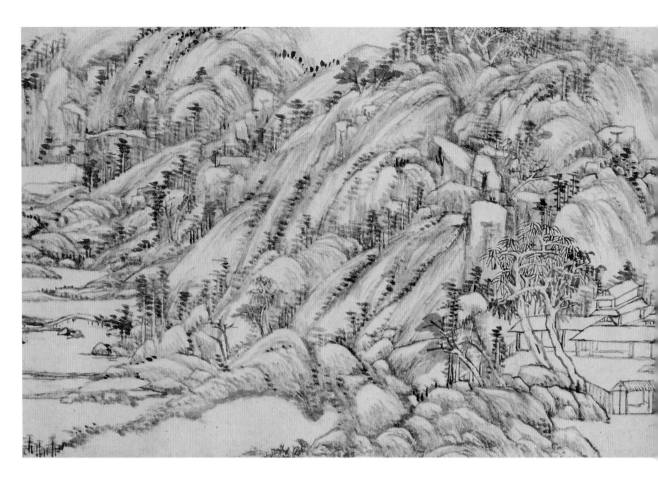

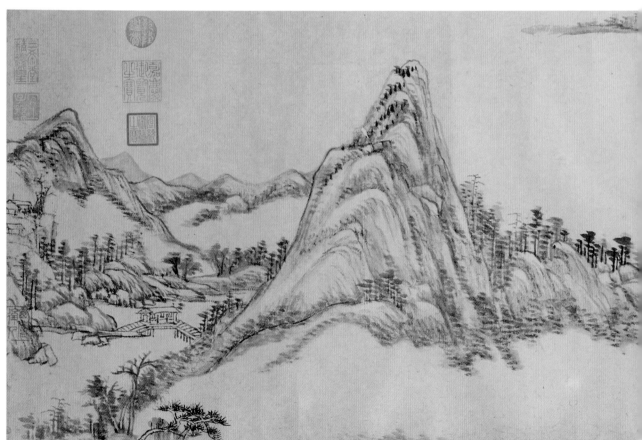

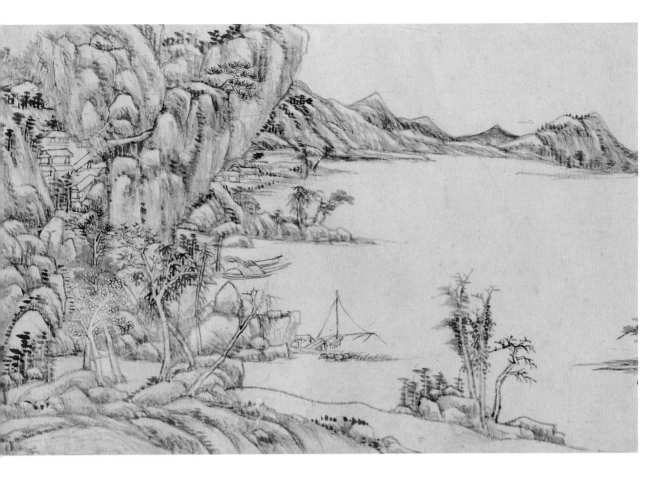

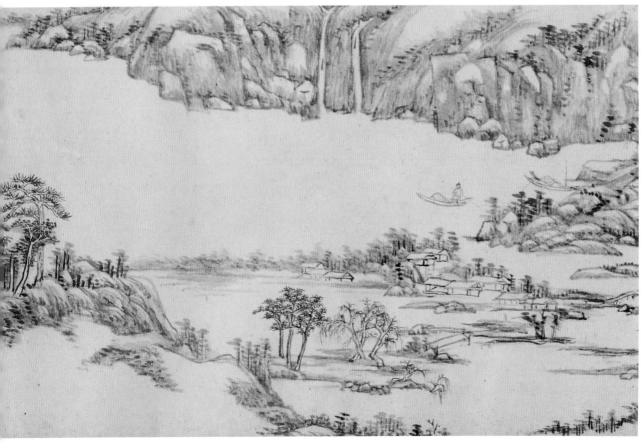

83

王原祁　神完氣足圖軸

紙本　墨筆　縱137.1厘米　橫71.7厘米

Landscape in the Full Style of Dong Yuan
and Ju Ran
By Wang Yuanqi
Hanging scroll, ink on paper
137.1 x 71.7cm

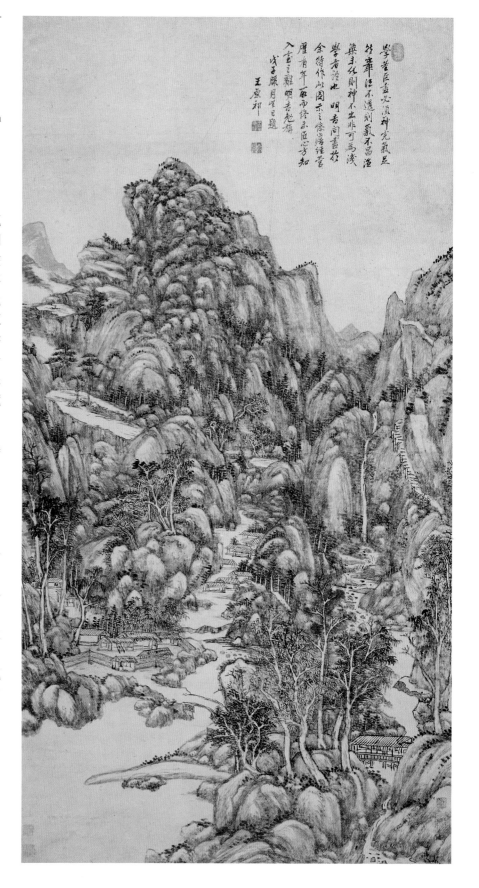

本幅右上自識："學董巨畫必須神完氣
足。然章法不透則氣不昌，渲染未化則
神不出，非可為淺學者語也。明吉問畫
於余，特作此圖示之。慘淡經營，歷有年
所，而終未匠心，方知入室之難。明吉勉
旃。戊子臘月望日題，王原祁。"鈐"王原
祁印"（白文）、"麓臺"（朱文）、"御書
畫圖留與人看"（朱白文）。畫幅右下鈐
"石師道人"（白文）、"西廬後人"（朱
文）。左下有"虛齋鑑定"及"萊臣審藏
真迹"二方收藏印。

戊子為康熙四十七年（1708），王原祁時
年六十七歲。

《虛齋名畫錄》著錄。

此圖是王原祁仿董巨山水並題為"明
吉"作。按明吉為王原祁四大弟子之一
的金永熙。畫家點出"神完氣足"四字以
教明吉習董巨山水，他認為董巨繪畫具
有"全體渾淪，元氣磅礴"的特點，欲體
現這種特點，須章法靈透，渲染分明。故
該作全以塊石積做大山，筆墨渾融而層
次清晰，以密不通風之勢，而求神完氣
足，是畫家積一生畫學為其弟子所作的
典範圖式，亦為其晚年傑作之一。

84

王原祁　仿黃公望山水圖軸

紙本　設色　縱91.8厘米　橫39.7厘米

Landscape after Huang Gongwang
By Wang Yuanqi
Hanging scroll, color on paper
91.8 x 39.7cm

本幅自題："古人以筆墨寓性情,非泛然
而作,流連風什於泉石,三致意焉,所為
畫中有詩,詩中有畫也。余此圖亦思舊
懷人之作,始於乙酉之春,成於戊子之
秋,書以識之。仿一峯老人,麓臺祁。"鈐
印"王原祁印"(白文)、"麓臺"(朱
文)。引首鈐"御書畫圖留與人看"(朱
白文)。有"陶齋收藏書畫"等鑑藏印記
三方。

乙酉為康熙四十四年(1705),戊子為康
熙四十七年(1708),此軸為王原祁六十
四歲至六十七歲以三年時間完成的作
品。

此圖仿黃公望山水畫法,據王原祁自
題:"亦思舊懷人之作,"似有所指,而未
明言。然所以畫三年時間續成,又是有
感黃公望繪《富春山居圖》歷時七年的
範例,即《麓臺畫跋》所記"仿設色大癡
長卷"中云:"大癡畫《富春》長卷,經營
七年而成。想其吮毫揮筆時,神與心會,
心與氣合,行乎不得不行,止乎不得不
止,絕無求工求奇之意。"故此圖色、墨
兼施,畫法工穩沉厚,風格典雅自然,是
求所謂"絢爛之極,復歸平淡"之意。

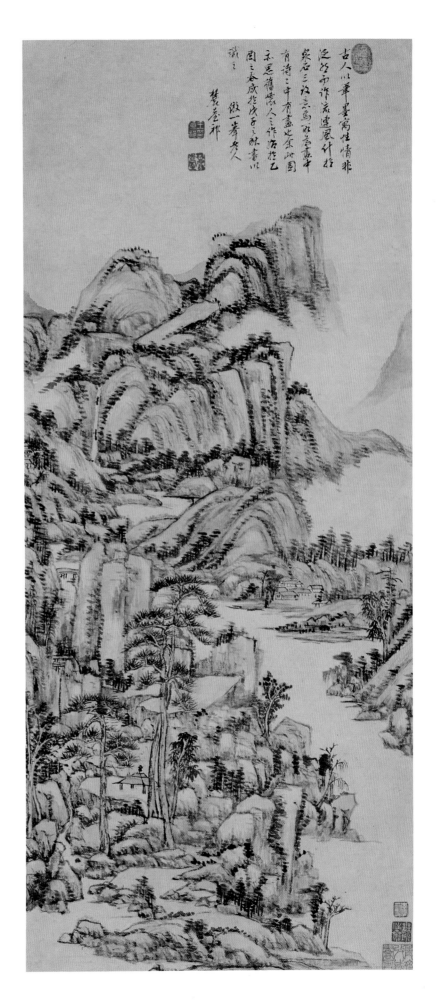

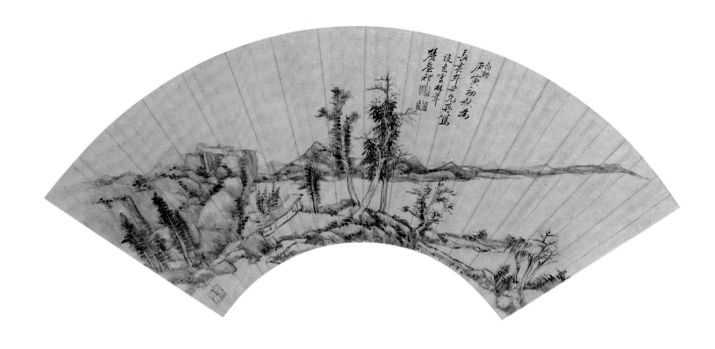

85

王原祁　仿倪瓚山水圖扇

紙本　設色　縱16.5厘米　橫49厘米

Landscape after Ni Zan
By Wang Yuanqi
Fan leaf, color on paper
16.5 x 49cm

款署："庚寅初秋為長黃年世兄再寫設色雲林筆。麓臺祁。"鈐
印"王原祁印"(白文)、"麓臺"(朱文)、"三昧"(朱文)。

庚寅為康熙四十九年(1710)，王原祁時年六十九歲。

此扇仿倪瓚設色山水小景，倪瓚繪畫，疏淡難學，而設色畫尤
少。故王原祁嘗論學雲林設色山水"不在取色，而在取氣，點染
精神，皆借用也"。所謂"取氣"，當是取倪畫之氣格、境界，正
如該圖雖筆墨老蒼，而平淡幽思之境已出，雖畫法與倪氏有
殊，意蘊頗類，是為畫家晚年佳作。

86

王原祁　仿古山水圖冊
紙本（十開）　墨筆或設色　每開尺寸不等
清宮舊藏

Landscapes after Ancient Masters
By Wang Yuanqi
Album of 10 leaves, ink or color on paper
Vary in each size
Qing Court Collection

此冊分別仿荊浩、關仝、范寬、董源、巨然、趙孟頫、王蒙、吳鎮
諸家山水，並各系題記或詩文。所署年款計有丁亥、戊子、庚
寅，分別為康熙四十六年（1707）、四十七年（1708）和四十九
年（1710），是王原祁於六十六歲至六十九歲間陸續繪製。

是冊為王敬銘（丹思）所畫，本幅鈐有王敬銘印記十三方，冊
前副頁又有乾隆內府鑑藏印一方並"寶蘊樓藏"等鑑藏印記。

王敬銘（丹思）乃王原祁四大弟子之一。王原祁以數年之功精
繪此冊，是授予王敬銘以己畫粉本，得以隨時臨習之用，因之
每幅各以題識説明。畫家以"元筆兼宋法，此教外別傳"的一
生畫學所得，並分別仿畫宋、元人繪畫作具體圖式，可見其師
徒傳授方法。此圖冊為王原祁重要作品，亦是研究王原祁及其
畫作的極寶貴的實物和文字資料。

（見附錄）

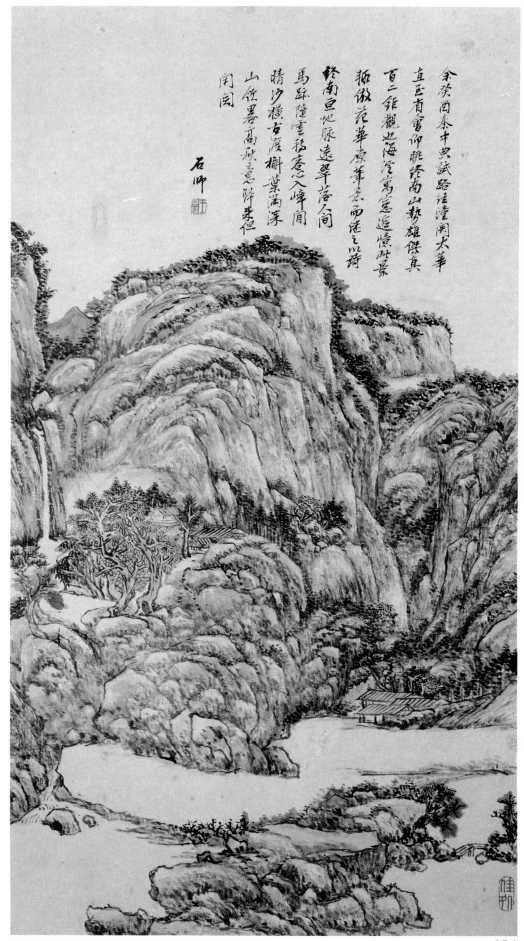

余癸酉秦中典試路經潼關大華
直至省會仰眺路南山勢雄傑真
百二鉅觀此海堂寫意追憶此景
擷徹花華原葉亮而迷之以詩
終南旦地脈遠翠落谷間
馬蹄陸霊務意入峰間
晴沙橫古渡柵葉滿溪
山領暑高瞰意歸來但
閉門

石師

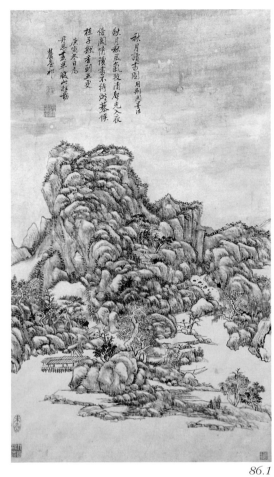

秋月讀書圖用荊關墨法

秋月秋昆亂投清解先久夜
悟園情懷讀書不待烛暮倍
桂子瓣香到五更

庚寅冬日為
丹恩畫單麓此林勒

86.1

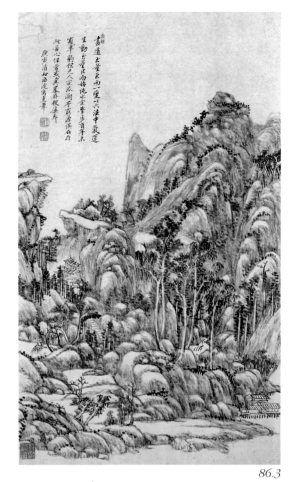

畫道大壑巨流以變此法中氣運

生動妙量是而兩格絕妙金整步青年未
寬平勒倪之人宗乔洞开萬原俱在在
此客忠住客室其基辰般華所

庚寅清和逸逸為真華

86.3

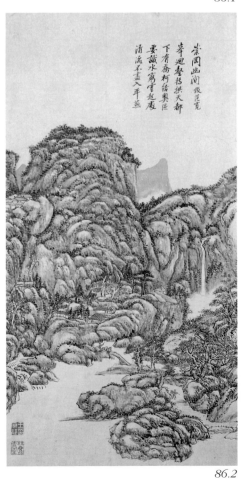

崇岡幽間俊花寬

峯迎聲拱天都
下有喬柯倍果區
要識水竊雲趙慶
清流不盡入平蕪

86.2

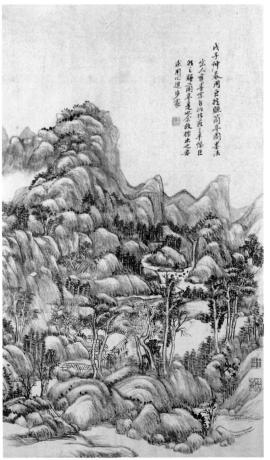

戊子仲春月已於聽簡亭圖墨法

宗人晉墨宗旨涵稀张三年惟臣
张之蘭蘭亭之巫峯敢楔出之要

起用心道步墓

86.5

185

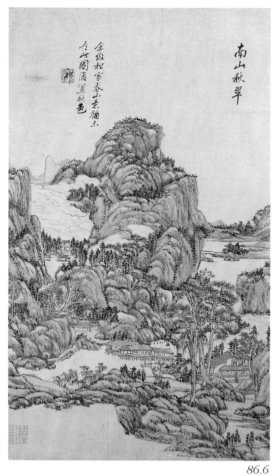

86.6

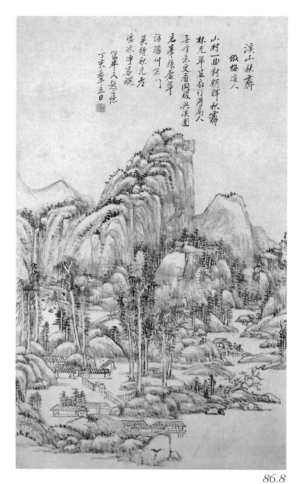

86.8

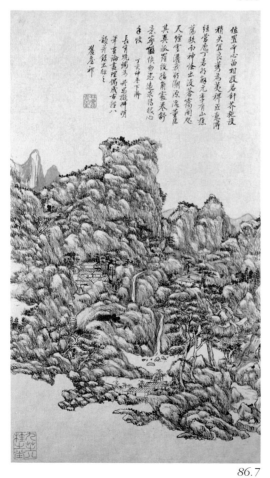

86.7

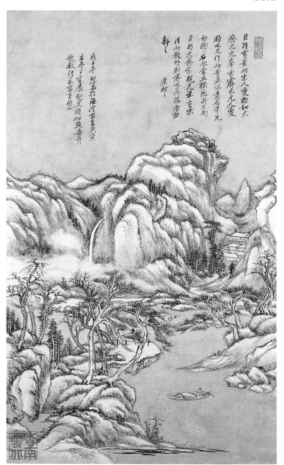

86.10

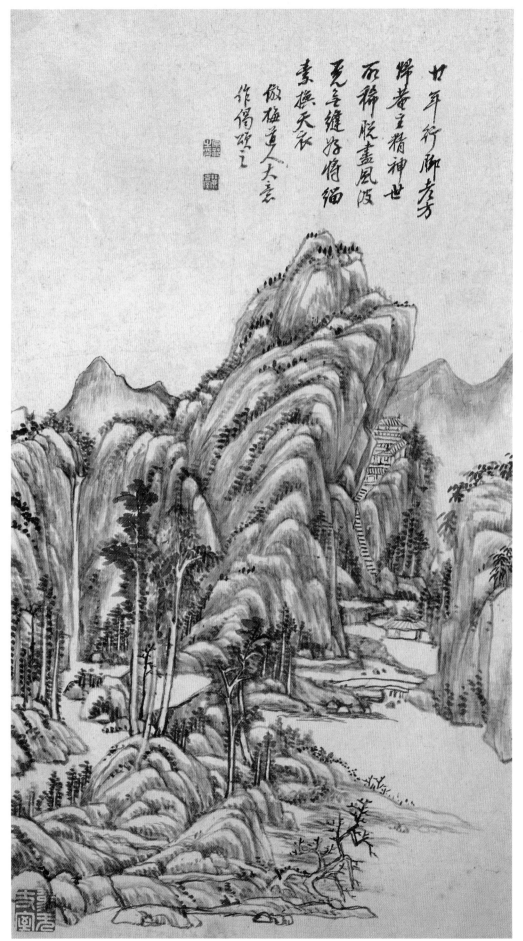

廿年行腳卿老方
絆著主精神世
而稱脫盡風波
覓無纏好情緒
畫撫天衣
做梅道人大意
作偈頌之

86.9

87

王原祁　仿倪瓚山水圖軸

紙本　墨筆　縱65厘米　橫37.4厘米

Landscape after Ni Zan
By Wang Yuanqi
Hanging scroll, ink on paper
65 x 37.4cm

本幅自識："雲林畫法以高遠之思出以平淡之筆，所謂以假顯真，真在假中也。學者從此入門，便可無所不到。余寫此圖，不能掩老鈍之醜。毓東以此意一為命筆，自然別出新裁也。壬辰九秋重陽日，毓東過訪，談次寫此並題，王原祁。"鈐"王原祁印"（白文）、"麓臺"（朱文）、"求是堂"（朱文）、"西廬後人"（白文）。右下有"虛齋珍藏"藏印。

壬辰為康熙五十年（1711），王原祁時年七十歲。

《虛齋名畫錄》著錄。

此圖是王原祁與唐岱（毓東）談論繪事後所作。唐岱（1673－1752年），滿族人，內務府總管，以畫祇候內廷，嘗從王原祁習畫，康熙帝賜畫狀元。據畫家自題，他們所談繪事已涉藝術創作觀的深刻話題，並表現了畫家的藝術創作旨趣，即以筆墨之"假"，顯出畫境高遠之思的"真"，是對董其昌所論"以筆墨之精妙論，則山水決不如畫"的繼承與發展。倪瓚繪畫枯淡秀逸的筆墨畫法，與超逸幽遠的畫境情思，向為董其昌諸人所推服，故畫家以仿倪山水來表現他對繪畫創作的看法。然王原祁畫筆一向以渾著為特點，與倪瓚繪畫特點有所不同，因此自謙"老鈍"，其實是畫家自具特點的晚年佳作。

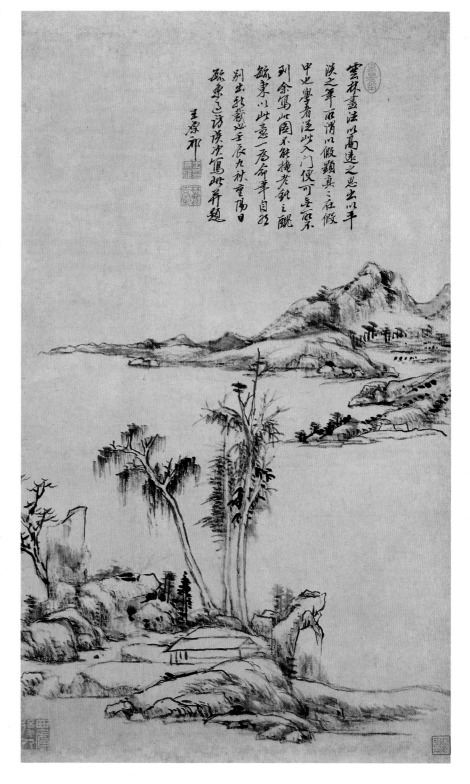

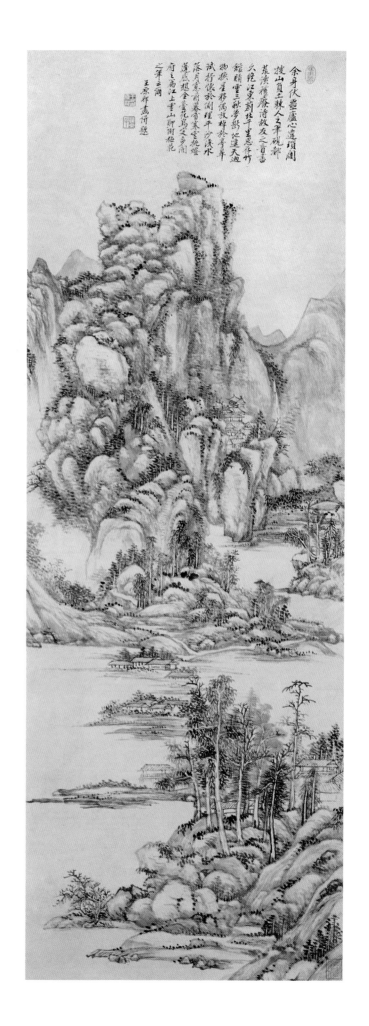

88

王原祁　仿吳鎮山水軸

紙本　墨筆　縱141.7厘米　橫51厘米

Landscape after Wu Zhen
By Wang Yuanqi
Hanging scroll, ink on paper
141.7 x 51cm

本幅上部自識："余身伏噩廬,心違瑣
闥。搜山負土,棘人之筆硯都荒;讀禮廢
詩,故友之音書久絕。江東薊北,千里思
存。竹館晴雲,三秋夢斷。地遙天迴,物
換星移。偶放棹於亭皋,試抒懷於側理。
平沙淺水,落月窗前。暮雪寒雲,挑燈蓬
底。想金台花鳥,定多開府之篇。江上雲
山,聊附梅花之筆云爾。王原祁畫並
題。"鈐"王原祁印"(白文)、"茂京文"
(白朱文)、"掃華庵"(朱文)。右下角鈐
"西廬後人"(朱文)。

此圖無年款,據王原祁自題"身伏噩廬,
心違瑣闥"之句,當為居家丁憂時所作。
按其父王揆,卒於康熙丙子三十五年
(1696),次年王原祁在家經營葬事,故
畫家有云:"江東薊北,千里思存。"據此
推斷,此圖是畫家五十五、五十六歲間
的作品。所謂"聊附梅花之筆",是仿吳
鎮畫法,然與吳鎮畫頗不類。《麓臺畫
跋》中"題仿梅道人"一節文字,有云:
"梅道人潑墨,學者甚多,皆粗服亂頭,
揮灑以自鳴其得意,"畫家稱其"墨豬之
誚"。故此作反其道而行之,取筆繁中之
簡,取墨淡中之濃,以求吳鎮畫中逸韻,
是為畫家佳思別構的代表之作。

89

王原祁　盧鴻草堂十誌圖冊
紙本（十開）墨筆或設色　每開尺寸不等（約29×29.5厘米）

Ten Views from the Thatched Cottage of Lu Hong
By Wang Yuanqi
Album of 10 leaves, ink or color on paper
Vary in each size

第一開　設色。自識："草堂為盧高士安神養性之地,寫右丞《山莊圖》擬之。王原祁。"鈐"王茂京"（朱白文）。

第二開　墨筆。自識："寫橛館,用黃鶴山樵《丹台春曉圖》筆。麓臺。"鈐"王原祁"（朱白文）、"麓臺"（白文）、"陗倩"（朱文）。

第三開　設色。自識："冪翠庭,山深處也。靜似太古,仿北苑設色,方表其意。王原祁。"鈐"王原祁印"（白文）。

第四開　設色。上方自識："人家在仙掌,雲氣慾生衣。倒景台,仿大痴。麓臺。"鈐"興與煙霞會"（白文）。

第五開　墨筆雲山。自識："山峯枕煙,用筆位置惟氣與神,此妙米家得之。茂京。"鈐"王原祁印"（白文）。

第六開　設色。自識："地閑心遠,山高水長。仿荊關遺意寫洞元室。茂京。"鈐"王原祁印"（白文）、"麓臺"（朱文）、"陗倩"（朱文）。

第七開　墨筆。自識："筆墨奔放,水石容與,此江貫道得力處,以寫滌煩磯,庶幾近之。石師道人。"鈐"麓臺"（白文）。

第八開　設色。自識："淙名雲錦,可借桃花春水之意,兼仿趙大年、松雪筆。麓臺。"鈐"麓臺"（白文）。

第九開　墨筆。自識："用梅道人《關山秋霽圖》法寫期僊磴。王原祁。"鈐"王茂京"（朱白文）。

第十開　設色。自識："松翠楓丹,光涵金碧。斯潭為十幅勝地。兼用趙承旨、千里筆。王原祁。"鈐"西廬後人"（白文）。十開藏印計有乾隆、嘉慶、宣統內府諸印及"學山清玩"、"蕠公"、"天遠"等。

《石渠寶笈續編》著錄。

此冊山水作品是王原祁根據唐盧鴻《草堂十誌圖》圖意,分別以仿宋、元諸家筆意,重加藝術創作而成。盧鴻原作已無存,今尚存宋人的臨仿本,與此冊相較,極為殊觀,是畫家師其意而不師其迹的極端之作。該冊無紀年,以畫筆之老蒼渾勁,當是晚年作品。十頁畫幅,有六頁設色畫,並兼用墨筆,色、墨兼施,渾然一體,清麗中有蒼厚之致,為畫家畢生努力後形成的特色。又其晚歲曾請歸老鄉里,屢為康熙帝所挽,難免"身在魏闕,心存江湖",此圖冊似即是追慕前賢的草堂之隱而又不能的無奈心境的寫照,是其晚年代表作。

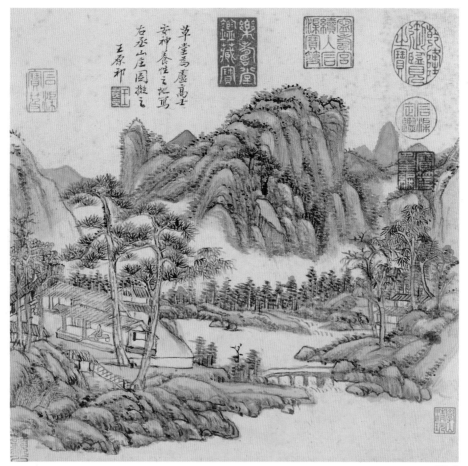

89.1

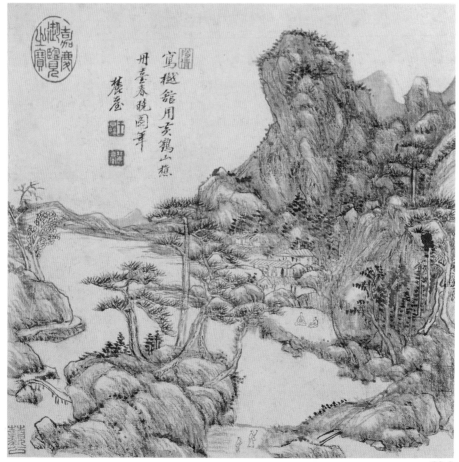

89.3

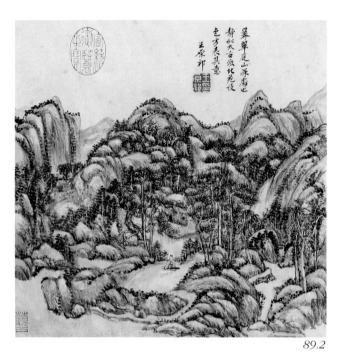

暴華足山深處也
靜似太古微比元徒
色方美其意
王原祁

89.2

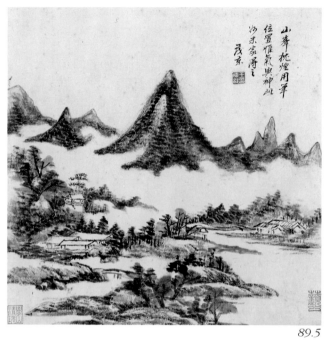

山寺枕煙用筆
位置惟氣與神此
沙未家得之
茂京

89.5

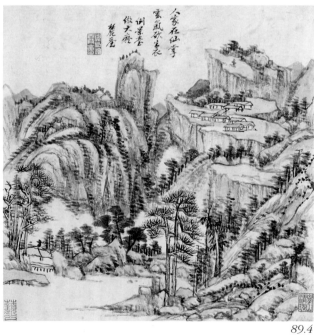

人家在仙掌
雲氣欲生衣
澗崇卷
倣大癡
麓臺

89.4

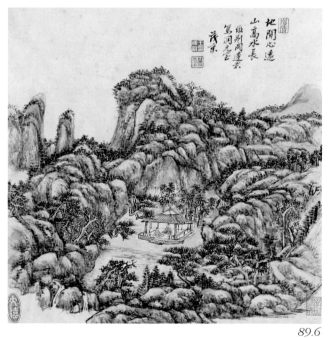

地開心遠
山高水長
倣荆闊達奕
篤洞元室
茂京

89.6

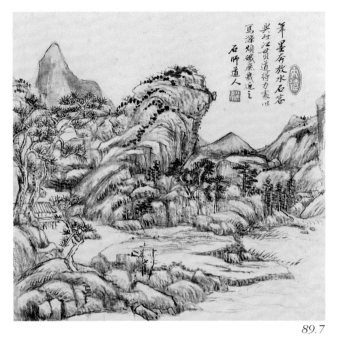

筆墨有放水石者
與此江貫道得力處恰
寫深頗識處戒道之
石師道人

89.7

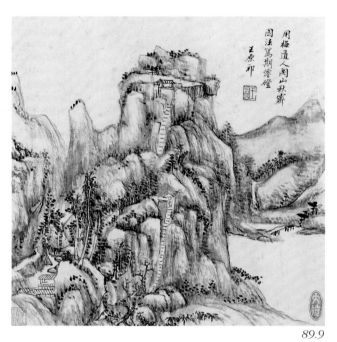

用梅道人關山秋霽
圖法寫期聲鐙
王原祁

89.9

漆名雲錦可
借桃花泰忘之
意覧微超大年
松雪廬屋

89.8

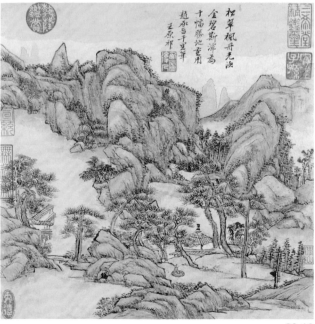

松翠楓丹光滙
金碧斯深為
千幅勝地宜用
趙承自千生年
王原祁

89.10

193

90

王原祁　松溪仙館圖軸

紙本　墨筆　縱118.5厘米　橫54.5厘米
清宮舊藏

Mountain Hall by the Pine Stream
By Wang Yuanqi
Hanging scroll, ink on paper
118.5 x 54.5cm
Qing Court Collection

本幅左下款署："臣王原祁恭畫。"下鈐
"臣原祁"（朱白文）。

本幅有"乾隆御覽之寶"、"寶蘊樓書畫
錄"等鑑藏印記。

《古物陳列所書畫目錄》著錄。

此圖為王原祁供職內廷時的"進御"之
作，並始終為清宮舊藏。圖用王蒙畫法，
所畫層巒叠嶂、松林僊館，筆墨極蒼秀。

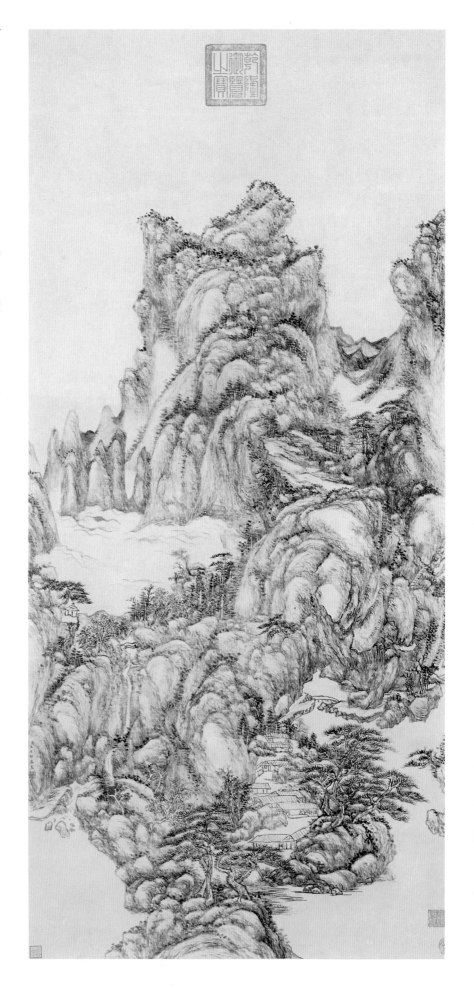

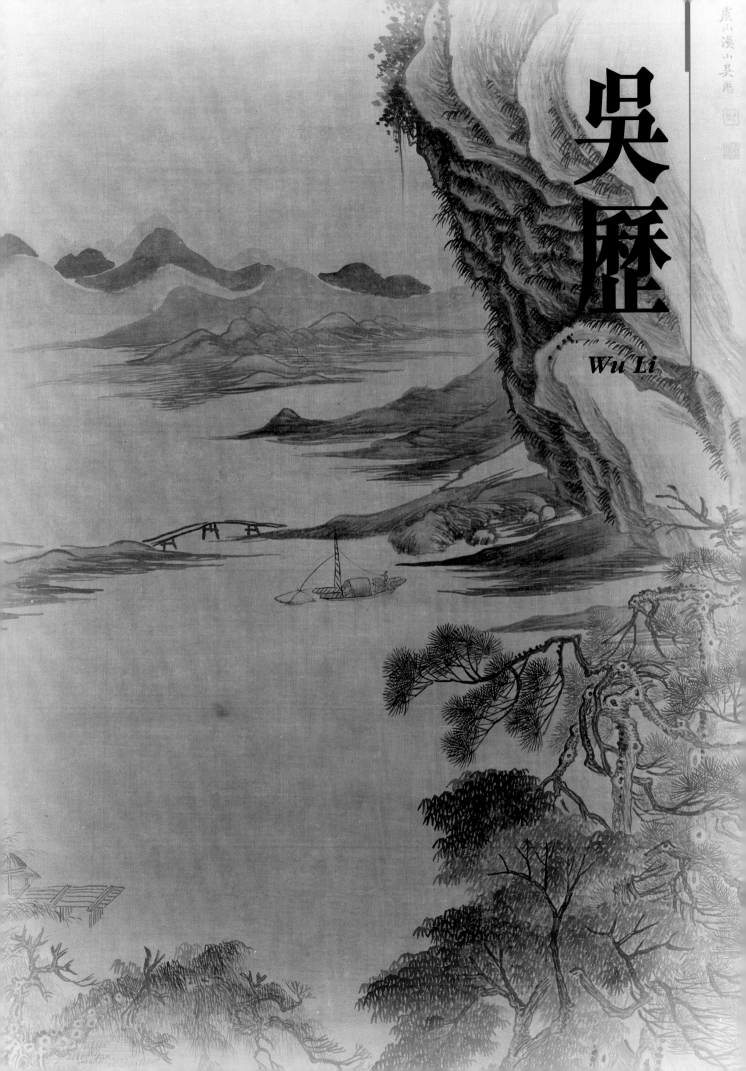

吳歷

Wu Li

吳歷

吳歷（1632—1718年）字漁山，號墨井道人、桃溪居士，江蘇常熟人。據其受業老師陳瑚記：“海虞吳子漁山學於吾門，其人讀書修行，能琴詩，善書畫”。[1]因其父早卒，“以畫之可取潤以奉母也”。[2]後從師王鑑、王時敏習畫，也曾在王時敏處臨摹過其家藏名畫。在其三十歲前後，接連喪母、喪妻，曾萌生過出世念頭，並與興福寺僧默容相契。默容和尚卒後，漸改信天主教，茲後赴澳門，欲至羅馬習教而未果，後終正式入天主教，教名西滿沙勿略。自其入天主教二十年間，幾乎停止了繪畫創作。七十歲生辰（1701年）時，嘗賦詩云：“思山常念墨池邊”，又開始創作，風格極蒼古荒率，成為清六家中“別樹一幟”的畫家。

因吳歷特殊的生平經歷，他的繪畫作品基本是五十歲之前和七十歲之後兩個階段所創作的。前一階段因鬻畫和其後師從王鑑、王時敏的不同經歷，現存作品又有着畫法、風格較為懸殊的藝術表現。工筆設色的《人物故事圖冊》（見圖106）為畫家作品中僅見者，似應是其早期賣畫謀生時的作品。與顧殷等人合繪的《山水圖冊》（見圖93），據顧殷等人題記，大致可推斷為四十歲前後所繪。內中有仿畫倪瓚《林塘詩思圖》一頁，倪氏原作為王時敏家藏，可證該圖是吳歷縮摹王氏家藏名迹的作品。畫家為懷念卒去的默容和尚於康熙十三年（1674）創作的《興福庵感舊圖卷》（見圖96），集宋、元繪畫傳統為一圖，成為他的代表作品。在此時期，畫家還表現出畫柳、畫松的特長和對元吳鎮、王蒙繪畫的偏愛。以畫柳為主體的仿畫趙大年《江鄉清夏圖》（見圖93中）和仿吳鎮、王蒙畫法的《幽麓漁舟圖軸》（見圖91）、《松壑鳴琴圖軸》（見圖97）等都是其中的佳作。《澗壑蒼松圖卷》（見圖98）中畫當時人王丹麓小像，擅畫人物肖像更屬清六家中唯一的一人。

《虛齋名畫錄》記：“漁山晚年從澳中歸，歷盡奇絕之觀，筆底愈見蒼古荒率，能得古人神髓”。本集所收其七十一歲（1702年）的《柳村秋思圖軸》（見圖101）是吳歷晚年畫風轉變後的較早作品，所畫秋柳與上海博物館藏的四十五歲（1676年）所作《湖天春色圖》相比，則頓顯老筆密思之態。仿吳鎮畫法的《夏山雨霽圖軸》（見圖111）和仿王蒙的《橫山晴靄圖卷》（見圖103），皆以粗拙的枯筆皴擦和濃淡墨的水墨漬染造成物像的凹凸感，層次分明，又富沉鬱蒼古氣象。有學者評這一現象是受西洋繪畫的一定影響，雖現象相類，其筆墨技法卻全然從傳統中來。更為重要的是，畫家突出了文人畫中的“逸格”，所謂“落墨迴不猶人”，使他成為六家中“別樹一幟”的畫家。

註釋：(1) 陳瑚：《確庵文稿》，〈吳節母墓志〉。
　　　(2) 李杕：《吳漁山先生行狀》。

91

吳歷　幽麓漁舟圖軸
絹本　墨筆　縱119.2厘米　橫61.5厘米

**Fishing Boat on a River by Way of
Mountain Foot**
By Wu Li
Hanging scroll,ink on silk
119.2 x 61.5cm

本幅自題詩並識："幽麓橫鋪十里煙，
柳橋西轉亂漁船。白花翠蔓茅茨小，鷗
浴平沙落日圓。庚戌小春，題似巖翁徐
老先生。虞山漁山吳歷。鈐"吳歷"(朱
文)、"漁山"(朱文)、"墨井"(朱文)。
本幅鑑藏印有"泰州宮氏珍藏"、"宮子
行周弟玉父寶之"等三方。

庚戌為康熙九年(1670)，吳歷時年三十
九歲。

《小萬柳堂藏畫目》著錄。

此圖景色具有江南水村山鄉的特點，境
界清寂淡泊，構圖明快，筆墨秀潤。林木
和山石的造型及筆法特點，明顯地受元
吳鎮的影響，以中鋒鈎勒樹石，筆力堅
挺，山石用披麻皴，乾筆皴擦，整幅畫面
清新雅麗，為吳歷早年佳作。

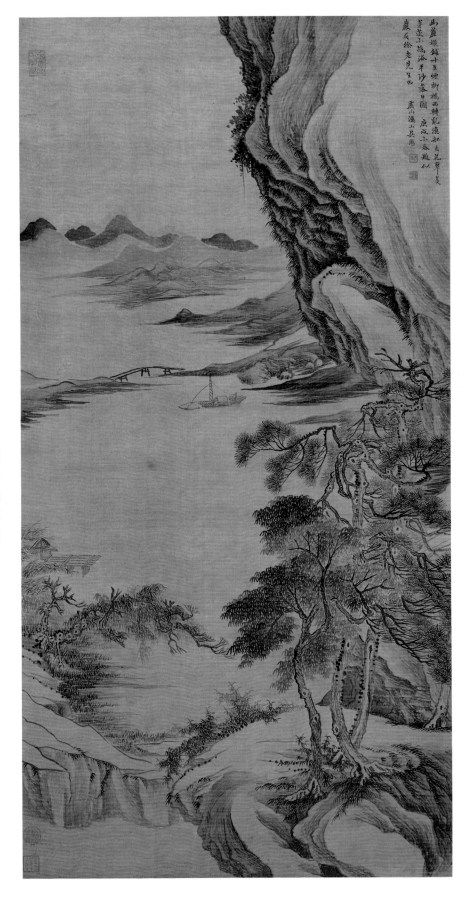

92

吳歷　仿米山水圖軸

紙本　墨筆　縱62.3厘米　橫28.7厘米

Landscape after Mi Fu
By Wu Li
Hanging scroll, ink on paper
62.3 x 28.7cm

本幅自題詩並識："矮樹橫欹竹似麻，斷雲含雨罨平沙。如何只合南宮戲，苔雪陰晴不較差。雨舍蕭閑，捉筆寫此，桃源居士吳歷並題。"下鈐"吳歷"（朱文）。又自題云："辛亥六月，蘭雪先生自南來，相晤於許青翁寓齋，索觀近今墨戲。此幅久藏行篋，頗自怡悅，未忍示人，蘭雪知我，因割以贈。延陵吳歷。"鈐"吳歷"（朱文），畫幅下鈐"墨井"（朱文）。鑑藏印"保三鑑藏"一方。

辛亥為康熙十年（1671），吳歷時年四十歲。

《歷代流傳書畫作品編年表》中記載。

北宋米芾、米友仁父子山水畫獨樹一幟，他們在繼承董巨一派的基礎上創造出煙雲變幻、蒼茫朦朧的"雲山"之景，後人稱之為"米家山"或"米氏雲山"。其技法稱為"米點"。這種抒情寫意的山水畫新貌，對後世影響極大。

此圖係作者早年所作，在技法上有直接宗法米家父子筆意。全畫筆法放縱，墨色厚潤，具文人畫的韻致。

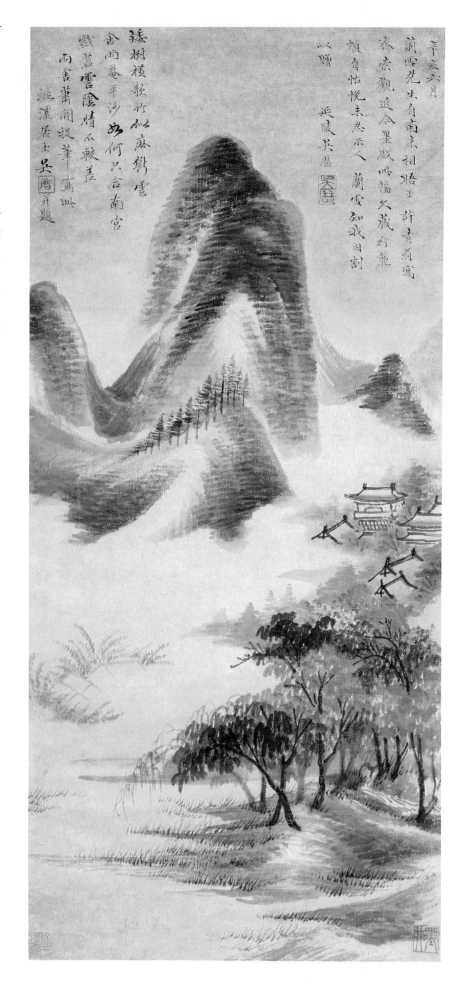

198

93

吳歷、顧殷等山水圖冊

紙本（十二開）　墨筆或設色　每開縱18.7厘米　橫28厘米

Landscapes
By Wu Li, Gu Yin and others
Album of 12 leaves, ink or color on paper
Each leaf: 18.7 x 28cm

是冊前六開為吳歷畫，後顧殷、史爾祉各畫二開，彭城、金道安各畫一開，本集略去後六開。

第一開　淡設色。自識："仿李營丘，歲晏江空。吳歷。"鈐"漁山"（朱文）。

第二開　設色。自識："師大年江鄉清夏，似能翁先生正。吳歷。"鈐"吳歷之印"（朱文）。

第三開　墨筆。自識："寫黃鶴山樵松蔭書屋。吳歷。"鈐"桃溪"（朱文）。

第四開　墨筆。自識："學倪高士林塘詩思。吳歷。"鈐"吳歷之印"（白文）。

第五開　淡設色。自識："擬子久溪山雨意。吳歷。"鈐"漁山"（朱文）。

第六開　墨筆。自識："仿巨然。吳歷。"鈐"桃溪"（朱文）。

另頁有金道安、周肇祥二家題記。

此冊中吳歷所繪六幅未署年款，顧殷、金道安的圖繪分別有"丙午初春"、"丁巳春戲寫"的年款。丙午為康熙五年（1666），丁巳為康熙十六年（1677），以此推算，當為吳歷三十五歲至四十六歲間的作品，然以吳歷所畫山水之淡逸疏拙的風格，似不應遲於四十歲以後。吳歷曾師王鑑、王時敏，王時敏曾命摹家藏名畫，並讚其"非但形模克肖，而簡淡超逸處，深得古人用筆之意，信是當今獨步。"惜所摹畫已無存，而此冊中《仿倪瓚林塘詩思圖》即為當年摹畫中的一幅。故此冊仿古山水是研討吳歷早年畫學的可貴實物資料。

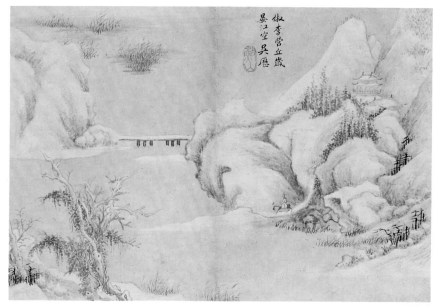

傚李營丘歲
晏江堂吳歷

93.1

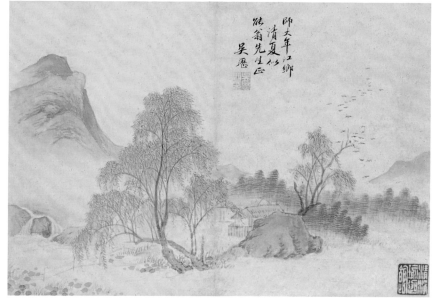

即大年江鄉
清夏仿
祜翁先生正
吳歷

93.2

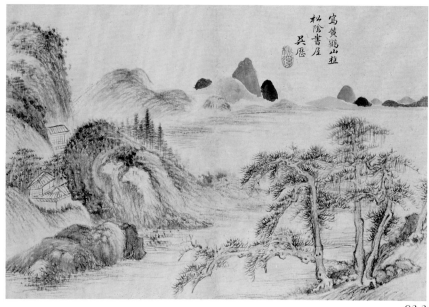

寫黃鶴山樵
松陰書屋
吳歷

93.3

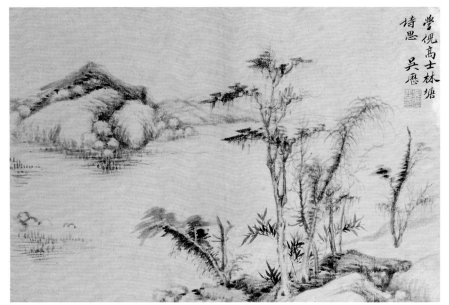

學倪高士林塘
詩思 吳歷

93.4

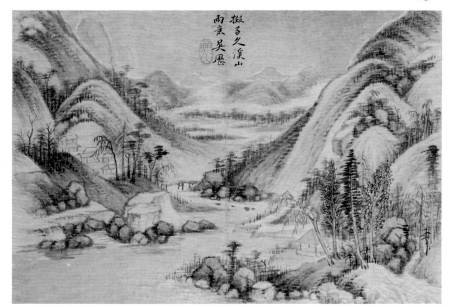

擬子久溪山
雨意 吳歷

93.5

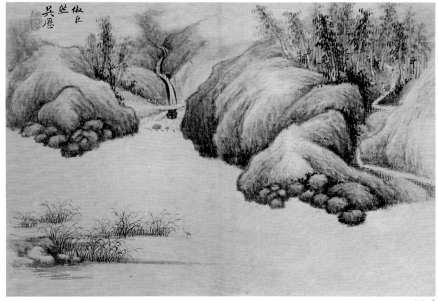

倣丘
然 吳歷

93.6

94

吳歷　山水圖頁

紙本　墨筆　縱25.8厘米　橫28.8厘米

Landscape
By Wu Li
Leaf, ink on paper
25.8 x 28.8cm

本幅自識："白花細點靜無波，嫩葉初藏軟角多。風拂一聲殘照里，誰家新調採菱歌。春雪初晴，題為若韓道兄。吳歷。歲甲寅上元後一日。"鈐"吳歷"（朱文）。

甲寅為康熙十三年（1674），吳歷時年四十三歲。

《清六家合冊》中之一頁。《虛齋名畫錄》著錄。

按吳歷每多自撰佳句，詩畫合璧。畫家於《墨井畫跋》中言："晉宋人物，意不在酒，託於酒以免時艱。元季人士亦借繪事以逃名，悠悠自適，老於林泉矣。"此幅詩意畫，亦可見畫家擬元人高致，並兼仿吳鎮、王蒙兩家法。正如其所言："水活不潤，樹老笻幽，非擬冷元人筆不相入"。

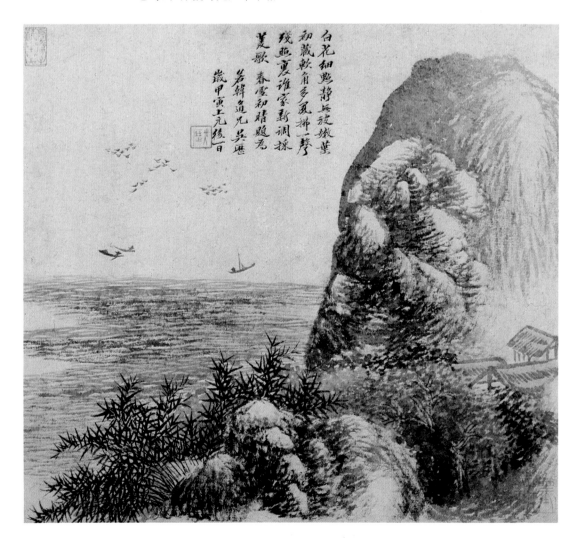

95

吳歷 山水圖頁
紙本 墨筆 縱25.6厘米 橫19.2厘米

Landscape
By Wu Li
Album leaf, ink on paper
25.6 x 19.2cm

本幅自題詩並識："故人何處踏青莎,笠帽春風碎幾多。料得雨深苔逕滑,豈能煮茗共婆娑。上巳前一日寄滄漁有道兄。漁山子吳歷。"鈐"吳歷"(朱文)"延陵"(朱文)、"墨井"(朱文)。鑑藏印"龐萊臣珍賞印"。

《清六家合冊》中之一頁。《虛齋名畫錄》著錄。

此幅山水圖頁未署年款,然與"白花細點靜無波"的一頁《山水圖》合冊,可知是吳歷畫冊中的失羣二圖,故該圖應與上圖同時所作。

此圖仿米家雲山畫法,水墨更盡淋漓之致。畫家曾言:"潑墨法來,風雨驟致,毫間拖泥帶水,便成濕綠林巒,如老將快馬,斫陣破敵,而立見功也。"

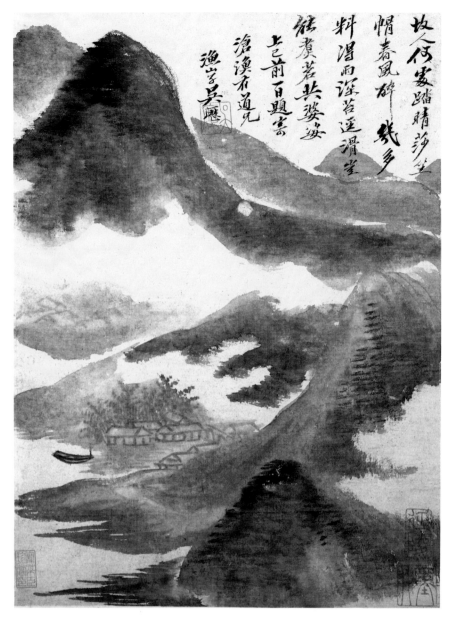

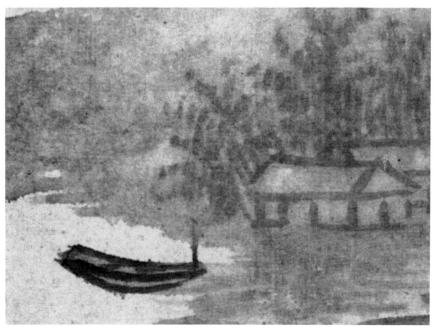

96

吳歷　興福庵感舊圖卷

絹本　青綠設色　縱36.3厘米　橫85厘米

Thoughts on Xing Fu Temple
By Wu Li
Handscroll, blue and green on silk
36.3 x 85cm

本幅自題長識：“吾友筆墨中惟默公交最深。予常作客，不為話別，恐傷折柳。庚戌 (1670年) 清和，遊於燕薊，往往南傳方外書信，意甚殷殷。辛亥 (1671年) 秋冬，將欲賦歸，意謂同此歲寒冰雪，而未及渡淮，聞默公已掛履峯頭，痛可言哉！自慚浪迹，有負同心，招魂作誄，未足抒寫生平，形於絹素，訛筆隕涕無已。卻到曇摩地，淚盈難解空。雪庭松影在，草沼墨痕融。幾樹春殘碧，一燈門掩紅。平生詩畫癖，多被誤吟風。魚雁幾曾隔，賦歸遲悔深。自憐南北客，未盡死生心。痴蝶還疑夢，飢鳥獨守林。雲看無限意，何事即浮沉。甲寅年登高前二日雨霽並書。桃溪居士吳子歷。”鈐“吳歷”(朱文)、“家在桃溪深處”(朱文)。本幅鑑藏印八方：“壺中墨緣”、“金龢廷瘦仙氏考藏”、“德公心賞”、“蔭北鑑藏”、“長秉珍賞”、“瘦仙審定真迹”、“瘦仙鑑藏”、“伯駒心賞”。後幅有許之漸、紀蔭、張景蔚三家題記。

甲寅為康熙十三年 (1674)，吳歷時年四十三歲。

此圖為吳歷懷念亡友默容而作。默容，虞山 (位於今江蘇常熟西北) 破山興福寺僧人。愛好書畫，與吳歷相交甚厚。

畫中描繪的興福庵，寺外坡石寒林，牆內孤松上一白鶴獨立。禪堂中几陳經卷，寂無一人，滿目淒清，表達了畫家思念亡友的悲涼心境。全畫構圖別致，用筆流暢，設色大膽，石青、石綠和白色頗為濃艷，但無俗媚之氣，是畫家兼取宋、元不同畫法而別構的中年代表作。

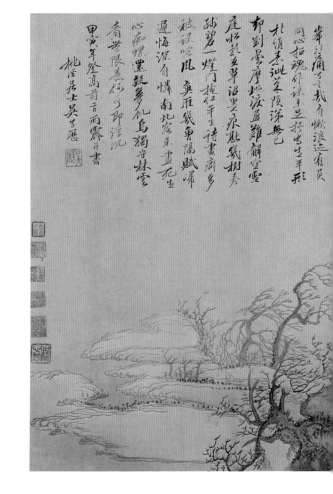

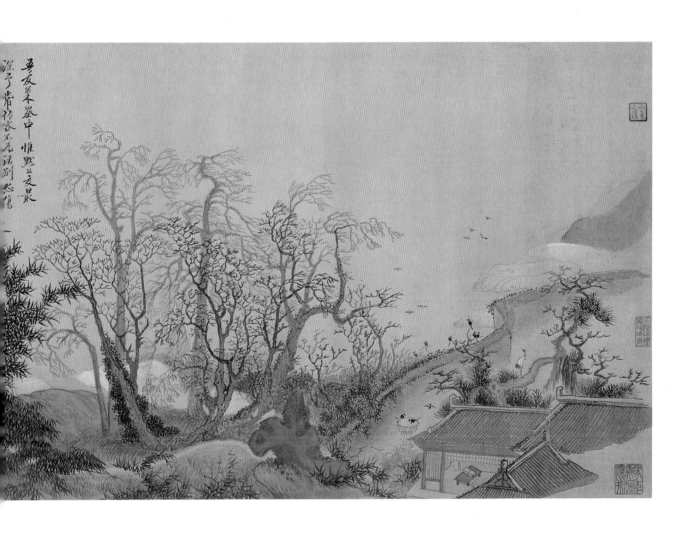

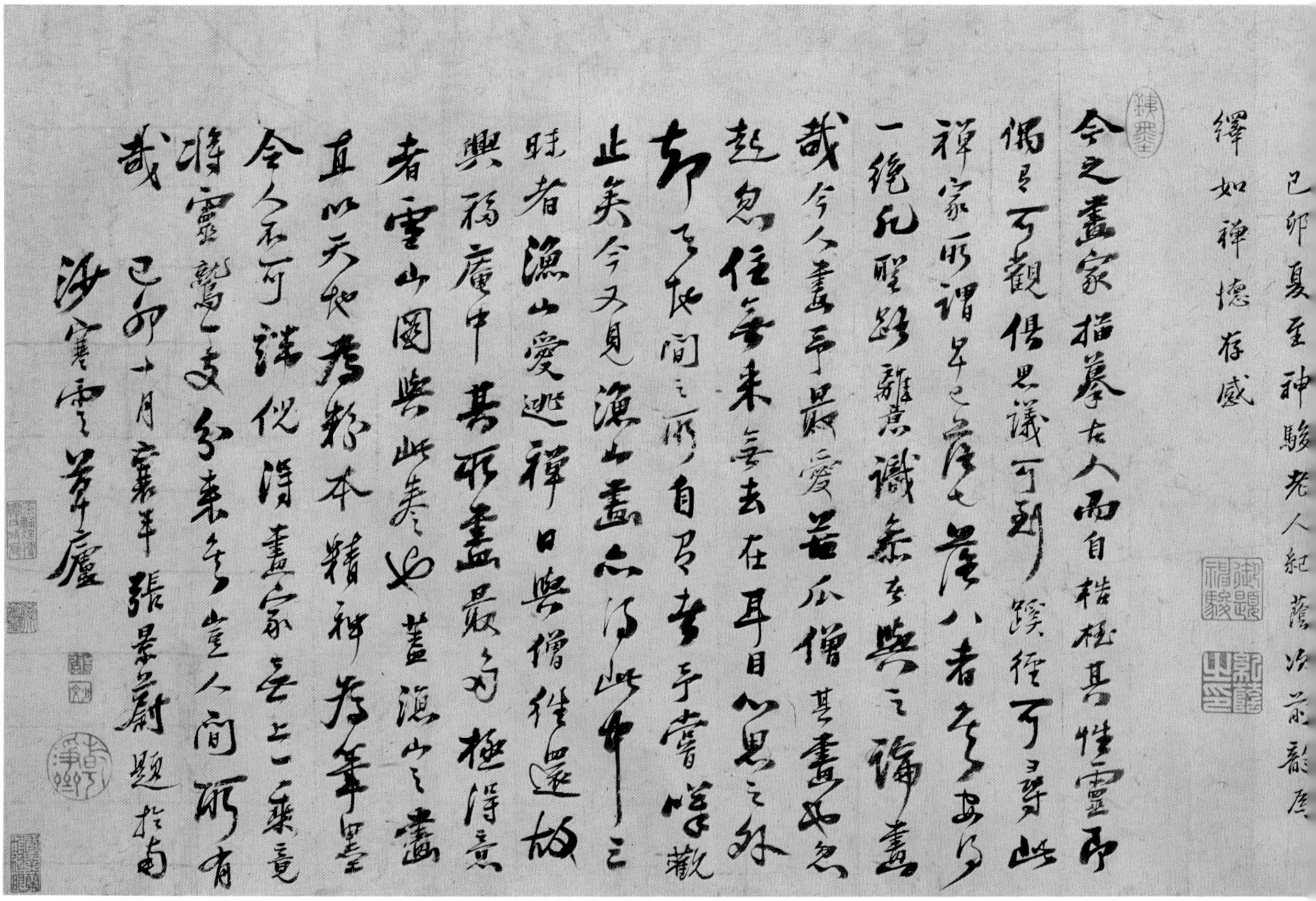

己卯夏至神駿老人紀蹟冶亦敬展

譯如禪德存感

今之畫家描摹古人而自措極其性靈乎

偶爾可觀俱思議可到蹊徑可尋此

禪家所謂半之廣之廣八者各之安多

一絕兄聖路雜焉識無息與之論畫

哉今人畫乎最愛善瓜僧其畫飛忿

起息任筆來無去在耳目心思之妙

方丈民間之所自召舉于堂學歡歡

此矣今又見漁山畫志河此中三

昨者漁山愛逃禪日與僧往還故

興稿庵中其形盡最為極淨意

者雲山圖與此奏舊漁山之畫

直此天和秀粉本精神為筆墨

令人不可詳似得畫家志上乘意

將靈鷲二支多來老堂人間所有

哉　沙寒雲光岑盧

己卯十月襄羊張景蔚題於南

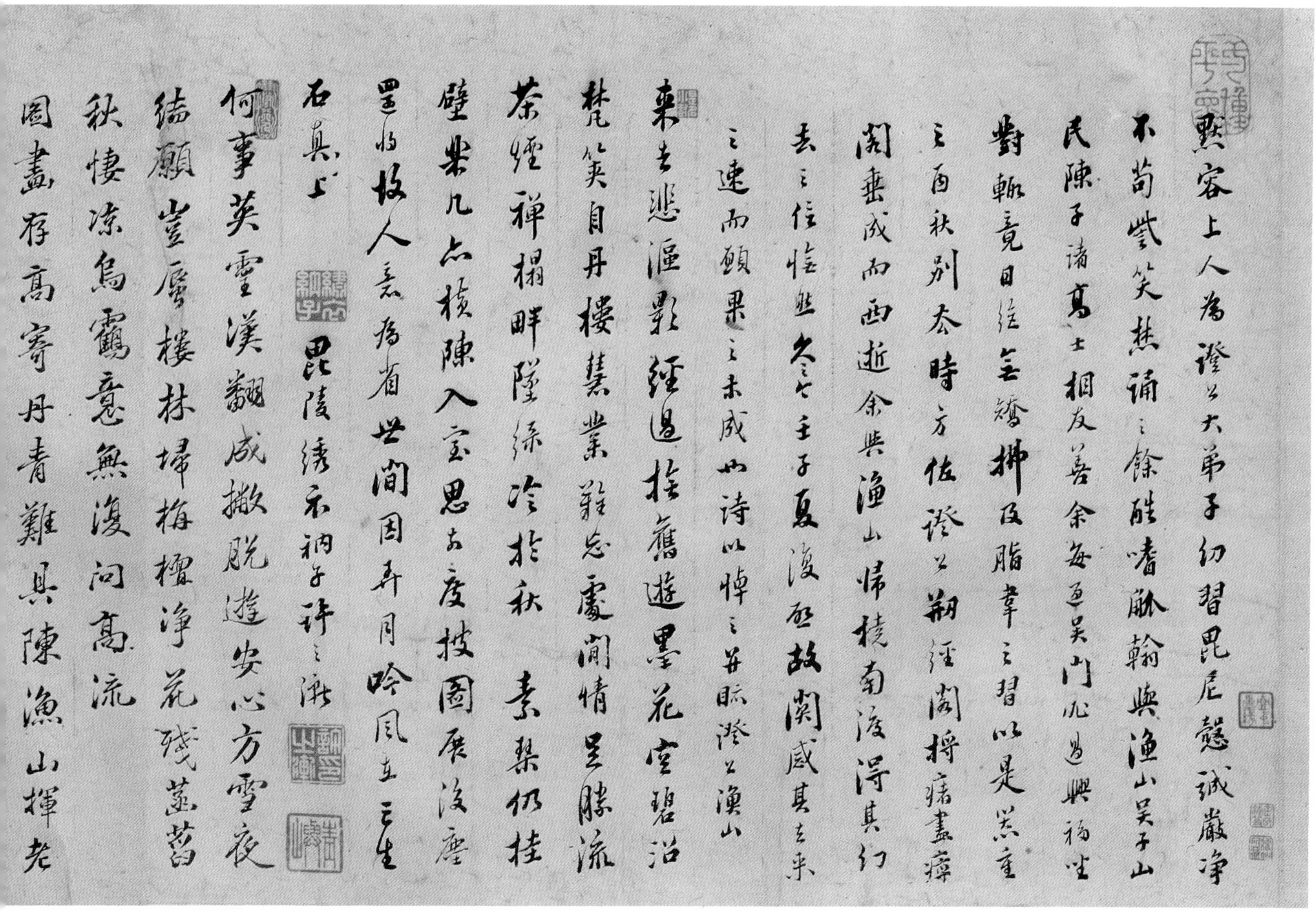

默容上人為證壹大弟子幻習毘尼慈誠嚴淨

不苟紫笑燕誦之餘酷嗜翰墨漁山吳子山

民陳子諸高士相友善余海虞吳門凡為興福生

對軸竟日経至瑩拂及脂韋之習以是紫童

壬酉秋別奉時方佐證之糊経閟將痾盡瘵

閟壺成而西逝余與漁山帰棱南渡得其幻

去之任悒悒冬乞壬子夏復歴故閟感其玄来

之遠而頽栗之未成此詩以悼之芽眡澛之漁山

東去逃漚影経過指舊遊墨花室碧沼

梵笑自丹樓慕業難忘豪閒情星朕流

茶煙禅榻畔陰冷於秋素柴仍挂

壁柴凡占棱陳入宝思古度投圖展後塵

墨水投人羕為者世閒固奔月吟風立玄玄

石其上
昆陵綠永袖子評之泃

何事芙靈漢翩威撒脱遊安心方雪夜

結顧崖層楼林掃梅檀淨花殘藹茵

秋懷凍烏鸛意無渡問高流

圖畫存髙寄丹青難具陳漁山揮老

207

97

吳歷　松壑鳴琴圖軸

紙本　水墨局部設色　縱103厘米
橫50.5厘米

Playing *Guqin* in the Pine Ravines
By Wu Li
Hanging scroll, ink and color on paper
103 x 50.5cm

本幅自題："憶予與天球學琴於山民陳
先生，不覺二十餘年矣。予欲寫松壑鳴
琴圖以寄意，常苦少暇。今從客歸，久雨
初晴，僅得古人形似並題七言：'琴聲憶
學鳥聲圓，辛苦同君二十年。今日聽松
與澗瀑，高山流水不須弦。'甲寅年小春
廿日延陵漁山子吳歷。"下鈐"吳歷"
（朱文），右下角鈐"家在桃溪深處"（朱
文）。鑑藏印有"弘一齋書畫記、""孫煜
峯"等九方。

甲寅為康熙十三年（1674），吳歷時年四
十三歲。

《吳越所見書畫錄》卷六著錄。

吳歷青年時代，嘗與季天球從同邑人陳
珉學琴。此圖為懷舊之作。圖繪高岩聳
立，澗泉濺落，草亭中端坐三士，其中一
人撩撥琴弦，是當時從陳氏學琴之寫
照。高岩濺瀑，寓高山流水，相交知音。
畫家其時早已喪母、喪妻，內心孤寂，久
有出世之想，因生懷舊之思。山水畫法
仿王蒙，筆墨沉鬱蒼秀，是畫家中年佳
作。

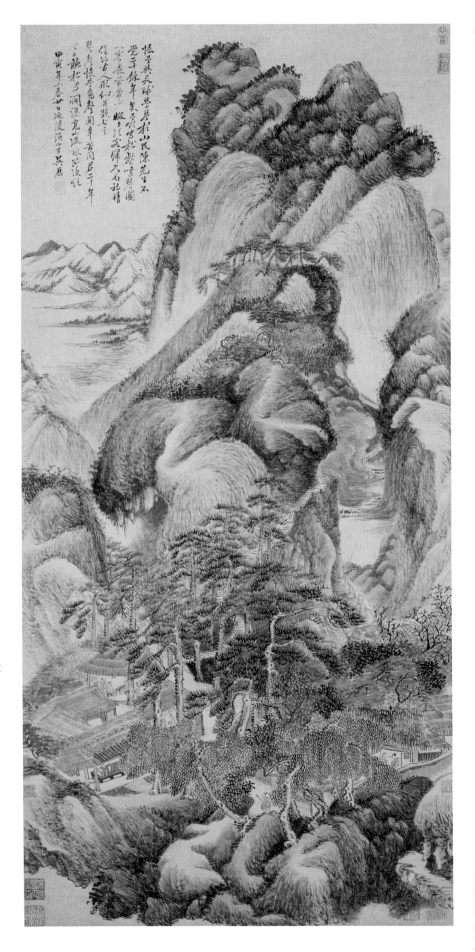

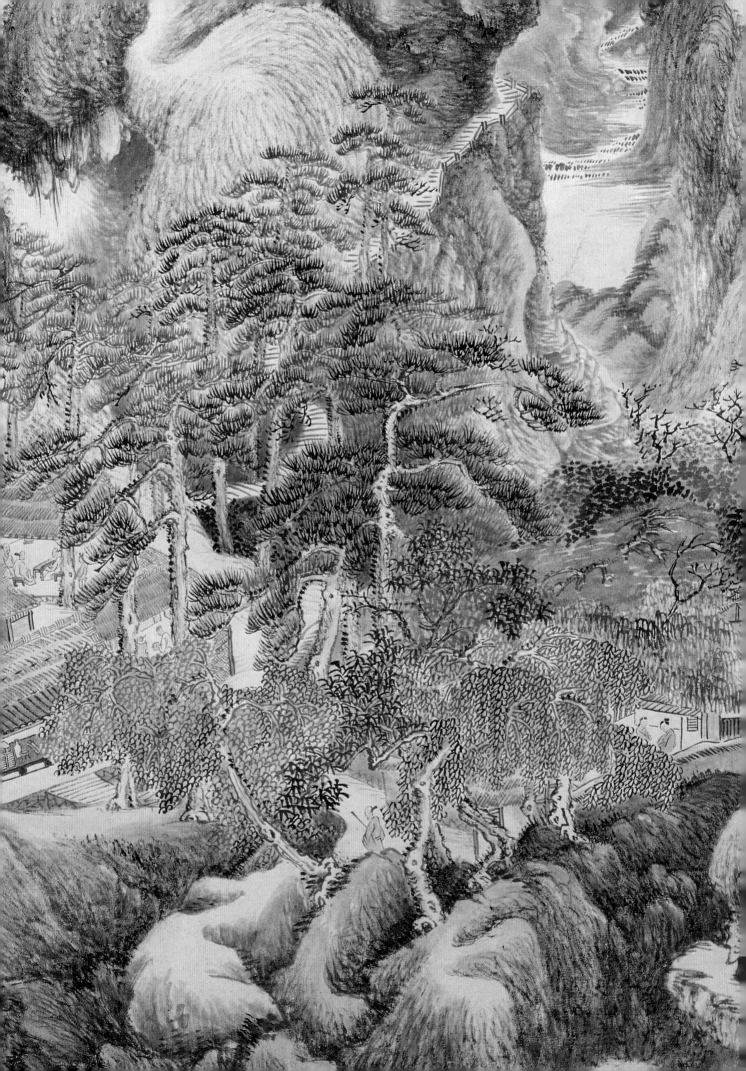

98

吳歷　澗壑蒼松圖卷

紙本　墨筆　縱27.6厘米　橫161.2厘米

Green Pines on a Ravine
By Wu Li
Handscroll, ink on paper
27.6 x 161.2cm

本幅自題："興福證公於乙卯小春六十初度,寫澗壑蒼松,喜有
虬龍之勢,飽百千年冰霜也,用以獻壽,未知少似坡公怪石供
否。墨井道人吳歷。"鈐"吳歷漁山之印"(朱文)、"墨井道人"
(朱文)、"延陵"(朱文)、"家在桃溪深處"(朱文)。鑑藏印有
"虛齋審定"、"萊臣心賞"、"有餘閑室寶藏"三方。後幅有陸恢
(廉夫) 兩則題跋。

乙卯為康熙十四年 (1675),吳歷時年四十四歲。

《虛齋名畫錄》卷五著錄。

此圖是吳歷為證禪師六十壽辰所作。證禪師,虞山破山興福寺
禪師,其大弟子默容禪師(時已圓寂)與吳歷相交甚厚。吳歷
起初接近佛教即受默容影響。該圖追踪元吳鎮畫法,用筆沉着
老到,筆墨清雋灑脱,所繪壑澗蒼松意祝禪師高壽,同時以喻
證禪師人品高潔。此圖為畫家中年佳作。

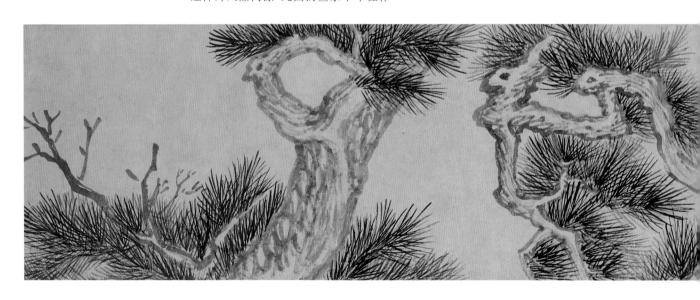

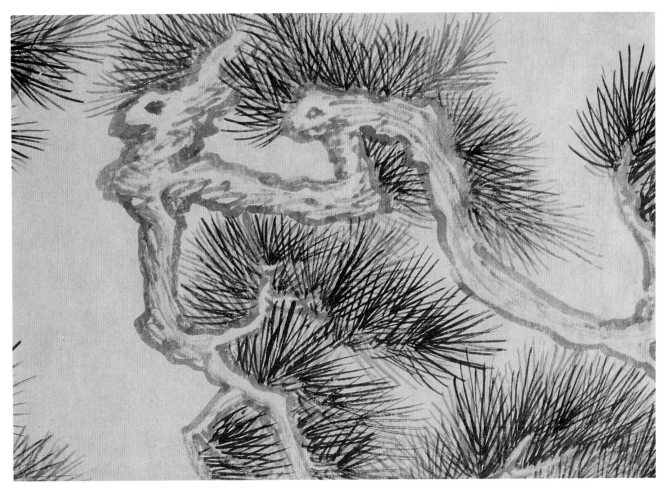

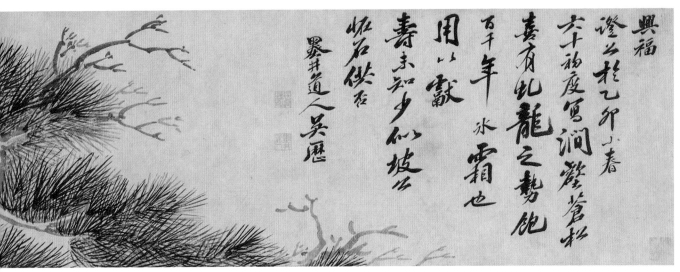

興福

證之於乙卯小春

六十福庭冩澗壑蒼松

喜有虯龍之勢飽

百千年　冰霜也

用以獻

壽末知少似坡公

峒石供者

墨井道人吳歷

99

吳歷　山水圖頁

紙本　設色　縱24厘米　橫15.8厘米

Landscape
By Wu Li
Leaf, color on paper
24 x 15.8cm

本幅款署："丙辰二月畫祝孫母太夫人
大壽。吳歷。"下鈐"吳歷"(朱文)。

丙辰為康熙十五年(1676)，吳歷時年四
十五歲。

此圖為《清八家壽畫冊》之一頁。清八家
係王翬、吳歷、惲壽平、顧見龍、唐炗、姜
雲、張穆、王武。該圖筆墨格調近吳鎮，
且摻用了宋人法。以淡墨寫竹竿，竹葉
疏密有致，繁而不亂。山石以細筆勾皴，
精微秀麗。青綠淡染，明快清雅，反映了
畫家畫藝成熟後的風格。

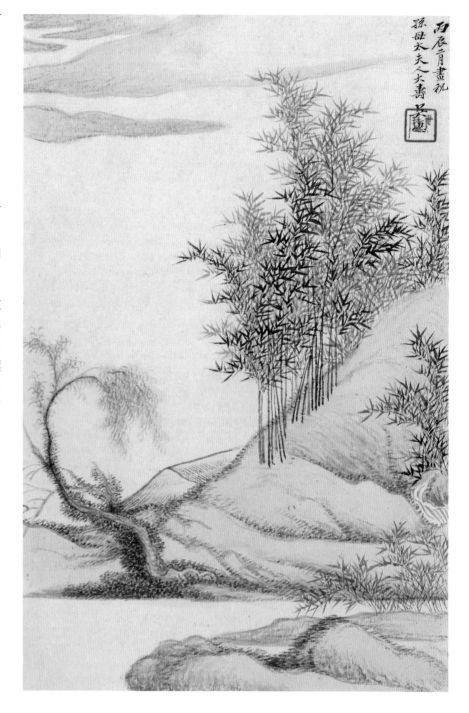

100

吳歷　仿古山水圖冊

紙本（八開）　設色或墨筆　每開縱32.2厘米　橫26.7厘米

Landscapes after Ancient Masters
By Wu Li
Album of 8 leaves, ink or color on paper
Each leaf: 32.2 x 26.7cm

第一開　設色。自識："亂雲古寺，撫米友仁。七月十八日小雨晚涼。吳子歷。"鈐"延陵"（朱文）、"歷"（白文）、"漁山"（朱文）。

第二開　墨筆。自識："漁莊晚靜，寫巨然意。"鈐"吳歷之印"（白文）。

第三開　設色。自識："柳塘歸雁圖，仿北苑。吳歷八月三日。"鈐"墨井道人"（白文）。

第四開　淡設色。自識："師黃鶴山樵遠帆春水。吳歷。"鈐"吳歷"（朱文）。

第五開　設色。自識："趙大年湖鄉清夏圖，六月廿四日吳歷寫。"鈐"吳歷"（朱文）。

第六開　淡設色。自識："擬柯丹丘舍北羣鷗。吳歷。"鈐"吳歷之印"（白文）。

第七開　墨筆。自識："寫黃子久浮嵐暖翠。吳歷。"鈐"吳歷"（白文）、"漁山"（朱文）。

第八開　設色。自識："旭日晴嵐，摹范中立。已未八月虞山。吳歷。"鈐"吳歷之印"（白文）。左下角鈐鑑藏印"孝子後裔"。

已未為康熙十八年（1679），吳歷時年四十八歲。

此仿古山水圖冊分別仿學董源、巨然、范寬、趙大年、米友仁、黃公望、王蒙、柯九思諸家筆意，是畫家中年臨學宋、元繪畫的集中表現。然其並不僅僅着意於前人筆墨的表現，同時也頗具匠心地學習古人的圖繪構思。如"亂雲古寺"一頁，雖作仿米家雲山，又使人聯想起北宋徽宗時畫院招取畫師的繪畫考題："亂雲藏古寺"。其他諸圖的構思，亦幅幅皆有新奇處。值得注意的是，畫幅中多以"古寺"、"歸雁"、"晚靜"、"春帆"為題，是時畫家已萌遁教之念，於諸圖中當能感受到其時畫家的心緒。

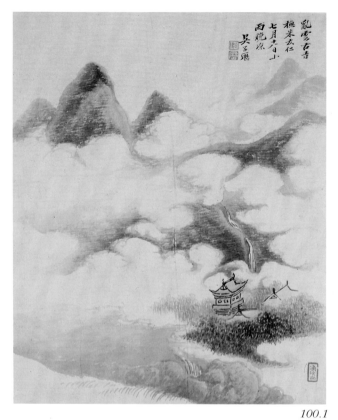

亂雲古寺
橅米老仁
七月十日小
雨晚涼
吳子熙

100.1

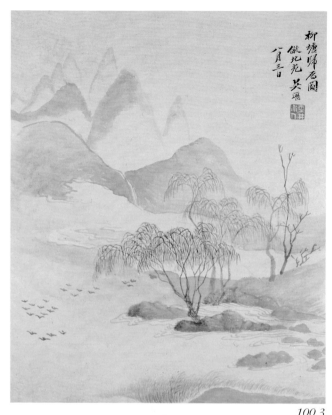

柳塘歸鳥圖
倣北苑 吳熙
八月三日

100.3

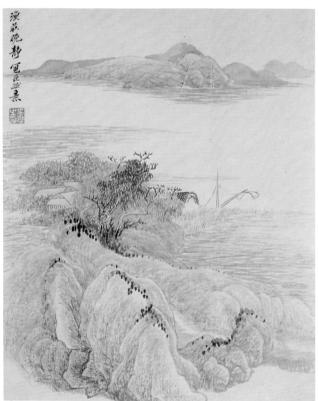

溪莊晚靜 匡廬吳熙

100.2

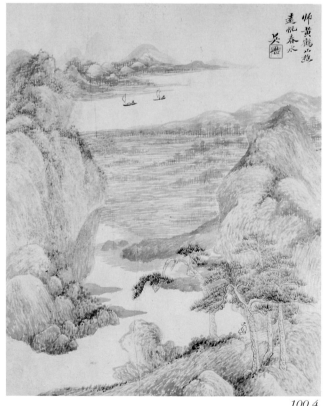

倣黃鶴山樵
遠帆春水
吳熙

100.4

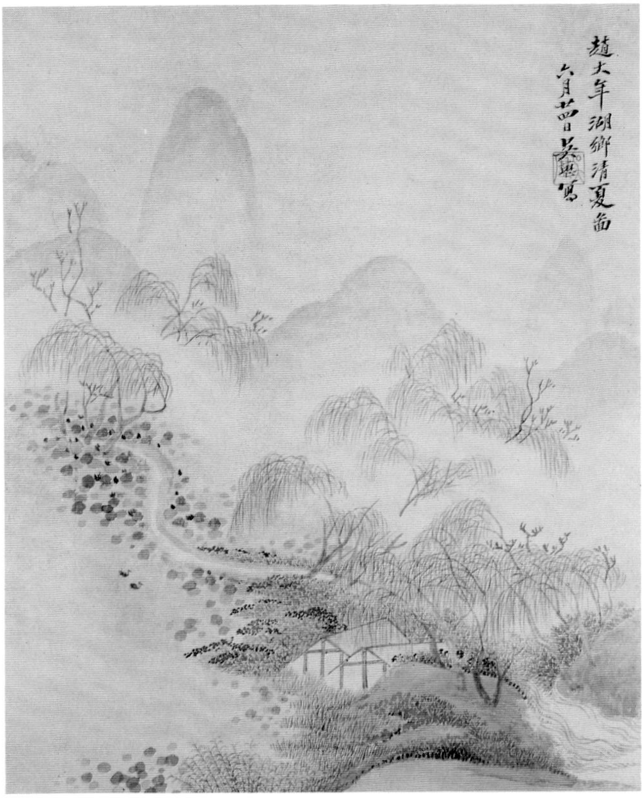
趙大年湖鄉清夏圖
六月廿四日吳歷寫

100.5

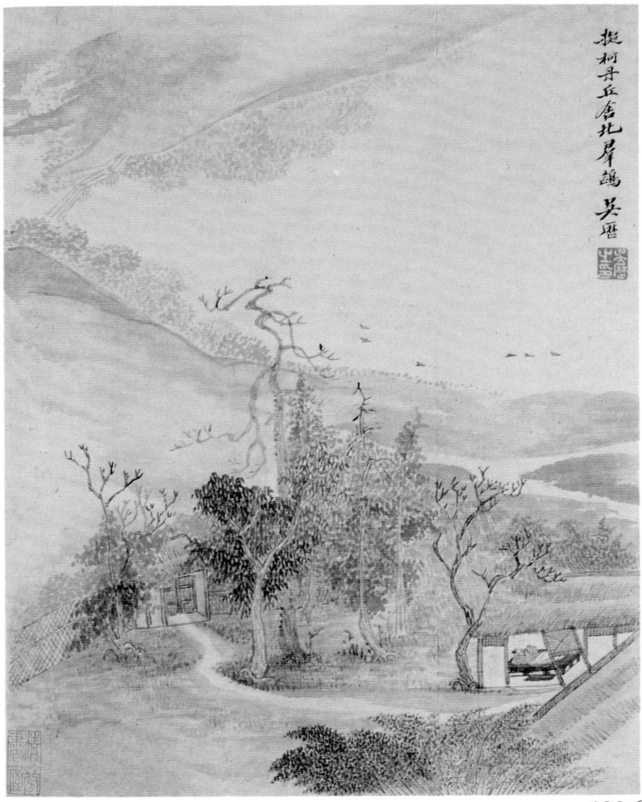

100.6

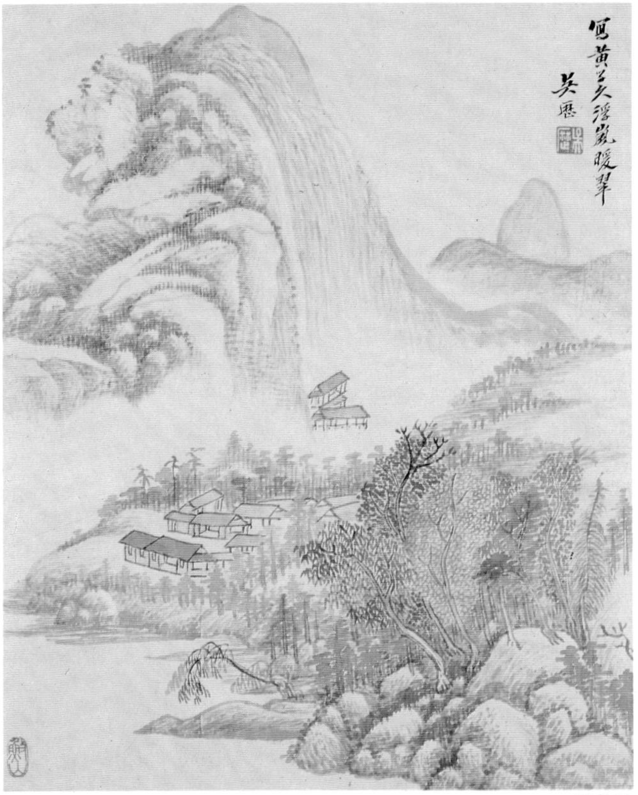
寫黃子久浮嵐暖翠
吳歷

100.7

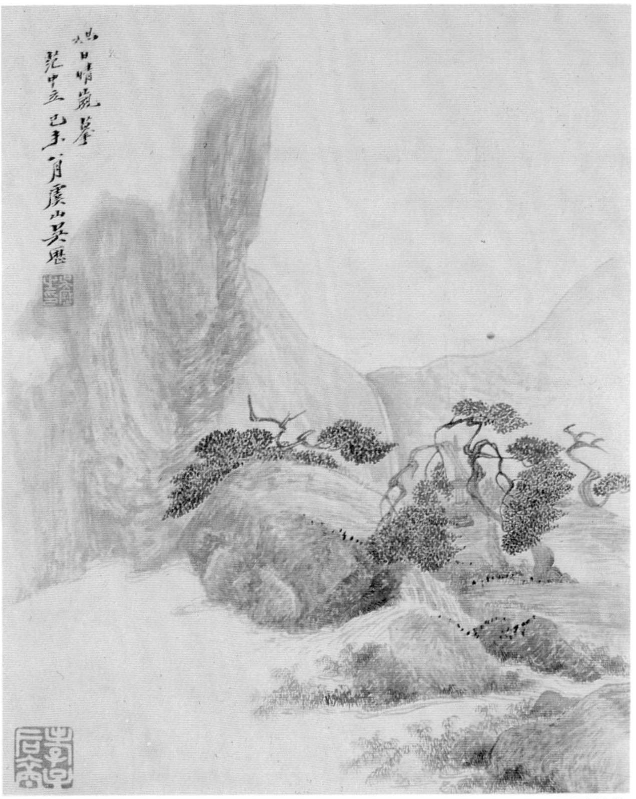

100.8

101

吳歷　柳村秋思圖軸

紙本　墨筆　縱67.7厘米　橫26.5厘米

Thoughts on Willow Village in Autumn
By Wu Li
Hanging scroll, ink on paper
67.7 x 26.5cm

本幅自題："昔予寫柳村秋思，留別於友人者，民譽得而藏之。予謂其柳葉翩翩，尚有未盡，故復寫此。或以為不然，然民譽善畫之善鑑者，定有以教我。壬午年暑月，墨井道人。"鈐"墨井"（朱文）、"吳歷之印"（白文）。鑑藏印"保三鑑藏"一方。

壬午為康熙四十一年（1702），吳歷時年七十一歲。

《過雲樓書畫記》卷六、七著錄。

民譽姓金，名造士，與吳氏友善。

《柳村秋思圖》是吳歷晚年的代表作品之一。畫面近處岸柳數株，疏密相間，婀娜多姿。岸上小徑盤桓，曲折沒入遠方。各種禽鳥或立於水旁，或飛翔於空中，遠處輕抹幽淡遠山，境界空闊深邃。全幅構圖新穎，筆墨蒼秀，江南佳麗景致如現眼前。

吳歷擅長畫垂柳，帶雨含煙，丰姿艷妙，此圖可見一斑。

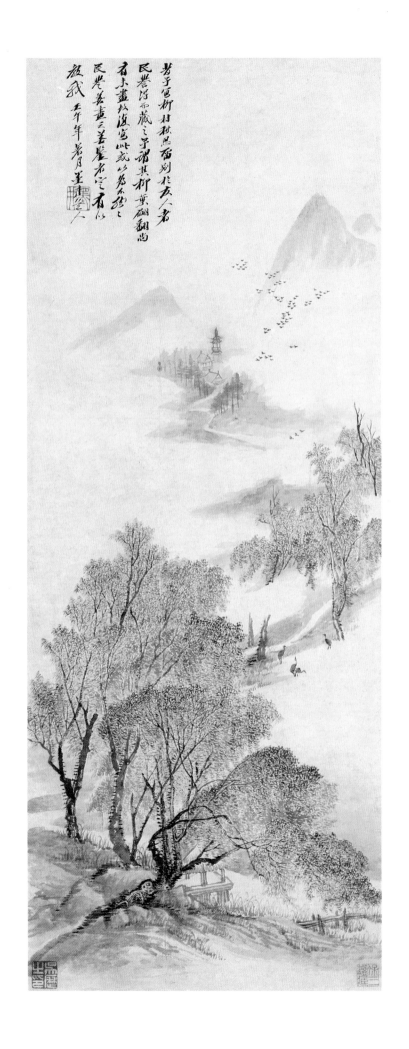

102

吳歷　泉聲松色圖軸
紙本　墨筆　縱64.8厘米　橫38厘米

Trickling Stream among the Pine Mountains
By Wu Li
Hanging scroll, ink on paper
64.8 x 38cm

幅上自題詩並識："泉聲松色。碧嶂峙西東，泉飛認白虹。遊人不可及，松翠暗蒙籠。痴翁筆下意見不凡，遊戲中直接造化生動。雪窗擬此，念漢昭道詞宗篤好，輒以贈之。康熙甲申正月，墨井道人並題。"下鈐"墨井"（朱文）印。右下角押印"延陵"（朱文）。

甲申年為康熙四十三（1704），吳歷時年七十三歲。

此幅《泉聲松色圖》，畫仿元黃公望筆意。按吳歷所理解的黃公望繪畫"峯巒渾厚，石台層聳，山面有磈砢小石，林麓小港，有細水迴環；屋宇水閣，草樹鬱盤，無不曲臻妙境。"其畫法，則全擬"子久山，直皴帶染，林麓多轉折。"故此幅為吳歷對黃公望繪畫特點形成個人認識後所繪，而不是全摹其形模。所題"泉聲松色"，點出畫面沉鬱幽靜的畫境，是畫家晚年傑作之一。

註：引言見吳歷《墨井畫跋》。

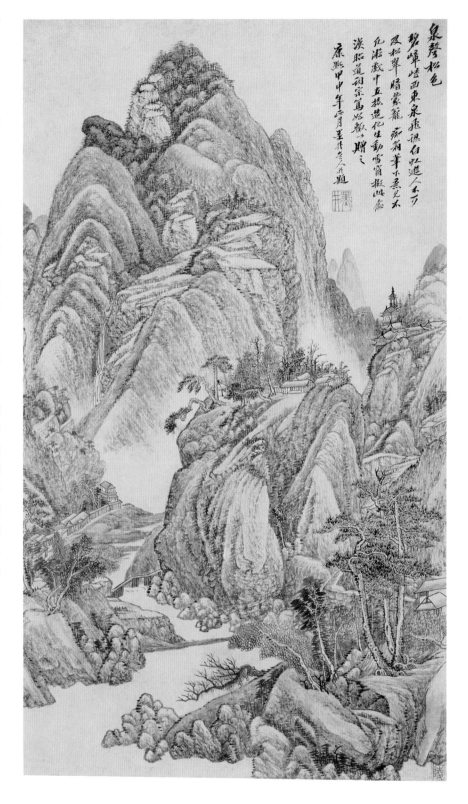

103

吳歷　橫山晴靄圖卷

紙本　淡設色　縱27厘米　橫157.5厘米

Clearing after Rain on Hengshan Mountain
By Wu Li
Handscroll, light color on paper
27 x 157.5cm

本幅自題："筆正寫山橫，煙雲亂石生。破窗蕉雨過，添卻硯池平。十日畫成，海天雨霽，紅日窗明，展卷題之。康熙丙戌年秋仲，墨井道人。"鈐"墨井"（朱文）。起首上角又書："橫山晴靄。"鈐"墨井"（朱文）。幅下右角鈐"延陵"（朱文）。幅後另紙又自跋："余近年作畫，似勤似懶，有時不辭呵凍，忘暑忘餐，揮筆疾就；有時春暖晴窗，楮墨精良，對之瞌睡。吾不知此病之所來，或謂老之故也。然少年輩往往亦有如此。予數日前頗覺腕力筆健，漫學山樵而成小卷，雖未得其超逸，觀之亦可消長夏，五月墨道人又跋。"前後鈐"延陵"（朱文）、"吳歷之印"（白文）、"墨井道人"（白文）。本幅及自跋紙上鑑藏印有"陸廷燦印"、"顧子山祕笈印"、"平原陸饅亭鑑藏印"。後幅有戴兆芬、公望、顧文彬三家題記。

丙戌為康熙四十五年（1706），吳歷時年七十五歲。

《過雲樓書畫記》卷六著錄。

此圖描寫江南夏山雨後的景色。繪平坡板橋，環以朱欄。一紅衣高士拄杖，一青衣家人在前引路，一書童攜琴隨後。前路羣山迴繞，萬松青翠，山莊隱夾谷間，峯陰時見樓閣，所謂"白雲深處有人家"。山後大江遠岫，沙坡柳岸，意境深遠。該圖師法元王蒙，以枯筆皴擦，更具沉鬱之氣，是吳歷晚年山水佳作。

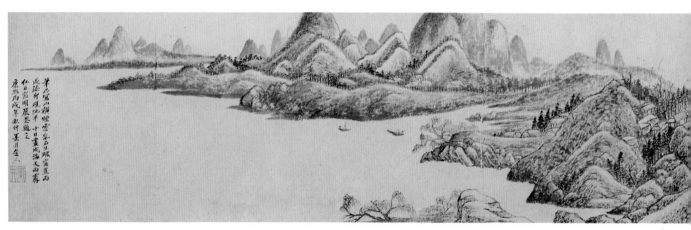

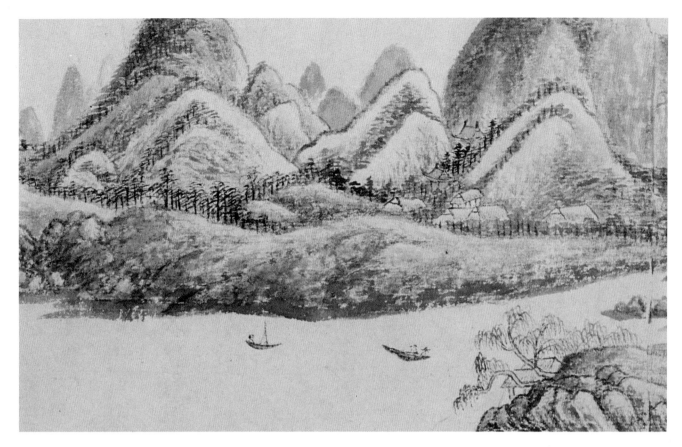

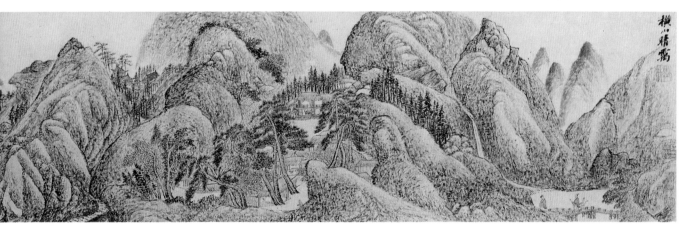

余近年作畫似勤
似懶有時不辭呵凍
衣著忘餐揮毫疾
就有時春暖晴窗楷
墨精良對之臨眺君
不知此病之所來矣
謂老之故亦猶少年
輩往之忘有如屯子海
日前頻覺脘力筆健
陽羨山棋布成小卷維
未得其超逸觀之亦
可消長夏
五月墨兄人丈跋

墨井道人橫山煙靄圖小峯蒼勁
古峭直通宋人畫禪可謂師子
搏象鈍用全力筆～金剛杵是其
生平傑作也余經平原信觀展墨
一了老眼摩挲歡賞不已
嘉慶庚辰荷屋生日臥雲戴光弘

104

吳歷　農村喜雨圖卷

紙本　墨筆　縱30.6厘米　橫256厘米

View of Rural Area after a Good Rain
By Wu Li
Handscroll, ink on paper
30.6 x 256cm

本幅自題："布穀終朝不絕聲，農家日望海雲生。東阡南陌一霄雨，沮溺齊歌樂耦耕。墨道人並題。"下鈐"墨井道人"（白文）。後幅自跋云："農村望雨，幾及兩旬，山無出雲，田禾焦卷，雖有枯槔之具，無能遠引江波，廣濟旱土，第恐歲荒，未免預憂之也。薄晚，樹頭雙鳩一呼，烏雲四合，徹夜瀟瀟不絕，東阡南陌花稻浡然而興。蓋憂慮者，轉為歡歌相慶者也。予耄年物外，道修素守，樂聞天下雨澤，已見造物不遺斯民矣。喜不自禁，作畫題吟，以紀好雨應時之化，閏七月三日書。墨井道人。"鈐"墨井道人"（白文）、"延陵"（朱文）。後幅有畢瀧、李家駒二家題記。畫卷及後幅上鈐鑑藏印"虛齋審定"、"萊臣心賞"、"虛齋至精之品"、"有餘閑室寶藏"、"虛齋祕玩"、"頌閣所藏"、"婁東畢瀧潤飛氏藏"等共十方。

按圖，跋皆無年月。《虛齋名畫錄》卷五載此圖，因書署"閏七月三日"，又跋中有"予耄年物外"句，故推斷此卷當在康熙四十七年庚寅（1710）閏七月作，吳歷時年七十九歲。

《虛齋名畫錄》著錄。

此卷氣韻深醇，意境高曠，用筆嚴謹厚樸、細密沉着。山石以披麻皴，行筆較重，且密皴後以墨筆染之，近元黃公望、王蒙筆。用墨淋漓酣暢，樹木間用淡墨，多次皴染，樹法有介字點、個字點，頗得元吳鎮筆意。此卷書畫並絕，是吳歷晚年得意之筆。

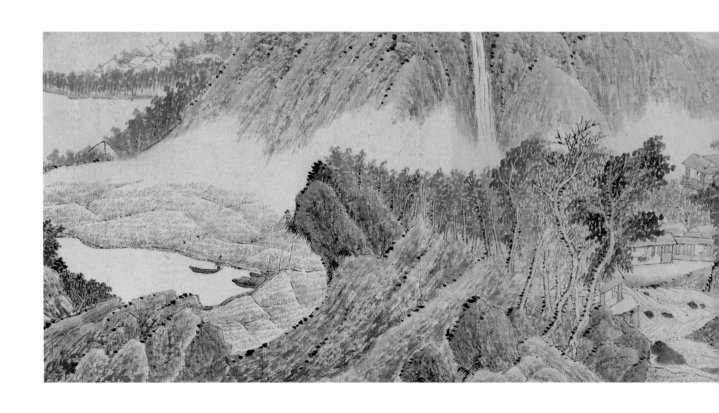

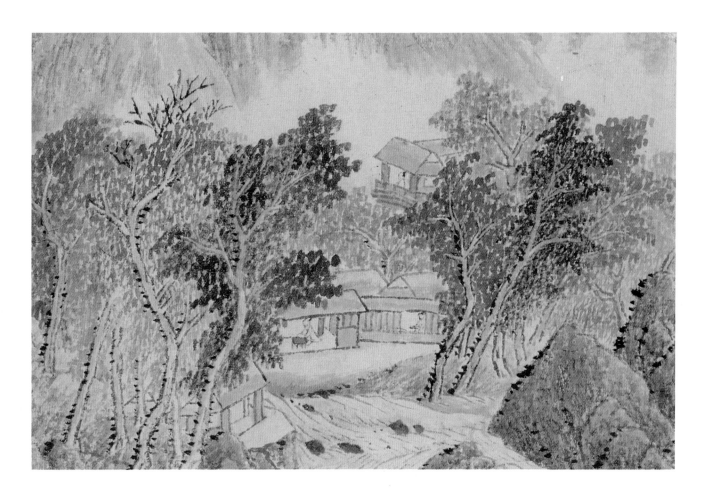

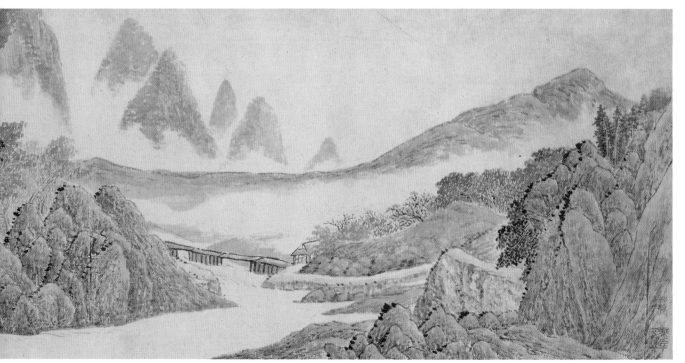

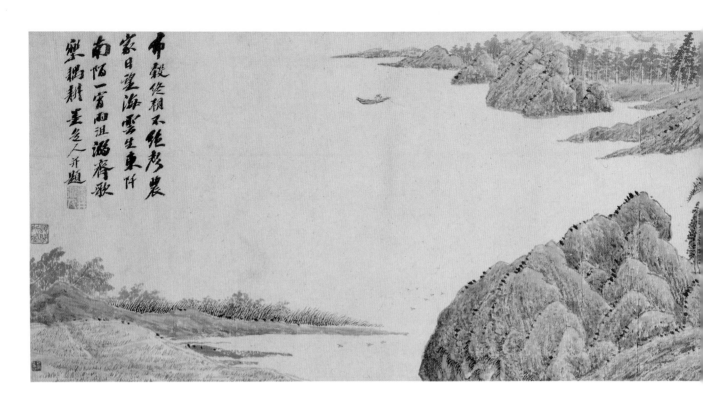

布穀終朝不住聲農
晨日望海雲生東阡
南陌一宵雨沮洳樵歌
墾耡耕　蔞色人并題

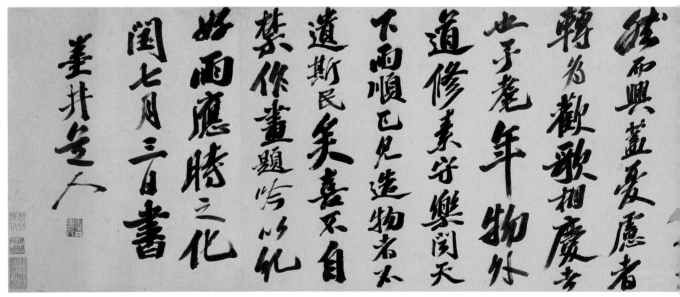

狂而興蓋愛應者
轉為歡歌相慶吉
此予庵年物外
道修素守樂閑天
下雨順已見造物者太
道斯民矢喜不自
禁作畫題吟竹化
好雨應勝三化
閏七月三日書
蔞井色人

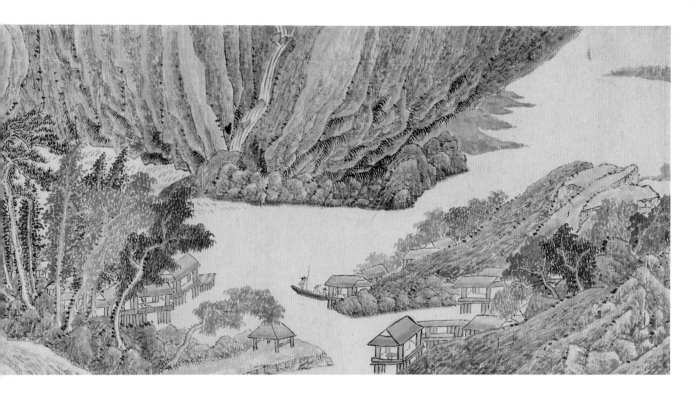

農村望雨後

及兩旬山無出

雲田禾其卷

雖有桔橰之

具無能遠引江

波廣濟旱土第

祇歲荒未免預

憂云迺薄晚樹陰

雙鳩一呼烏雲四

合㪚之蕭蕭然殿

105

吳歷　繪王丹麓聽松圖卷

紙本　墨筆　縱 28.6 厘米　橫 55.4 厘米

Danlu Listening to the Soughing of the Pine
By Wu Li
Handscroll, ink on paper
28.6 x 55.4cm

本幅款署："墨井道人。"下鈐"墨井道人"（白文）。引首有杜首昌書"松溪"二字，後幅有袁干令、徐皆風、汪懋麟、冒辟疆、余懷、姜宸英、何璜等二十七家題記。畫幅上鈐鑑藏印"衡酒仙家珍藏"等三方。

此圖未署年款。後幅題跋中有汪懋題署"戊午四月"，由此可推知此圖繪於康熙十七年戊午（1678），吳歷四十七歲前後的一段時間內。

此圖是作者為清初名士王暈所繪的肖像。王暈，字丹麓，號木菴，錢塘人。清順治年間諸生。著有《遂生集》、《霞舉堂集》。

吳歷以擅畫山水而著名，他還擅長人物肖像卻鮮為人知，此圖即吳歷傳世肖像畫中的珍品。圖中主體人物面部刻畫得很細緻，用綫條勾出五官輪廓，以淡墨渲染出陰陽凹凸，是為傳統的人物肖像畫法。又以松石喻其人品高尚，以流泉寫其文章暢達，畫面和諧傳神，反映出吳歷全面的繪畫藝術修養和高深精湛的功力。

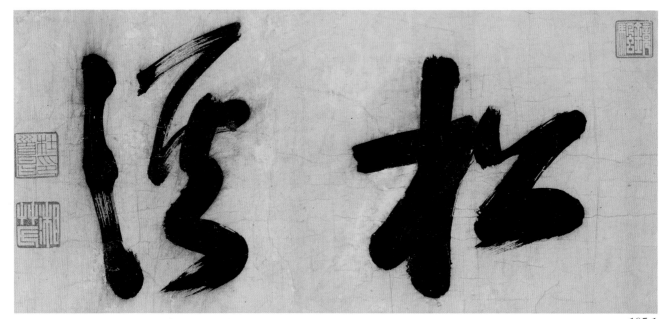

105.1

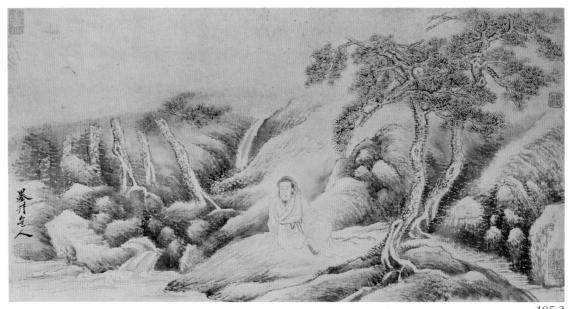

105.2

106

吳歷　人物故事圖冊

絹本 (八開)　設色　每開縱32.3厘米　橫21.3厘米

Illustrations to Historical Tales
By Wu Li
Album of 8 leaves, color on silk
Each leaf: 32.3 x 21.3cm

是冊每開對頁作者均自錄西漢司馬遷《史記》中與畫面相關的
內容。每開畫及對頁上分別鈐"吳歷漁山之章"(朱文)、"漁山
子"(朱文)、"吳歷之印"(白文)、"桃溪居士"(朱文)。

第一開　描繪毛遂自薦,隨趙國平原君同往楚國求救的故事
(《平原君虞卿列傳》)。

第二開　描繪楚國大詩人屈原於汨羅江賦"離騷"故事(《屈
原賈生列傳》)。

第三開　描繪魏公子信陵君禮賢下士,夷門訪門監(守門小
吏)(《魏公子列傳》)。

第四開　描繪荊軻刺秦王政故事(《刺客列傳》)。

第五開　描繪戰國時淳于髡諫勸齊王不要長夜飲樂、不治朝
政的故事(《滑稽列傳》)。

第六開　描繪趙使藺相如"完璧歸趙"故事(《廉頗藺相如列
傳》)。

第七開　描繪秦始皇東登泰山,封"五大夫"松的故事(《秦始
皇本紀》)。

第八開　描繪博浪沙張良伏擊秦始皇故事(《留侯世家》篇)。

此圖冊融山水、人物、車馬、儀仗、庭院為一體,內容豐富,構圖
富於變化。用筆細秀,設色協調,艷麗處不失清逸淡雅。按此圖
冊畫法,在吳歷畫作中為僅見,雖無年款,從對開書題書法和
故事畫的筆法均顯稚拙來判斷,應為吳歷早期鬻畫養家時期
所作,是研究吳歷一生畫學經歷的重要實物資料。

秦之圍邯鄲趙使平原君求救合從於楚約與食客門下有勇力文武備具者二十人偕得十九人餘無可取者無以滿二十人門下有毛遂者前自贊於平原君曰遂聞君將合從於楚約與食客門下不外索今少一人願君即以遂備員而行矣平原君曰夫賢士之處世也譬若錐之處囊中其末立見今先生處勝之門下三年於此矣左右未有所稱誦先生未有所聞是先生無所有也先生不能先生留遂毋言平原君竟與毛遂偕十九人相與目笑之而未廢也毛遂比至楚與十九人論議十九人皆服毛遂與楚合從言其利害日出而言之日中不決平原君曰從之利害兩言而決耳今日出而言從日中不決何也楚王謂平原君曰客何為者也平原君曰是勝之舍人也楚王叱曰胡不下吾乃與而君言汝何為者也毛遂按劍歷階而上謂平原君曰從之利害兩言而決耳今日出而言從日中不決何也吾君在前叱者何也且遂聞湯以七十里之地王天下文王以百里之壤而臣諸侯豈其士卒眾多哉誠能據其勢而奮其威今楚地方五千里持戟百萬此霸王之資也以楚之彊天下弗能當白起小豎子耳率數萬之眾興師以與楚戰一戰而舉鄢郢再戰而燒夷陵三戰而辱王之先人此百世之怨而趙之所羞而王弗知惡焉合從者為楚非為趙也吾君在前叱者何也楚王曰唯唯誠若先生之言謹奉社稷而以從毛遂曰從定乎楚王曰定矣毛遂謂楚王之左右曰取雞狗馬之血來毛遂奉銅盤而跪進之楚王曰當歃血而定從次者吾君次者遂定從於殿上毛遂左手持盤血而右手招十九人曰公相與歃此血於堂下公等錄錄所謂因人成事者也毛遂至楚而楚重於九鼎大呂毛先生以三寸之舌彊於百萬之師勝不敢復相士遂以為上客

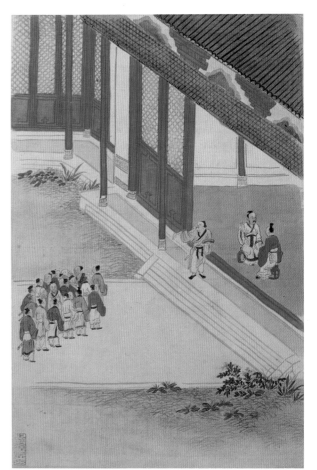

106.1a

屈原既放至於江濱被髮行吟澤畔顏色憔悴形容枯槁漁父見而問之曰子非三閭大夫歟何故而至此屈原曰舉世混濁而我獨清眾人皆醉而我獨醒是以見放漁父曰夫聖人者不凝滯於物而能與世推移世人皆濁何不淈其泥而揚其波眾人皆醉何不餔其糟而歠其醨何故懷瑾握瑜而自令見放為屈原曰吾聞之新沐者必彈冠新浴者必振衣安能以身之察察受物之汶汶者乎寧赴常流而葬於江魚腹中耳又安能以皓皓之白而蒙世俗之溫蠖乎乃作懷沙之賦於是懷石遂自投汨羅以死

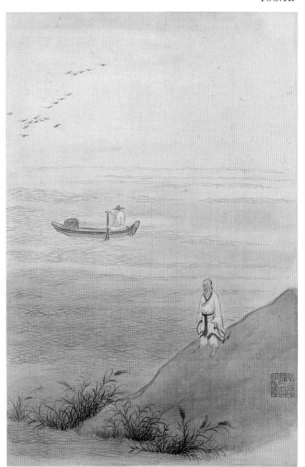

106.2b　　　　　　　　　　106.2a

魏公子無忌者，魏昭王少子而魏安釐王異母弟也。昭王薨，安釐王即位，封公子為信陵君。公子為人仁而下士，士無賢不肖皆謙而禮交之，不敢以其富貴驕士。士以此方數千里爭往歸之，致食客三千人。魏有隱士曰侯嬴，年七十，家貧，為大梁夷門監者。公子聞之，往請，欲厚遺之。不肯受，曰：「臣脩身絜行數十年，終不以監門困故而受公子財。」公子於是乃置酒大會賓客。坐定，公子從車騎，虛左，自迎夷門侯生。侯生攝敝衣冠，直上載公子上坐，不讓，欲以觀公子。公子執轡愈恭。侯生又謂公子曰：「臣有客在市屠中，願枉車騎過之。」公子引車入市，侯生下見其客朱亥，俾倪，故久立與其客語，微察公子。公子顏色愈和。當是時，魏將相宗室賓客滿堂，待公子舉酒；市人皆觀公子執轡。從騎皆竊罵侯生。侯生視公子色終不變，乃謝客就車。至家，公子引侯生坐上坐，遍贊賓客，賓客皆驚。酒酣，公子起，為壽侯生前。侯生因謂公子曰：「今日嬴之為公子亦足矣。嬴乃夷門抱關者也，而公子親枉車騎，自迎嬴於眾人廣坐之中，不宜有所過，今公子故過之。然嬴欲就公子之名，故久立公子車騎市中，過客以觀公子，公子愈恭。市人皆以嬴為小人，而以公子為長者能下士也。」於是罷酒，侯生遂為上客。

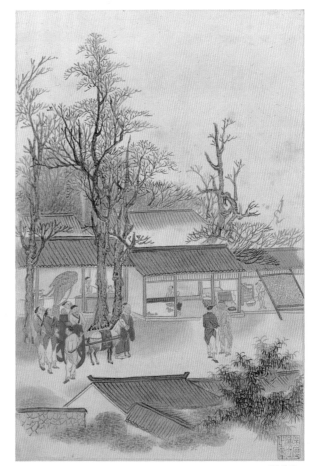

106.3b

106.3a

荊軻者，衛人也。好讀書擊劍。荊軻既至燕，愛燕之狗屠及善擊筑者高漸離。荊軻嗜酒，日與狗屠及高漸離飲於燕市，酒酣以往，高漸離擊筑，荊軻和而歌於市中，相樂也，已而相泣，旁若無人者。太子丹求天下之利匕首，得趙人徐夫人之匕首，取之百金，使工以藥焠之，以試人，血濡縷，人無不立死者。乃裝為遣荊卿。燕國有勇士秦舞陽，年十三殺人，人不敢忤視，乃令秦舞陽為副。荊軻有所待，欲與俱，其人居遠未來，而為治行。頃之，未發，太子遲之，疑其改悔，乃復請曰：「日已盡矣，荊卿豈有意哉？丹請得先遣秦舞陽。」荊軻怒，叱太子曰：「何太子之遣？往而不反者，豎子也！今提一匕首入不測之彊秦，僕所以留者，待吾客與俱。今太子遲之，請辭決矣！」遂發。太子及賓客知其事者，皆白衣冠以送之。至易水之上，既祖，取道，高漸離擊筑，荊軻和而歌，為變徵之聲，士皆垂淚涕泣。又前而為歌曰：「風蕭蕭兮易水寒，壯士一去兮不復還！」復為羽聲忼慨，士皆瞋目，髮盡上指冠。於是荊軻就車而去，終已不顧。遂至秦，持千金之資幣物，厚遺秦王寵臣中庶子蒙嘉。嘉為先言於秦王曰：「燕王誠振怖大王之威，不敢興兵以拒大王，願舉國為內臣，比諸侯之列，給貢職如郡縣，而得奉守先王之宗廟。恐懼不敢自陳，謹斬樊於期頭，及獻燕督亢之地圖，函封，燕王拜送于庭，使使以聞大王。唯大王命之。」秦王聞之，大喜，乃朝服，設九賓，見燕使者咸陽宮。荊軻奉樊於期頭函，而秦舞陽奉地圖柙，以次進。至陛，秦舞陽色變振恐，群臣怪之。荊軻顧笑舞陽，前謝曰：「北蕃蠻夷之鄙人，未嘗見天子，故振慴，願大王少假借之，使得畢使於前。」秦王謂軻曰：「取舞陽所持地圖。」軻既取圖奏之，秦王發圖，圖窮而匕首見。因左手把秦王之袖，而右手持匕首揕之。未至身，秦王驚，自引而起，袖絕。拔劍，劍長，操其室。時惶急，劍堅，故不可立拔。荊軻逐秦王，秦王環柱而走。群臣皆愕，卒起不意，盡失其度。而秦法，群臣侍殿上者，不得持尺寸之兵；諸郎中執兵皆陳殿下，非有詔召不得上。方急時，不及召下兵，以故荊軻乃逐秦王。而卒惶急，無以擊軻，而以手共搏之。是時侍醫夏無且以其所奉藥囊提荊軻也。秦王方環柱走，卒惶急，不知所為，左右乃曰：「王負劍！」負劍，遂拔以擊荊軻，斷其左股。荊軻廢，乃引其匕首以擿秦王，不中，中銅柱。秦王復擊軻，軻被八創。軻自知事不就，倚柱而笑，箕踞以罵曰：「事所以不成者，以欲生劫之，必得約契以報太子也。」於是左右既前殺軻，秦王不怡者良久。已而論功，賞群臣及當坐者各有差，而賜夏無且黃金二百溢，曰：「無且愛我，乃以藥囊提荊軻也。」

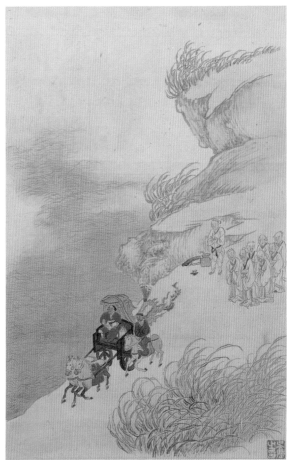

106.4b

106.4a

227

淳于髡者齊之贅壻也長不滿七尺滑稽多辯數使諸侯未嘗屈辱齊威
王之時喜隱好爲淫樂長夜之飲沉湎不治委政卿大夫百官荒亂
置酒後宮召髡賜之酒問曰先生能飲幾何而醉對曰臣飲一斗亦醉一石
赤醉威王曰先生飲一斗而醉惡能飲一石哉其說可得聞乎髡曰賜酒大
王之前執法在傍御史在後髡恐懼俯伏而飲不過一斗徑醉矣若親有嚴
客髡眷鞴鞠躍侍酒於前時賜餘瀝奉觴上壽數起飲不過二斗徑醉矣若
朋友交遊久不相見卒然相覩歡然道故私情相語飲可五六斗徑醉矣若
州閭之會男女雜坐行酒稽留六博投壺相引爲曹握手無罰目眙不禁前
有墮珥後有遺簪髡竊樂此飲可八斗而醉二參日暮酒闌合尊促坐男
女同席履舄交錯盃盤狼藉堂上燭滅主人留髡而送客羅襦襟解微
聞薌澤當此之時髡心最歡能飲一石故曰酒極則亂樂極則悲萬事盡
然言不可極言之而衰以諷諫焉齊王曰善乃罷長夜之飲

106.5b

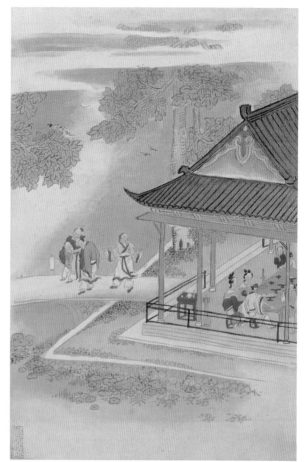

106.5a

藺相如者趙人也爲趙宦者令繆賢舍人趙惠文王時得楚和氏璧秦昭王聞之使人遺趙王書
願以十五城請易璧趙王與大將軍廉頗諸大臣謀欲予秦秦城恐不可得徒見欺欲勿予
即患秦兵之來計未定求人可使報秦者未得宦者令繆賢曰臣舍人藺相如可使王問何以
知之對曰臣嘗有罪竊計欲亡走燕臣舍人相如止臣曰君何以知燕王臣語曰臣嘗從大
王見燕王於境上燕王私握臣手曰願結友以此知之故欲往相如謂臣曰夫趙強而燕弱
而君幸於趙王故燕王欲結於君今君乃亡趙走燕燕畏趙其勢必不敢留君而束君歸趙矣
君不如肉袒伏斧質請罪則幸得脫矣臣從其計大王亦幸赦臣臣竊以爲其人勇士有智謀宜
可使於是王召見問藺相如曰秦王以十五城請易寡人之璧可予不相如曰秦強而趙弱不可
不許王曰取吾璧不予我城奈何相如曰秦以城求璧而趙不許曲在趙趙予璧而秦不予趙城曲在秦
均之二策寧許以負秦曲王曰誰可使者相如曰王必無人臣願奉璧往使城入趙而璧留秦城不
入趙璧歸趙王於是遂遣相如奉璧西入秦秦王坐章臺見相如相如奉璧奏秦王秦王大喜傳以
示美人及左右左右皆呼萬歲相如視秦王無意償趙城乃前曰璧有瑕請指示王王授璧相如因
持璧卻立倚柱怒髮上衝冠謂秦王曰大王欲得璧使人發書至趙王趙王悉召群臣議皆曰秦貪負其強
以空言求璧償城恐不可得議不欲予秦璧臣以爲布衣之交尚不相欺況大國乎且以一璧之故逆強秦之歡不可
於是趙王乃齋戒五日使臣奉璧拜送書於庭何者嚴大國之威以修敬也今臣至大王見臣列觀禮節甚倨得璧傳之
美人以戲弄臣臣觀大王無意償趙王城邑故臣復取璧大王必欲急臣臣頭今與璧俱碎於柱矣相如持其璧睨柱欲
以擊柱秦王恐其破璧乃辭謝固請召有司案圖指從此以往十五都予趙相如度秦王特以詐佯爲予趙城實不可得
乃謂秦王曰和氏璧天下所共傳寶也趙王恐不敢不獻趙王送璧時齋戒五日今大王亦宜齋戒五日設九賓於廷臣乃敢
上璧秦王度之終不可強奪遂許齋五日舍相如廣成傳相如度秦王雖齋決負約不償城乃使其從者衣褐懷其璧從
徑道亡歸璧於趙秦王齋五日後乃設九賓禮於廷引趙使者藺相如相如至見秦王畢禮而歸之秦王竟齋五日乃使其從者名禍懷其璧從

106.6b

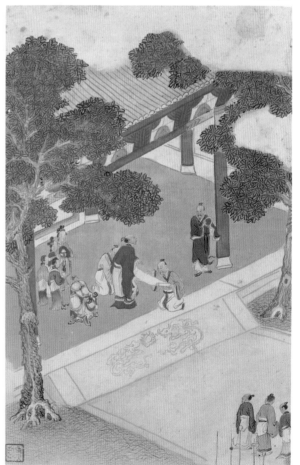

106.6a

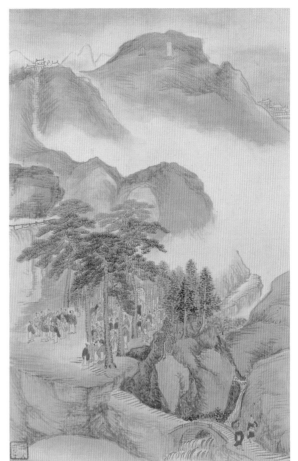

始皇東行郡縣上鄒嶧山立石與魯諸儒生議刻石頌秦德議封禪望
祭山川之事乃遂上泰山立石封祠祀下風雨暴至休於樹下因封其樹
為五大夫禪梁父刻所立石

106.7b

106.7a

留侯張良者其先韓人也大父開地相韓昭侯宣惠王襄哀王父平相
釐王悼惠王悼惠王二十三年平卒二十歲秦滅韓良年少未宦事
韓良破家僮三百人弟死不葬悉以家財求客刺秦王為韓報仇
以大父二五世相韓故良嘗學禮淮陽東見倉海君得力士為鐵椎
重百二十斤秦皇帝東游良與客狙擊秦皇帝博浪沙中誤中副車
秦皇帝大怒大索天下求賊甚急為張良故也

106.8b

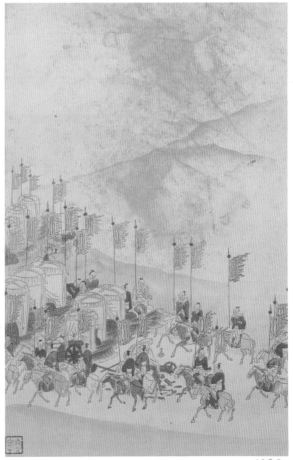

106.8a

107

吳歷　山水圖冊
紙本（十開）　墨筆　每開縱23.2厘米　橫28厘米

Landscapes
By Wu Li
Album of 10 leaves, ink on paper
Each leaf: 23.2 x 28cm

第一開　自識："月中踈處最秋多,葉葉斜斜映淺波。曾折長條贈行客,只今黃落未歸何。予秋柳詩也,並書。墨井道人。"鈐"延陵"（朱文）、"墨井"（朱文）。

第二開　自識："遠岫接煙光,斜陽在釣航。眾漁歸已盡,獨自過橫塘。東樓暑落寫此。墨井。"鈐"漁山"（朱文）、"漁山"（朱文）。

第三開　自識："林鳩喚雨不成雨,山鵲呼晴亦未晴。盡日聲聲是何意,卻催潑墨米圖成。梅雨乍霽。延陵歷。"鈐"吳歷"（朱文）、"吳歷之印"（白文）。

第四開　自識："春事已云莫,落花門外無。何為井上樹,四月尚如枯。漁山子。"鈐"漁山"（朱文）、"墨井"（朱文）。

第五開　自識："墨井道人雨窗擬古竹醉日。"鈐"延陵"（朱文）、"墨井"（朱文）。

第六開　自識："蕭蕭踈踈,木落草枯,空山無人,夜吼於兔。墨井道人。"鈐"吳歷之印"（白文）、"延陵"（朱文）。

第七開　自識："寫元人畫,大抵要簡澹趣多,曲折有韻。五月小盡日,墨井歷。"鈐"吳歷"（朱文）、"漁山"（朱文）。

第八開　自識："石激水流處,天寒松色間。墨井道人。"鈐"漁山"（朱文）、"墨井"（朱文）。

第九開　自識："前人草草塗抹,自然天真絢爛。小重陽後一日,漁山子。"鈐"延陵"（朱文）、"吳歷之印"（白文）。

第十開　自識："不是看山定畫山,的應娛老不知還。商量水闊雲多處,隨意茆茨着兩間。墨井道人從上洋歸,寫於東樓。"鈐"吳歷之印"（白文）、"墨井"（朱文）。

畫幅上鑑藏印有"虛齋審定"、"萊臣心賞"、"子子孫孫保止"、"瘦仙審定真迹"等十七方。

《虛齋名畫錄》著錄。

此圖未署年款,僅題"墨井道人從上洋歸,寫於東樓。"上洋在福建建甌縣西,為水陸交通要道,吳歷中、晚年曾數次往返。然題詩中有句"不是看山定畫山,的應娛老不知還。"應是畫家自澳門返回後所作。又,該冊書畫筆法老到,其中尤以"五月小盡日"所繪仿元人山水一幅。筆墨最為蒼拙,具畫家晚年典型風貌,故該冊應為吳歷晚年作品。十幅畫頁,或作仿古,或作詩意畫,各具不同特點,當是畫家自澳門歸家後一逞畫筆的佳作。

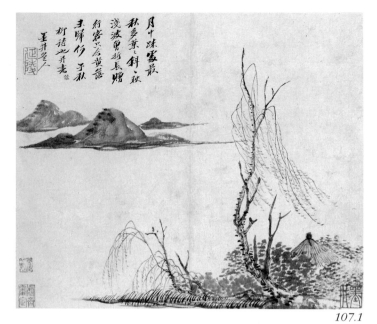

107.1

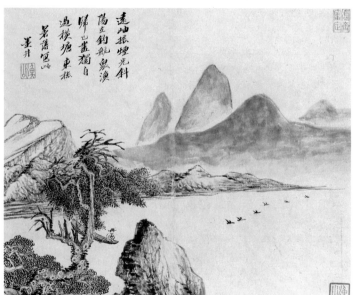

107.2

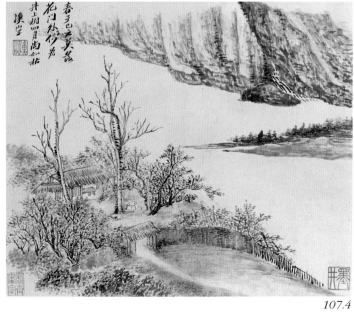

107.4

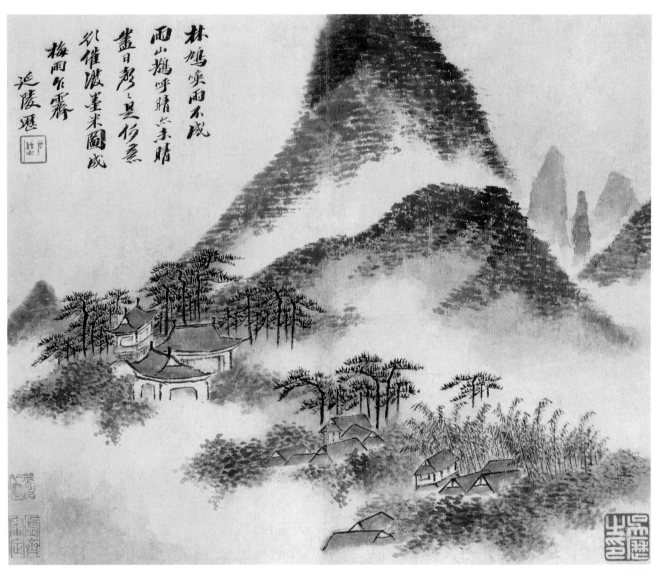

107.3

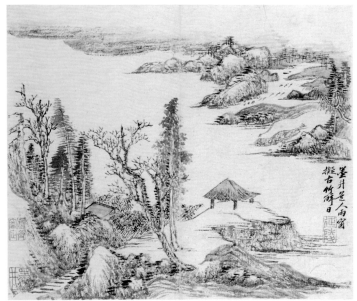

董井道人雨窗
擬古竹幃日
思翁

107.5

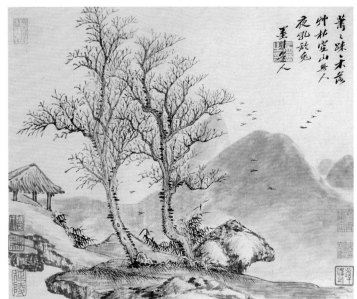

菁之疎林未盡
艸枯螢露山興人
夜凱龍兔
董思白道人

107.6

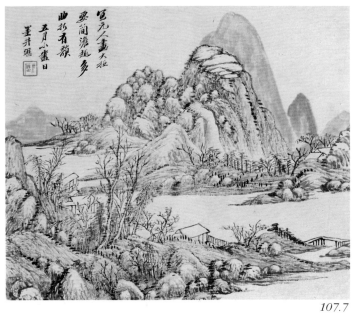

筆元人畫大抵
要簡潔龍多
曲抑有韻
五月八畫日
董井翁

107.7

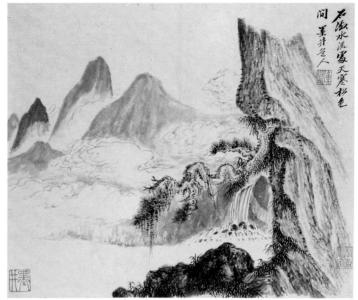

石潋水流霞天寒松色
间蓋并冬人

107.8

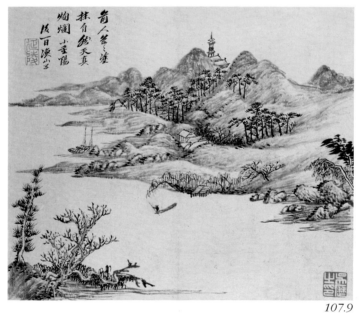

前人茶之逢
挟有绝天真
焰烂小童陽
後一日漬小子

107.9

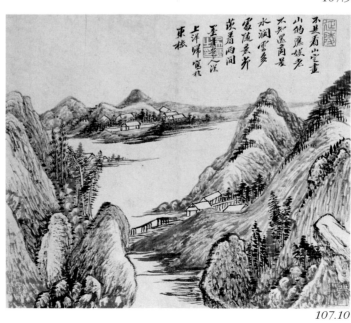

不其有云云畫
山的疏峡老
不知墨角葦
水润雪多
霞随雨间
黄着雨间
董冒人泙
上洋歸寫挺
東坡

107.10

108

吳歷　擬古脫古圖軸

紙本　墨筆　縱65.5厘米　橫31.2厘米

Landscape in the Style of Imitating-and-
Dropping Classical Models
By Wu Li
Hanging scroll, ink on paper
65.6 x 31.2cm

本幅自題："陶淵明'採菊東籬下，悠然
見南山'，唐宋人和之者多，獨韋應物
"採菊露未晞，舉頭見秋山，"真乃絕和。
畫之擬古，亦如和陶情景，宛然更出新
意，乃是脫胎能手。小重陽日墨井道
人。"下鈐"吳歷之印"（白文）、"墨井"
（朱文）。鑑藏印有"萊臣心賞"、"虛齋
審定"二方。

《虛齋名畫錄》著錄。

此圖未署年款，然以畫筆粗拙蒼老之
態，正與本集所收吳歷幾幅晚年山水畫
作的面貌頗似，故而推知亦為晚年作
品。畫家自題中以唐宋人和陶淵明"採
菊東籬"名句為例，說明繪畫創作中擬
古、脫古的繼承、發展關係。正如本幅山
水擬王蒙畫法，而一變王蒙畫之蒼鬱為
蒼拙樸茂，從而另開先河，創造出畫家
晚歲的典型風貌。

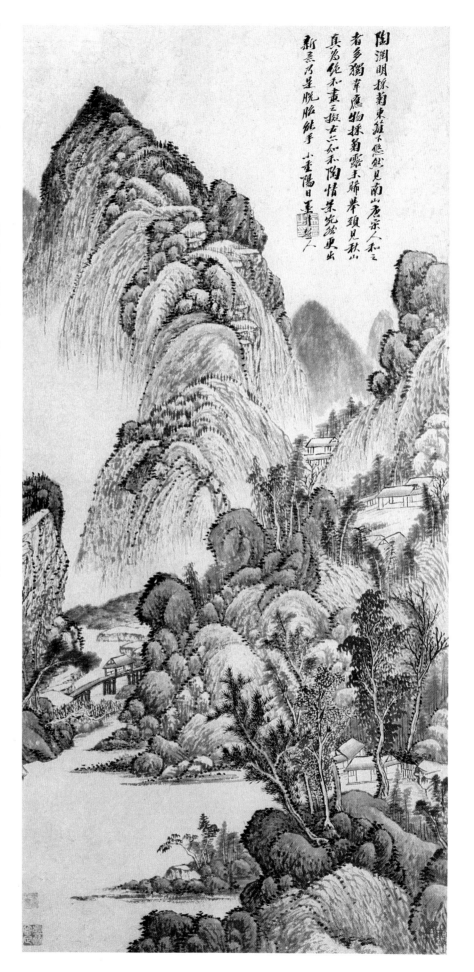

109

吳歷　村莊歸棹圖軸

紙本　墨筆　縱139.3厘米　橫63.4厘米

Fishing Boat Returning Home
By Wu Li
Hanging scroll, ink on paper
139.3 x 63.4cm

本幅款署："梅道人村莊歸棹圖，墨井道人臨於毘陵許氏之槐榮堂。"下鈐"吳歷之印"（白文）、"墨井道人"（白文）。

此圖臨寫吳鎮畫作，未署年款，但畫筆蒼厚，當是晚年作品。"毘陵許氏之槐榮堂"是吳歷生平好友許之漸家。許之漸，字儀吉，號青嶼。武進人，官至御史。著有《槐榮堂詩鈔》。吳歷屢為其作畫。自吳歷赴澳門入天主教後，二人幾乎斷絕了來往。許氏嘗自題小影，內云十八年間"漁山罕過雀羅。"據童一鳴《吳歷年譜》記載，許之漸卒於康熙三十八年庚辰（1700），此一、二年間，吳歷恰在江南一帶活動，故可知創作於許氏家中的此圖是吳歷六十九歲左右時所作。又畫家晚年喜吳鎮、王蒙畫法，此圖仿學吳鎮《漁莊歸棹圖》，以寓歸來之意。所繪山水筆墨圓渾蒼潤，已開晚年畫風而又富腴潤之姿，是向極晚年畫風過渡期間的代表作品。

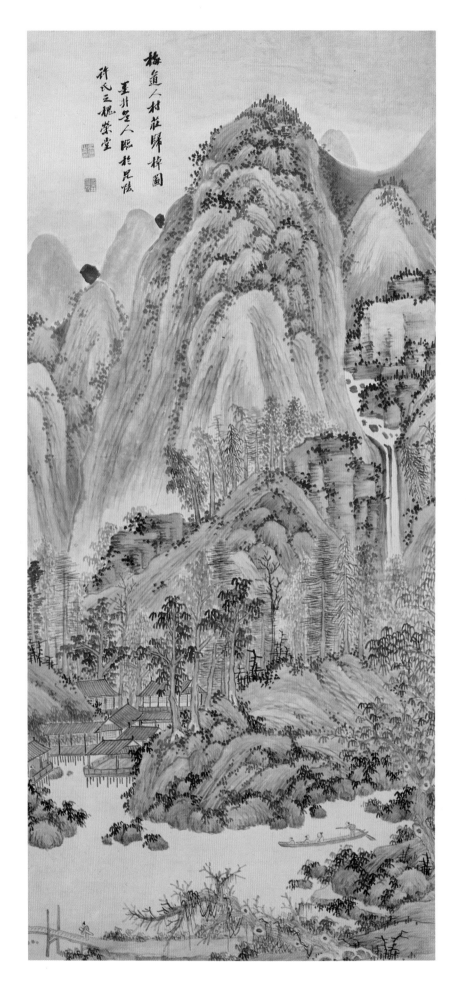

110

吳歷 南皋圖軸

紙本 墨筆 縱50.2厘米 橫60厘米

Sights of Nangao
By Wu Li
Hanging scroll, ink on paper
50.2 x 60cm

本幅自題:“辰春上日詩畫,為蒙谷先生壽並正。先生家住南皋曲,詩草松雲亂茅屋。牛耳詞壇六十年,天荒地老鬢猶綠。上日酒酣歌再賡,元龍豪氣未全平。近將田賣了婚嫁,笑指春生五岳行。延陵吳歷。”鈐“吳歷漁山之印”(朱文)、“墨井道人”(朱文)、“家在桃溪深處”(朱文)。幅上還有孫藩(季維)題記。

《南皋圖》的畫法與《興福庵感舊圖》頗有似處,故知“辰上日”為康熙十五年丙辰(1679),吳歷時年四十五歲。

蒙谷即陳帆,生卒年不詳,字秋浦,又字蒙谷,號南浦,江蘇常熟人。性狷潔,書學柳公權,畫山水師元吳鎮,詞宗晚唐,時稱“三絕”。

中年時期的吳歷。在遍臨宋元諸家基礎上。着重吸收元吳鎮和王蒙兩家之長,形成了自己的風格。此圖畫法上承元人而自出新意,佈局嚴謹自然,筆法蒼勁細密,風格秀逸,為吳歷中年畫藝精進時的佳作之一。

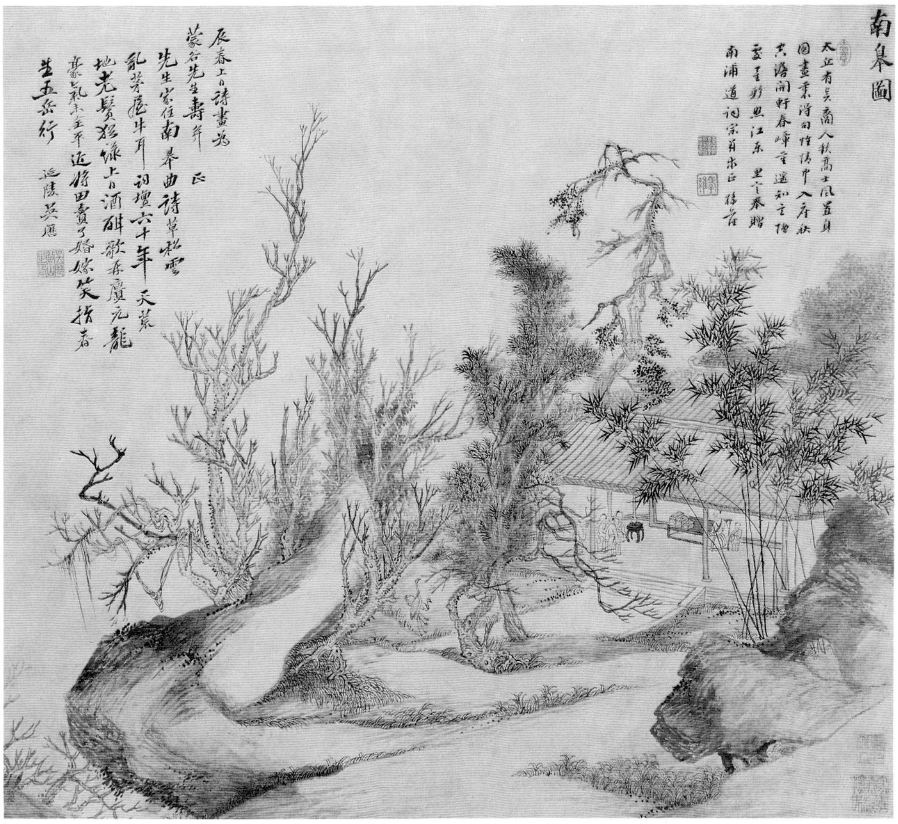

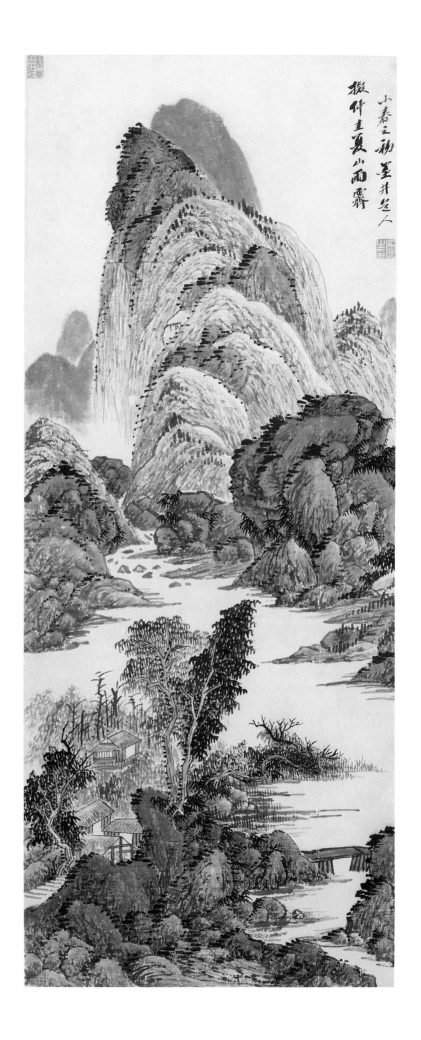

111

吳歷　夏山雨霽圖軸
紙本　墨筆　縱94.3厘米　橫39厘米

Clearing after Rain on Summer Mountains
By Wu Li
Hanging scroll, ink on paper
94.3 x 39cm

本幅款署："擬仲圭夏山雨霽。小春之
初，墨井道人。"下鈐"吳歷之印"（白
文）、"墨井道人"（白文）。鑑藏印有"虛
齋審定"、"有餘閑室寶藏"、"劉氏寒碧
莊印"、"蓉峯氏"。

《虛齋名畫錄》著錄。

《夏山雨霽圖》仿學元吳鎮畫法，用筆老
辣拙樸，墨色酣暢濃重，山石用披麻皴
和解索皴，點苔用焦墨重筆，明暗對比
強烈，具有渾厚凝重的藝術特色。此圖
應是吳歷晚年時期的代表作。

112

吳歷　仿古山水圖屏

綾本（四屏）　設色　每幅縱177.6厘米　橫47.7厘米

Landscapes after Ancient Masters
By Wu Li
A set of 4 hanging scrolls, color on silk
Each scroll: 177.6 x 47.7cm

第一開　"擬巨然溪山無盡。"鈐"吳歷之印"（白文）、"漁山"（朱文）。

第二開　"擬趙大年荷淨納涼。吳歷。"鈐"漁山吳歷"（白文）、"墨井"（朱文）。

第三開　"師李營丘陡壑丹楓。吳歷。"鈐"吳歷漁山之章"（朱文）、"墨井"（朱文）。

第四開　"仿黃子久富春大嶺。吳歷。"鈐"漁山吳歷"（白文）。

此四條屏無年款，以畫筆之秀暢，當為中年仿古作品。《擬巨然溪山無盡圖》構圖嚴謹，意境深邃，落筆融渾天成，嵐氣清潤，深得北宋巨然之神髓。《擬趙大年荷淨納涼圖》佈景瀟灑，敷色秀麗，筆致細密，畫法追踪北宋趙大年，同時融入己意，自具特色。《師李成陡壑丹楓圖》用筆工整細密，着意師法而又有所變化。《仿黃公望富春大嶺圖》構圖嚴整雄奇，筆墨蒼潤，深得元黃公望法。此四條屏是吳歷得意之筆。

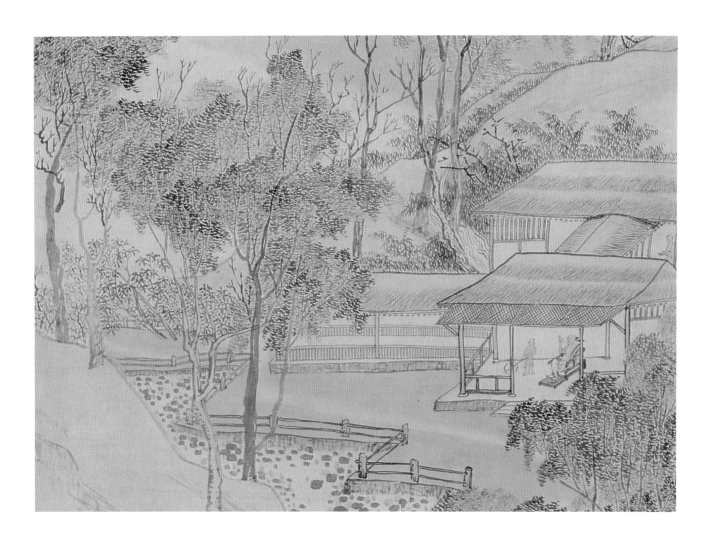

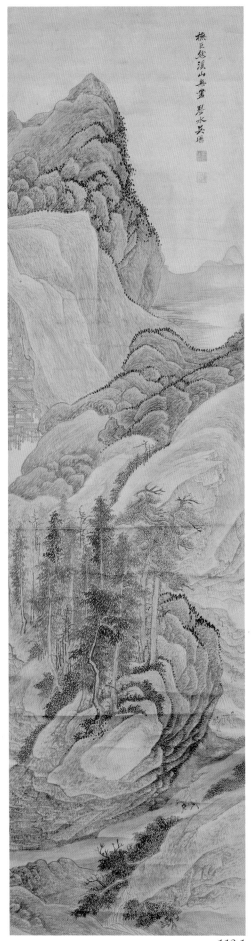

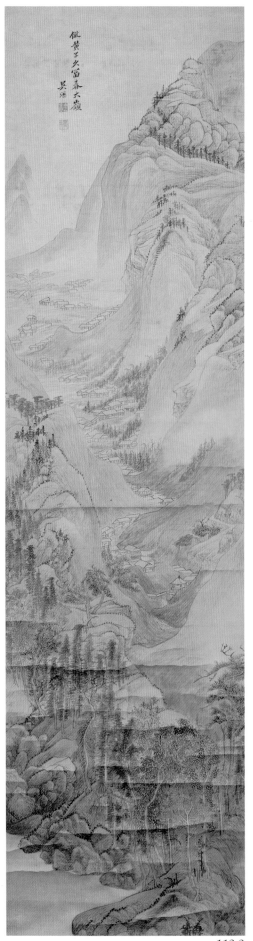

112.1

112.2

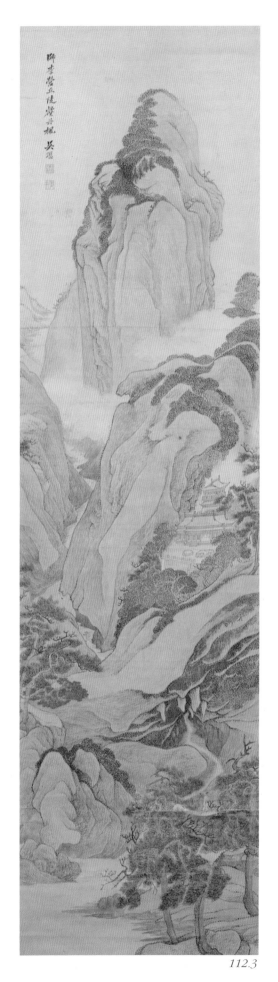

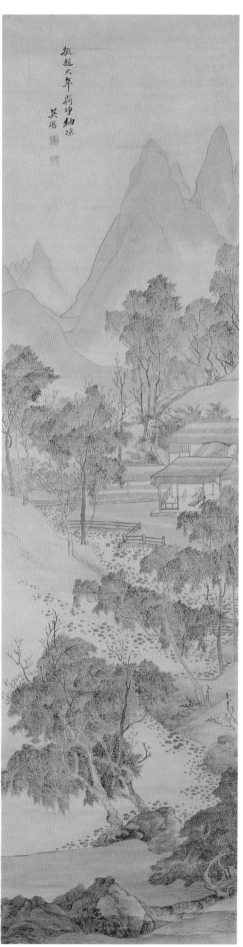

112.3

112.4

241

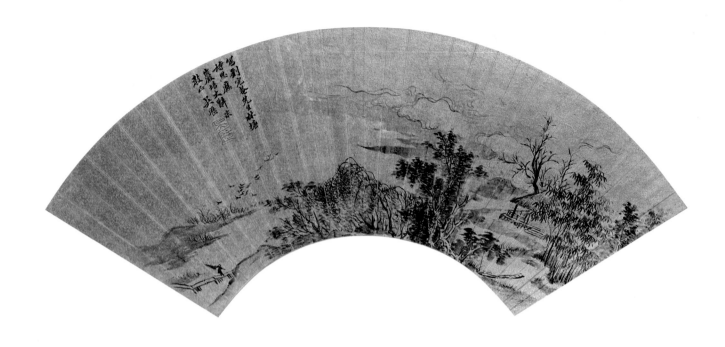

113

吳歷　林塘詩思圖扇

金箋本　墨筆　縱16.4厘米　橫51.6厘米

Trees and Pond with a Poetic Imagination
By Wu Li
Fan leaf, ink on gilded paper
16.4 x 51.6cm

款署："寫劉完菴先生林塘詩思，應嚴培大辭宗教正。吳歷。"
下鈐"吳歷"（朱文）。

劉完菴系明代畫家劉珏（1409—1472年），擅山水，師法黃公
望、吳鎮諸家。此扇雖云仿劉珏，不過順手拈題作畫，而畫法更
接近北宋趙大年湖鄉小景圖式。該圖未署年款，據畫法之秀健
及款書之腴潤，應是畫家中年佳作之一。

114

吳歷　柳溪野艇圖頁

紙本　設色　縱29.3厘米　橫22厘米

A Yacht on the Willow Stream
By Wu Li
Leaf, color on paper
29.3 x 22cm

本幅款署："浮萍破處見山影，野艇歸時聞草聲。十月望前一
日，吳歷。"下鈐"吳歷"（朱文）、"墨井"（朱文）。幅上鑑藏印
有"一研齋藏"、"頌閣"、"徐氏祕笈"。

《四王吳惲集冊》中之一頁。

此圖頁為吳歷仿北宋趙大年湖鄉小景畫法。對開有近人吳湖
帆一題，所言頗可釋此圖意。吳氏題云："吳漁山柳溪野艇小
幀，與前秋山行旅為一冊中失羣者，皆晚年精構。寫湖天春色
之景，原是墨井絕技，復何言哉。庚寅秋吳湖帆識。"

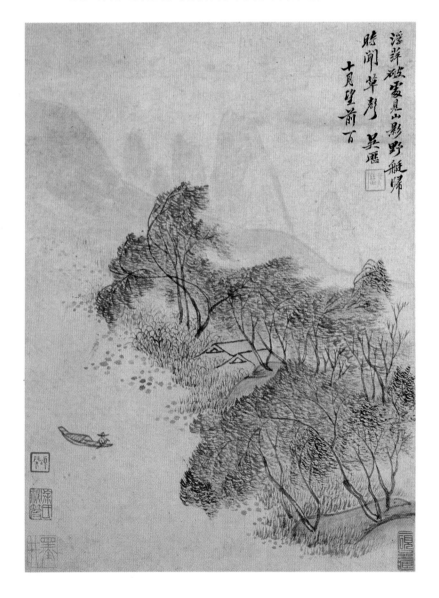

115

吳歷　秋山行旅圖頁

紙本　墨筆　縱29.3厘米　橫22厘米

Travelers in the Autumn Mountains
By Wu Li
Leaf, ink on paper
29.3 x 22cm

本幅款署："秋山行旅。十月晴窗，延陵吳歷。"下鈐"吳歷"（朱文）、"漁山"（朱文）。本幅鈐鑑藏印"頌閣所藏"、"一研齋藏"、"嘉定徐氏收藏書畫印"三方。

《四王吳惲集冊》中之一頁。

此幅《秋山行旅圖》與《柳溪野艇圖》皆為一冊中失羣者，俱為吳歷晚年所作。對開吳湖帆題："合南宗北派於一爐者，唐子畏後惟吳墨井一人而已。秋山行旅小幀，一筆一墨俱臻妙，令人愛觀不釋，吳湖帆讀記。"

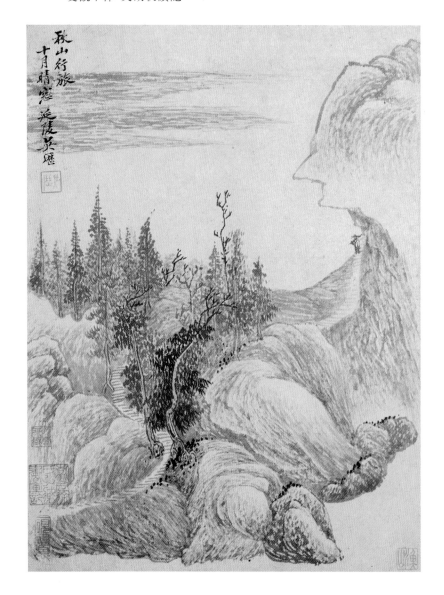

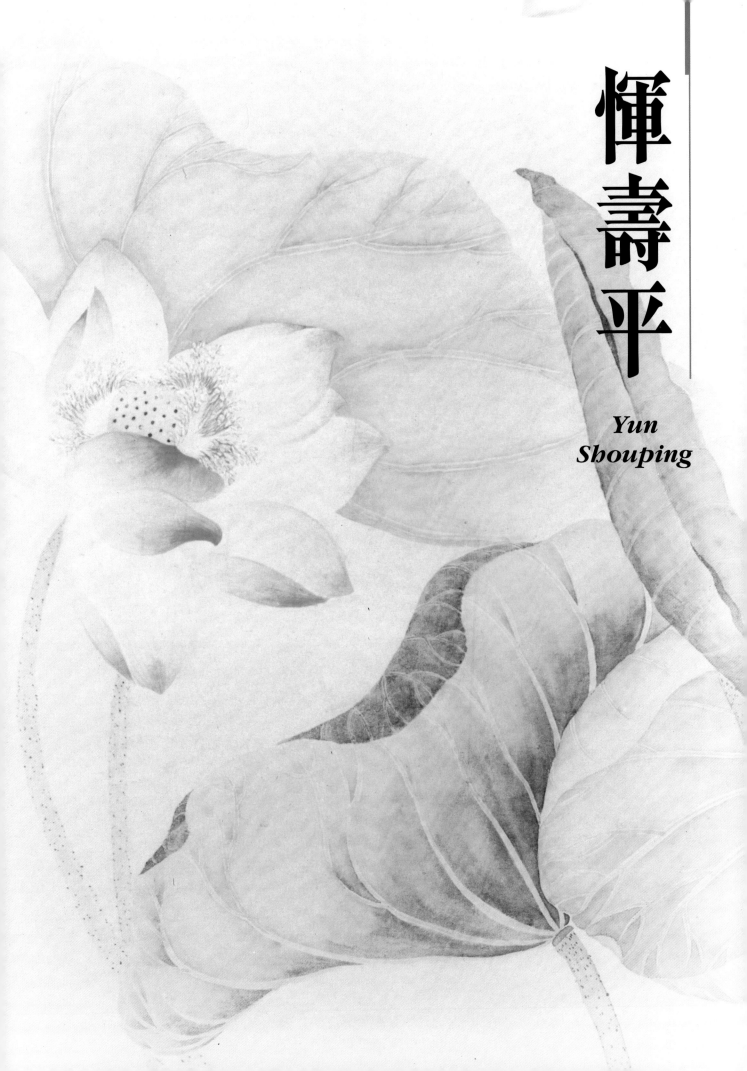

惲壽平

Yun
Shouping

惲壽平

惲壽平（1633—1690年）初名格，字壽平，後以字行，更字正叔，號南田，又號雲溪外史等，江蘇常州人。其家本常州大族，祖輩多為明朝官宦。清軍南下時，其父惲日初曾參加抗清鬥爭。戰亂之際，父子失散，後又戲劇性地得以團聚。王時敏之子王抃以此為題材譜就《鷲峯緣》劇本，曾廣為流傳。因這段經歷，惲壽平終身不步仕途，並專篤於書畫藝事。據記載，他在二十二歲（1654年）時嘗從堂伯父惲向習畫，初以黃公望山水為宗。二十四歲（1656年）與王翬訂一生翰墨之交。據《國朝畫徵錄》記："及見虞山王石谷，自以材質不能出其右，則謂石谷曰：'是道讓兄獨步矣。格妄，恥為王下第二手'。於是捨山水而學花卉"。然據惲氏三十五歲（1667年）時致王翬札，札中談到，近日畫山水，終難打破一字關，曰窘。又說，寫生略得簡潔意，云云。[1]因此，惲氏轉攻花畫似應在此後而非與王翬訂交之時。據鑑定家徐邦達先生研究，"設色花卉畫，早年未見，四十以後漸多"[2]，可見，流傳作品所顯示的也是如此。惲壽平在畫史上獨以花卉見稱，世稱惲氏及從學者的花卉畫為"常州派"。

本集所收惲壽平的繪畫，山水、花卉畫大體參半。其中山水畫作品早、中、晚期皆有收入，可以看出畫家始終並未停止山水畫的創作，只畫法、風格有變化。《靈岩山圖卷》（見圖117）為其早期山水畫代表作，畫法仿學元黃公望，而筆法尖鋒圓瘦，風格特為秀逸輕清，則已形成惲氏繪畫的本色。畫家凡作一圖，又多有其畫內或畫外的不同構思。比如仿王蒙《夏山圖軸》（見圖120），既求"秀潤之色"，又兼取王蒙《秋山草堂圖》的"筆思沉渾"，又如《高岩喬木圖軸》（見圖123），"余畫樹喜作喬阿古幹，愛其昂霄之姿，含霜傲風，挺立不懼，可以況君子"[3]。然而，以其尖秀的筆法本色，正如他在《夏山圖》題識中所承認的："於古人氣韻沉渾處，正未易參耳"。其晚年山水畫雖欲求沉渾，卻失之木強，即如其代表作《一竹齋圖卷》（見圖126）所畫樹石的老禿疏散之態，依然是"窘"字未脫。

擅於揚長避短的惲氏，很快地在契合自己的花鳥畫創作中找到了發揮其藝術本色的天地。在與唐艾合繪的《紅蓮圖軸》（見圖122）中，他雖僅畫荇藻補景，卻不憚攝擅畫沒骨花卉，世稱"唐荷花"的唐艾，反之與其"研思寫生"，並確定"惟當精求沒骨，酌論古今，參之造化以為損益"。四十三歲（1675年）所作《山水花鳥圖冊》（見圖125）可以視為惲氏"研思寫生"的結果，創造出一種設色艷冶工麗的藝術典型。為突破單純的艷麗格調，畫家又有設色極淡冶的花卉和兼採元、明人水墨花卉法而風格蒼楚的墨筆花卉，如《蓼汀魚藻圖軸》（見圖134）、《雜畫圖冊》（見圖133）等。其根本的命意在"欲使脂粉華靡之態復還本色"[4]，也就是畫家所欲表現的"高逸"畫格。因此，惲壽平最終以擅畫花卉而著名，並與自董其昌南北宗論濫觴以來的山水畫表現同聲共調，從而併入"清六家"之列。

註釋：(1)《清暉堂同人尺牘匯存·武進惲格札》。
    (2) 徐邦達：《古書畫偽訛考辨·下卷》。
    (3)、(4) 惲壽平：《南田畫跋》。

116

惲壽平　湖山風物圖軸

紙本　墨筆　縱100.8厘米　橫30.5厘米

Scenery of Hushan
By Yun Shouping
Hanging Scroll, ink on paper
100.8 x 30.5cm

本幅右上自題七絕一首："白雲還憶去
年春，冷雨揚花踏作塵。十二橋頭弦管
散，可憐猶有蕩舟人。甲辰初春偶憶湖
山風物，戲為圖並書舊作以實之。壽
平。"鈐"壽平印"（白文）、"正叔"（朱
文）、"以當萬舛"（朱文）、收藏印"一硯
齋藏"（朱文）等二方。

題文年款"甲辰"為康熙三年（1664），
惲壽平時年三十二歲。此圖為惲壽平現
存繪畫中較早的作品，畫風淡雅天真，
秀峭簡潔，構圖疏朗，意態清俊，與友人
王翬早年山水頗為類似。其畫風詩意，
流露出早年奔波、孤獨、不得志的悲涼
和傷感。

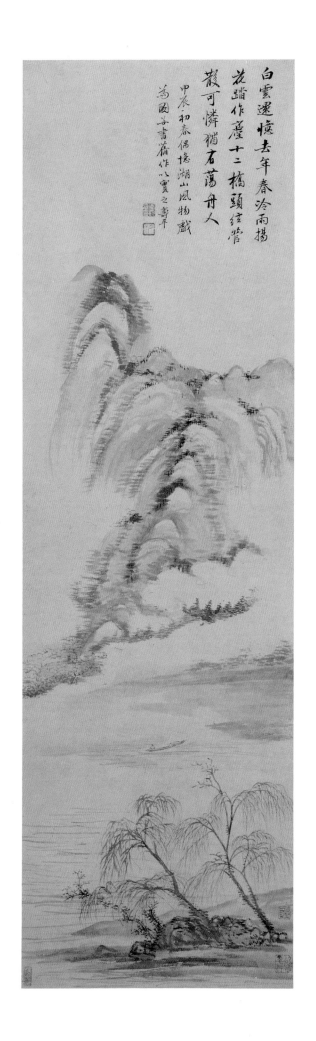

117

惲壽平　靈岩山圖卷
紙本　墨筆　縱20.7厘米　橫107.2厘米

Landscape of Mt. Lingyan
By Yun Shouping
Handscroll, ink on paper
20.7 x 107.2cm

卷首自題："昔黃子久畫富春山卷頗自矜貴，攜行篋歷數年而後成，頃來山中鏡清樓上，灑墨立就，曾無停慮，工乃貴遲，拙何取速，筆先之意，深愧於古人矣，壽平格又跋。"鈐"正叔"（白文）。卷尾自題："先香山翁曾為和尚寫《靈岩圖》，題其幀首曰：此山之趣在背，寺之趣在面，水之趣在天。蓋以側面取勢，令湖光出其上。惜此圖逸去，無從懸購，今追用此語，直寫正峯，自落紅亭以上，翦取芙蓉城一片爾，而全形具焉。如須彌山七寶所成，上下四旁各見一種色，色色不同，所見皆須彌也。呈老和尚鑑之，毘陵弟子惲格畫並題。"收藏印"顧子山祕匲印"（朱文），引首弘儲題詩，卷後明曇、余懷、黃子錫、顧文彬、石渠、費念慈題記。

此圖是惲壽平為退翁和尚六十壽辰作。前引首退翁自題詩署"甲辰自壽示簡石西堂研山退翁"。後明曇為退翁和尚壽作

《靈岩山賦》，年款"甲辰中春上浣"。可知惲壽平時年三十二歲，此年二月惲壽平隨父至靈岩山祝壽，坐靈岩寺鏡清樓上畫。明曇為其父惲日初避兵歸隱後的釋名。《靈岩山賦》雖署明曇款，但其書法風格特徵乃屬惲壽平之筆。退翁和尚法名弘儲，亦稱繼起，江蘇南通人，住靈岩山。生於萬曆三十二年（1604），卒於康熙十一年（1672）。香山翁即壽平堂伯惲本初，字道生，後改名向，號香山，善畫山水，學董巨。

此圖墨筆畫蘇州靈岩山。山巒松林，曲折小路通向佛塔殿宇，意喻深刻。用黃公望筆法，筆墨尖峭蒼勁，是畫家早年山水畫的代表作。

《過雲樓書畫錄·卷五》著錄。

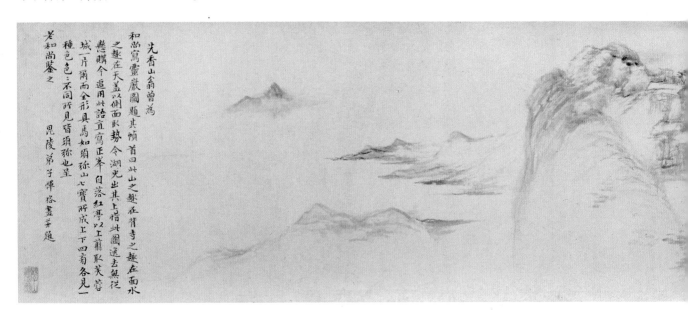

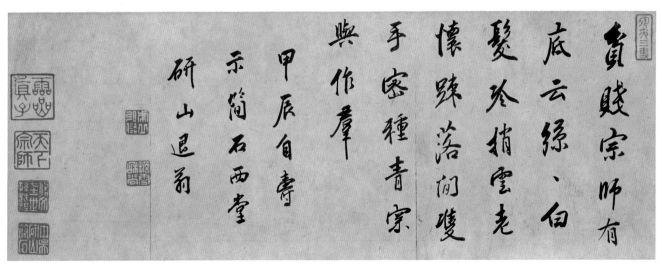

須夭三畫

貴賤宗師有
底云綠、白
髮垂捎雲老
懷踈落間雙
手密種青宗
與作塵
甲辰自壽
示簡石西堂
研山退翁

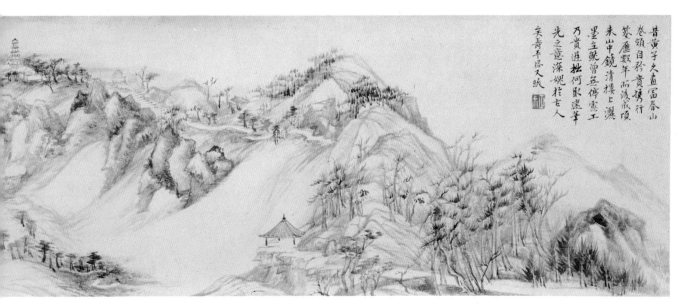

昔黃子久畫富春山
卷頗自矜貴攜行
篋歷數年而後成頃
來出鏡清樓上灑
墨立就曾岳傅憲工
乃貴進批何取速華
先之意深媿於古人
矣高邨恪久跋

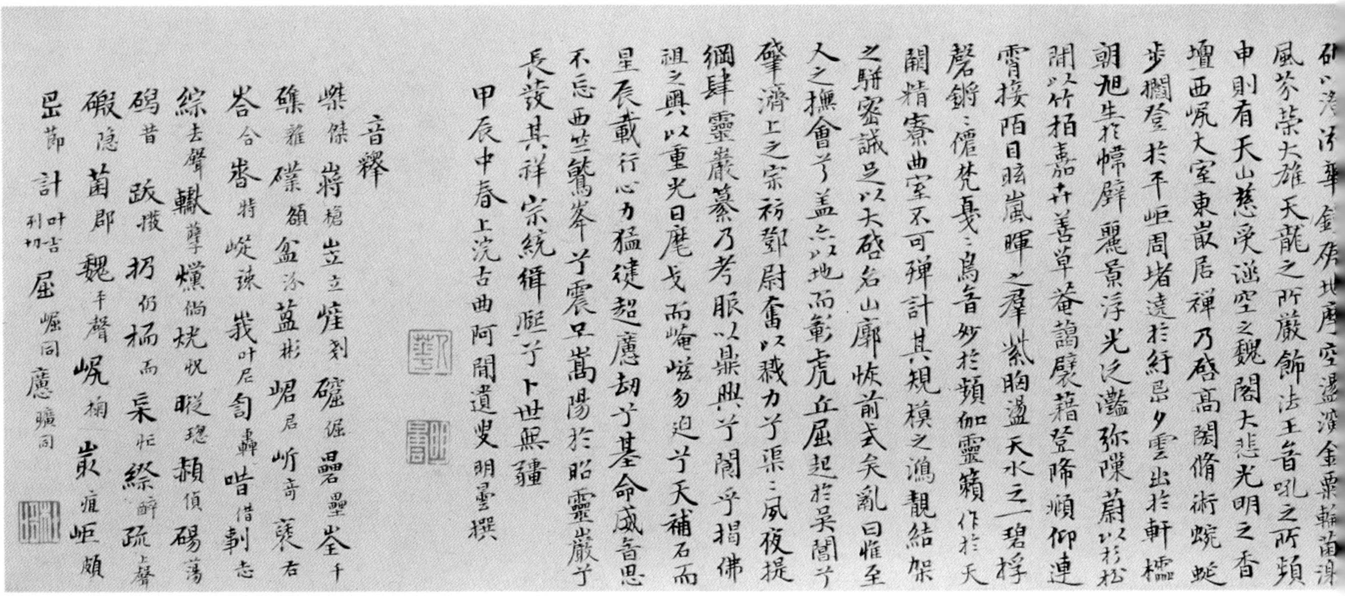

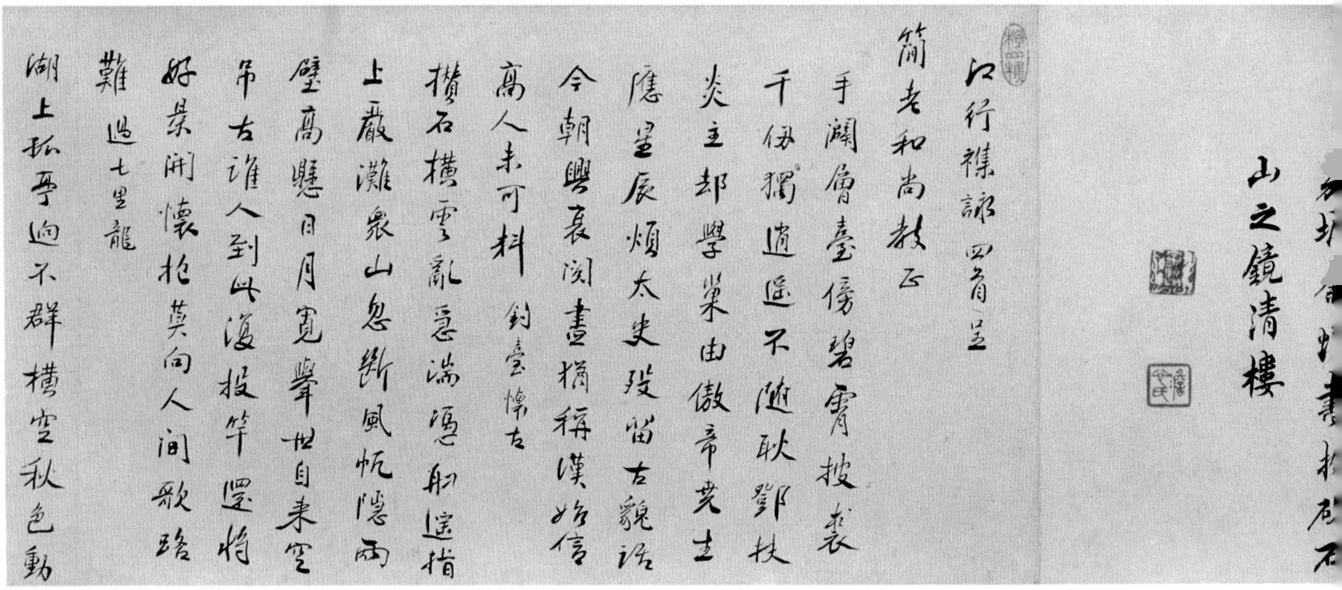

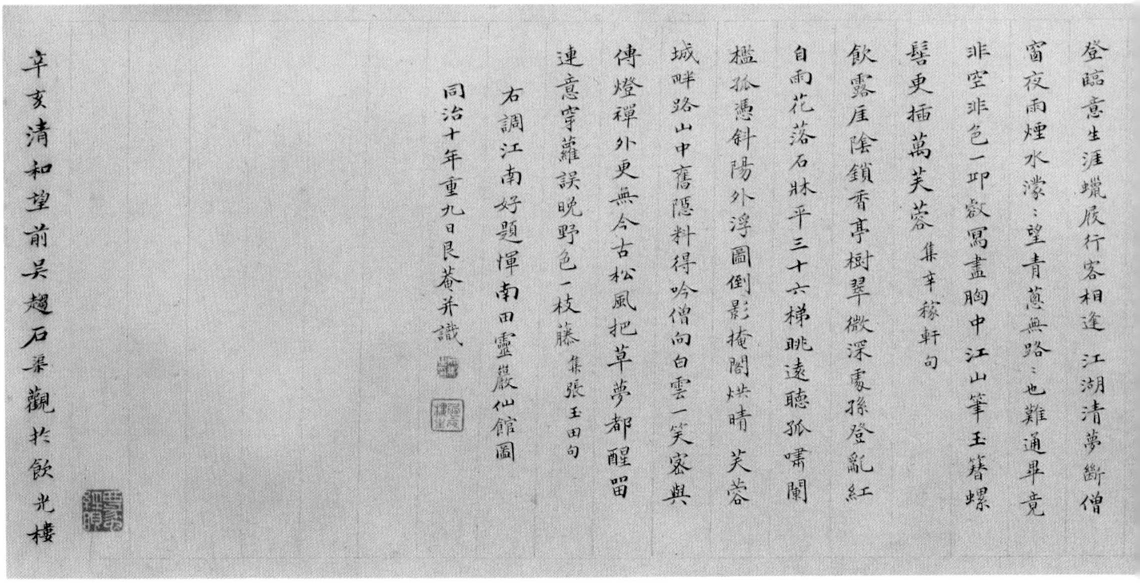

靈巖之嶙峋諸山正法以建標體將之以棠
岌勢嵬峨以監峽逕逸而斗折歷礫礴磊
以增高削之閒鑿窪盆盎楞伽鱗峭上
霞忽開翠蓉洞庭穿窿盆盎楞伽鱗峭或
面震澤右隱映北背天平蕭笏碟粟巚支硎澄
則硯石鬼巧琴臺玎玲削壁嶕嵘三芙蓉簇容
巍巍而象乘褒谷岑巒鉅魤餓而蔡之儼天儀之
巖飾之類神山飄緲而龜蔣粲星之共
辰眇尾鴻之無極芳貯天地之和莢於是視應
真拓福地創浮圖縛寶界既梵宇之典華六
宗途之宣熾炳乎麟之懿武其閒繼傳燈紹祖
位者進自有宋以逮乎茲歷禪史不可二誌
也益齋寨者爰二百年而我　大師感而出焉
神皆獸形權雲裁心籠塵表體抱茂慈
菊礡法界為道大司抗獨坐於雄峰芳喟目
之誰伍中教外之紬鋼芳振寔中之靈斧透空
水以為印芳塗毒以為鼓群正眼於籠蛇芳
穀全機於四賓主象舞和鸞節文係古也圓先
識不到芳南山雲北山雨催放嚬收芳全顯全
主一子親浮芳普天寧土三玄要金鋼鐵券昭
慈未許也一條謀澄今佛密傳之祖武慧蠡增
上傷者誕以為河漢而無極噏夫象恭滔天
者隘瑕抵匱而制予辟則山之藏疾無損乎其
大六猶有國首內寧恆以外憂業增修其文德
而又何畏守雛覺若乃颺陽春閒聲若如毛羽
觀面者等草木之颺躞諒蹤區花氏而堪頌諫道
德之宗麟鳳跂箕笮以蔡瑞受光古人獻芸至豈景光
毫基輝之筆新寶受光古人獻芸至豈景光

春風二月柳花香千古吳之讓
　題嶔崱極目蒼茫旅思紛
　登吳城望湖亭
法王選佛塲開誰及第袖中
滄海拈斜陽　畫畫乾坤六
十春塔頭气靈洒由旬放知
　隨地朗星現坐斷靈巖是淺
身　佛寶二月八日生嶽色處于牢

理窟霞光肝膽昭靈源半蒿
晚瀑門前綠一笑尨卷獨撐
汋綠上白髮欺參天手種
青宗寰大千鏡水一泓常
濯足晚來閒綺石床賦樓
閒橫室書翠寒恕睨睇庢
倚闌干一皖春色千峯月

法上琳玉逕不君椅雲秋色動
氛氳無邊碧漢晴連水接地
奇峰翠入雲點綠堤閒隄
蕭蕭丹葉待時斜睇墅山風有
霜楓滿路正崔時策蓋座庭慶
慰風思松峰漢眉豐禪字利
精靈遠去院林深夕照選千
載梁唐遺勝蹟禪心惟有白
雲知　毗廬先寺

唐成膽除寓荗月露寺金吾過
　簡公駐錫得岩夕擁爐快話歸思
墳亂未能作詩聊贈郎書舒
　六投荊之深德聯音之幸不自掩
其醜拈耳
靈巖山人黃子錫具稿

118

惲壽平　仿黃富春山圖軸

絹本　設色　縱168厘米　橫69.2厘米
清宮舊藏

**Fuchun Mountain after Huang Gongwang
By Yun Shouping**
Hanging scroll, color on silk
168 x 69.2cm
Qing Court Collection

本幅左上自題七絕一首："捲廉風雨過
山窗，筆底流雲撲酒缸。怪是眼邊嵐翠
合，卻疑身在富春江。戊申秋抄仿一峯
富春圖意，惲壽平。"鈐"壽平"（朱文）、
"正叔"（白文）。收藏印"嘉慶御覽之
寶"（朱文）。

題文年款"戊申"為康熙七年（1668），
惲壽平時年三十六歲。惲壽平仿黃公望
《富春山圖》，以粗曠的綫條勾勒皴染，
描繪出林木葱鬱、山巒起伏的富春山的
雄秀。惲壽平以其善用的施淡墨的技法
展現出一種新穎的筆趣。

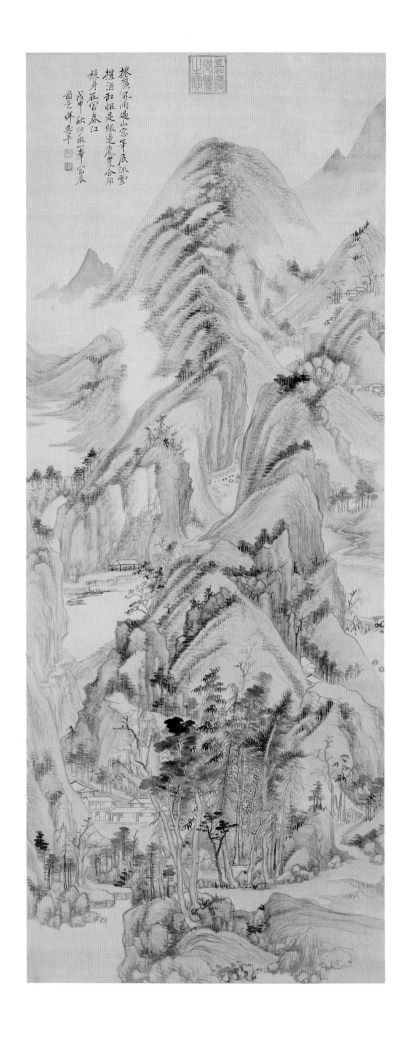

119

惲壽平　層巒幽谿圖軸

紙本　設色　縱70.3厘米　橫32厘米

Multipeaked Mountain with Calm Brook
By Yun Shouping
Hanging scroll, color on paper
70.3 x 32cm

本幅自題："學趙善長層巒幽谿，磵戶盤
行，蒼翠在目，筆致蕭散，自謂得離披荒
落之趣，非時俗所能夢見也。己酉春日
東園惲壽平。"鈐"正叔"（朱文）、"壽
平"（白文）。收藏印有"虛齋鑑定"（朱
文）、"歐天閣"（白文）、"父子鼎甲兄弟
翰林"（白文）三方。

"己酉春日"為康熙八年（1669），惲壽
平時年三十七歲。此時惲氏寓杭州東園
高雲閣（即莫雲卿故家），故稱"東園惲
壽平"。

趙善長名原，蘇州人，畫師董北苑，善寫
山水，有宵深窈邃之致。惲壽平臨學趙
原《層巒幽谿圖》，構圖簡潔空淡，筆墨
綫條粗曠疏落，隱含"離披荒落"的超然
脫世之意。

《虛齋名畫錄‧卷七》著錄。

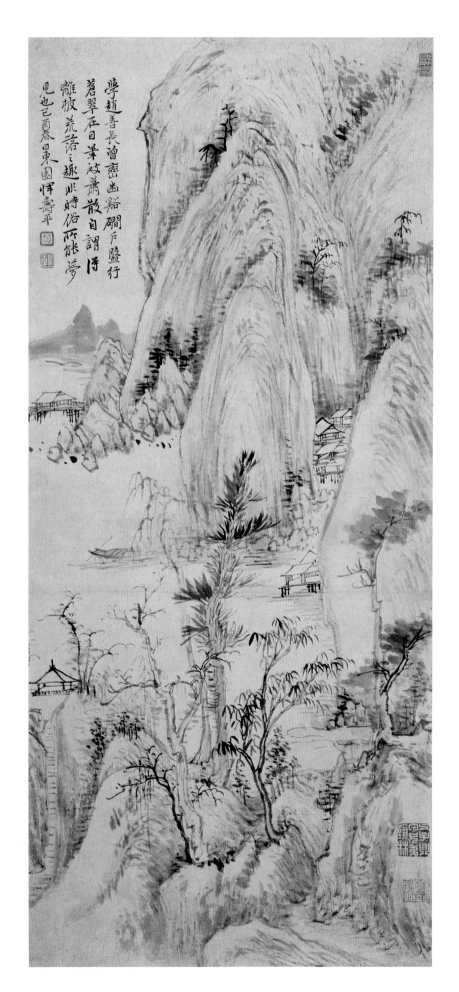

253

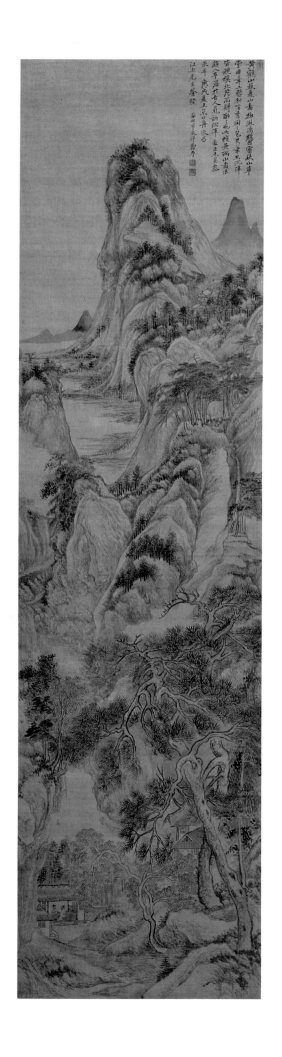

120

惲壽平 夏山圖軸

絹本 設色 縱182厘米 橫49.3厘米

Landscape of Summer Mountains
By Yun Shouping
Hanging scroll, color on silk
182 x 49.3cm

本幅右上自題："黃鶴山樵夏山圖,極淋
漓鬱密;秋山草堂用筆工整,別有秀潤
之色。其筆思沉渾,皆規模北苑而斟酌
之也。此幀兼兩山圖法,稍入平淡於古
人,氣韻沉渾處,正未易參求耳。庚戌夏
五京口舟次為江上先生鑑粲。南田草衣
惲壽平。"鈐"壽平"(白文)、"園客"
(朱文),引首"墨沴"(朱文)。收藏印
"延蜨仙館"(朱文)。

"庚戌"為康熙九年(1670),惲壽平時
年三十八歲。"京口"為江蘇鎮江。上款
"江上先生"即笪重光(1623—1692),
字在辛,號江上外史,晚年居茅山學道,
改名傳光。順治九年進士,官御史,書畫
名重一時。擅寫山水,兼寫蘭竹。

惲壽平《夏山圖》源於王蒙《夏山圖》及
《秋山草堂圖》,但用筆工細簡潔,綫條
勁爽,風格細秀,與他晚年粗曠的潤筆
有所不同。

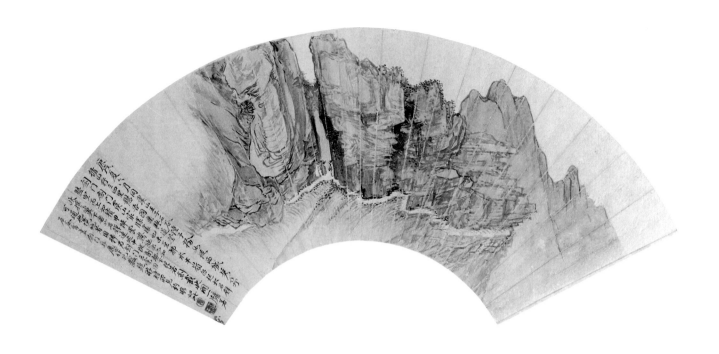

121

惲壽平 劍門圖扇

紙本 設色 縱17厘米 橫52.9厘米

Wonderful Scenery of Jianmen
By Yun Shouping
Fan leaf, color on paper
17 x 52.9cm

本幅左側自題："庚戌夏六月同虞山王子石谷、陸子翰如，從西城攜笻循山行三、四里憩吾國，乘興遂登劍門。劍門，虞山最勝處也。未至拂水半嶺，忽起大石壁，盤空而上，如積甲陣雲騰地出，亦如扶搖之翼下垂也。石壁連延中陡削勢下，絕若劍截狀，闢一牖若可通他境地者，因號為劍門云，余因石谷命畫劍門，且屬作記，戲題遊時所見，約略如此。"鈐"壽"（朱文）、"正叔"（白文）。

"庚戌"為康熙九年（1670），惲壽平時年三十八歲。虞山在江蘇常熟西北。其山南以岩石為勝，有劍門奇石、寶岩、石梅等諸勝。劍門奇石即惲壽平所畫之處。"劍截"之處以繁密的勾皴表現其深度，周圍奇石，用尖筆縱橫皴染以表現其怪，色彩明媚清淡。惲壽平善於"循境涉趣"，並將天然造化運用於毫末，這件作品便是他筆墨傳神的代表之作。

122

惲壽平、唐炗合畫紅蓮圖軸

紙本　設色　縱135.7厘米　橫59厘米

Red Lotus
By Yun Shouping and Tang Guang
Hanging scroll, color on paper
135.7 x 59cm

本幅右上自題："沒骨圖成敵化工，藥房荷蓋盡含風。當時畫苑徐崇嗣，今日江南唐長公。石谷先生屬題，南田弟壽平。"鈐"壽平"（朱文）。左下又題："余與唐匹士研思寫生，每論黃筌過於工麗，趙昌未脫刻畫，徐熙無徑轍可得，殆難取則，惟當精求沒骨。酌論古今，參之造化，以為損益。匹士畫蓮，余雜拈卉草，壹本斯旨觀此圖，可知予兩人宗尚，庶幾有合於先匠也。取證石老，幸指以繩墨。壽平又識。"鈐"園客"（朱文）、"壽平"（白文）。左上唐炗題："石谷兄長於辛亥二月初度，寫此祝贈，毗陵唐炗。"鈐"唐于光"（陰陽文）、"字子晉"（白文）。本幅內還有王時敏、王鑑、笪重光題跋和題詩。收藏印"虛齋至精之品"（朱文）、"寶軸時開心一灑"（朱文）、"蔡氏魏公書畫之章"（白文）。

此圖按唐炗題應是康熙十年（1671）二月初所繪，惲壽平時年三十九歲。唐炗，字子晉，號匹士，江蘇常州人。工畫荷花。二人合繪《紅蓮圖軸》為祝王翬四十壽。唐炗畫荷花，惲壽平畫荇藻。據惲氏自題，其花卉畫師法北宋徐崇嗣，"惟精求沒骨"，當始於此段時間前後。因此，該畫作則是畫家一生畫學轉折的重要實物之證和自書的文字記載。茲後，惲氏開始出現日益精湛的花卉畫作品。

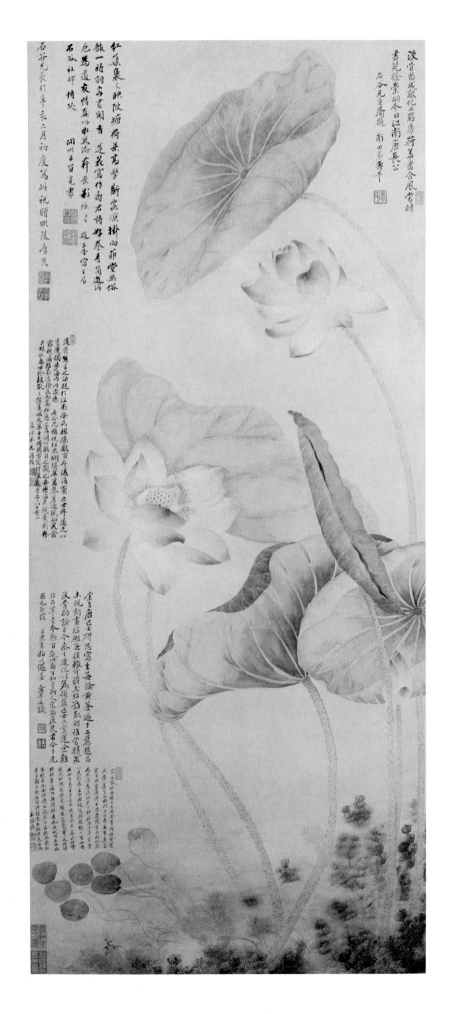

256

123

恽壽平　高岩喬木圖軸

紙本　設色　縱217.3厘米　橫97.2厘米

Lofty Mountains with Arbores
By Yun Shouping
Hanging scroll, color on paper
217.3 x 97.2cm

本幅左上自題："高岩喬木擬北苑太守。
文徵仲嘗言，見北苑畫山得半幅，即董
宗伯所藏《溪山行旅》是也。其行筆如
龍，若於尺幅中雷奔電激，神氣沉鬱，橫
絕古今，筆奪化權，網象莫測，非學者率
爾可知。墨池研臼之功，書誠有之，畫亦
宜然。甲寅三月為雪翁老父台先生鑑，
毘陵恽壽平。"鈐"東園外史"（白文）、
"壽平"（朱文）。收藏印"海陽孫氏蓮叔
珍賞書畫印信"（朱文）、"蓮叔審定"
（朱文）、"無上妙品"（朱文）。

"甲寅"為康熙十三年（1674），恽壽平
時年四十二歲。上款"雪翁老父台"為楊
瑀，字雪臣，與其父恽日初為石交。顧炎
武曾言："讀書為己，探頤洞微，吾不如
楊雪臣"。

此《高岩喬木圖》為恽壽平繪畫作品中
少有的巨幅大作。他以粗曠清淡的綫條
和皴擦技法描繪了山巒和樹木的蒼古
高大，與四十三歲所繪《山水花鳥冊》中
《溪山行旅圖》一開形成鮮明的對比，雖
皆言摹北苑此圖畫法，然無論篇幅的大
小還是畫風的氣勢均為殊見。據《南田
畫跋》中畫家所記："余畫樹，喜作喬阿
古幹，愛其昂霄之姿，含霜傲雪，挺立不
懼，可以況君子"。此圖雖云仿作董源
《溪山行旅圖》，然要在"高岩喬木"的
表現，以之讚喻楊瑀之人品高潔。

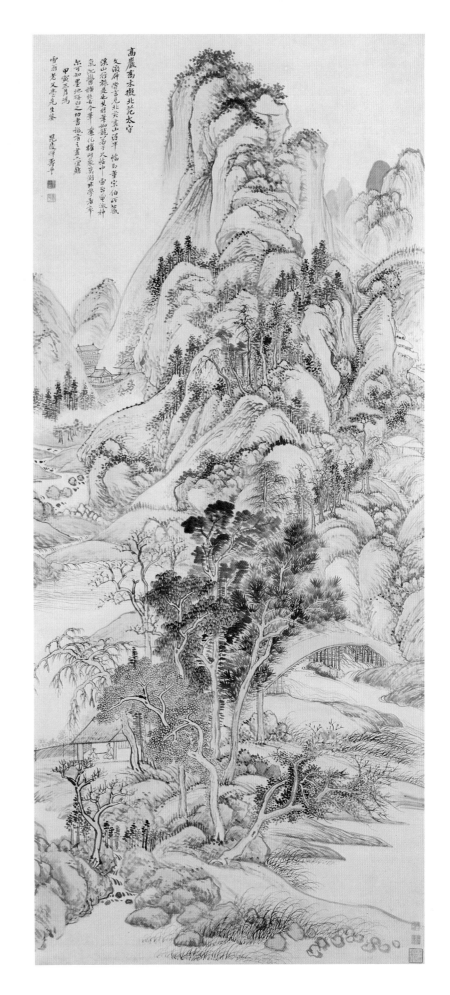

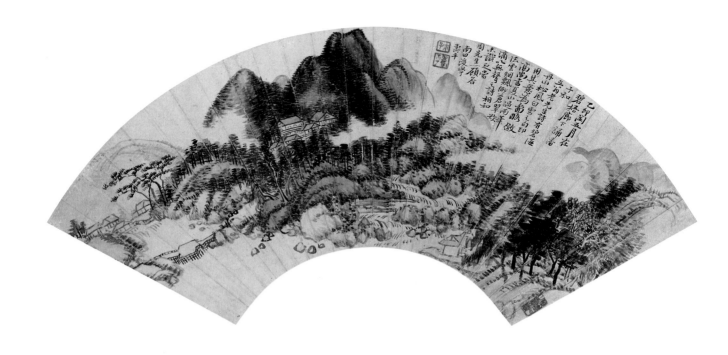

124

惲壽平　夏山過雨圖扇

紙本　設色　17.1×52厘米

The Summer Mountains after Rain
By Yun Shouping
Fan leaf, color on paper
17.1 × 52cm

本幅自題：乙卯閏五月，在碧梧廊下誦潘子和立翁老先生詩，
有'碧海丹山、松風白雲'之句，即用其意為圖，略仿高尚書
《夏山過雨》筆法。雲煙飄渺，蒼翠欲滴，以無聲之詩相和，未
識足當周先生一顧否。南田後學壽平。"鈐"叔子"(朱文)、"壽
平"(朱文)。另鈐收藏印"藥農平生真賞"(朱文)、"春華秋實
之齋"(朱文)。

"乙卯"為康熙十四年(1675)，惲壽平時年四十三歲。此圖仿
高尚書克恭《夏山過雨》筆法。高克恭(1248—1310年)字彥
敬，號房山，大都(今北京)房山人。因官至刑部尚書，故稱高
尚書。山水初學米家雲山，後學董巨、李成，筆法渾厚凝重，淋
漓酣暢。惲壽平仿高克恭筆法的同時也融入了米家山水和董
源山勢嵯峨的畫法，盡用墨雨大點，酣暢淋漓的皴法。

125

惲壽平　山水花鳥圖冊

紙本（十開）設色　每開縱27.5厘米　橫35.2厘米

Landscapes, Flowers and Birds
By Yun Shouping
Album of 10 leaves, color on paper
Each leaf: 27.5 x 35.2cm

此冊山水花鳥圖，分別設色繪鵝羣、荷花、山水、古木寒鴉、牡
丹、蘭花蝴蝶花、夜雨初霽、菊花、喬柯急澗、溪山行旅。每圖各
有題識、款印。其中第三開、第十開又分別署年款"乙卯秋"、
"乙卯十月"。（詳見附錄）

題文年款"乙卯秋"、"乙卯十月"為康熙十四年（1675），惲壽
平時年四十三歲。全冊為臨仿宋、元、明諸家。山水以宗董、巨、
米、趙、唐、諸家為主，花鳥以宗徐、趙、沈諸家為主。惲壽平對
臨仿古人墨迹頗有見解，認為："作畫須優入古人法度中，縱橫
恣肆，方能脫落時徑，洗發新趣也。"因此在仿董巨兩幅山水
時，他採用了二者的構圖方法及濕筆平拖、渴筆皴擦的筆墨技
法。而此時惲氏的花鳥正是日益變化階段，在臨仿過程中，畫
技較為工細，敷色點染，更趨淡雅。

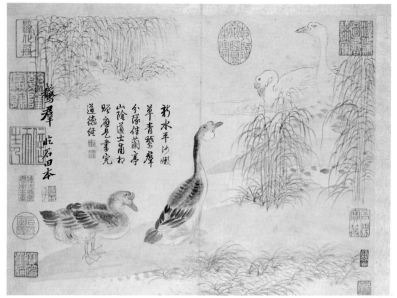

125.1

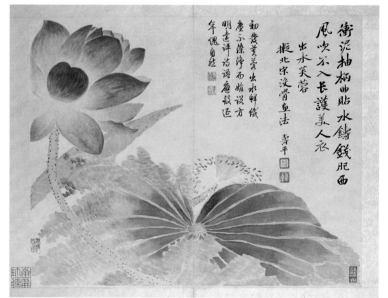

125.2

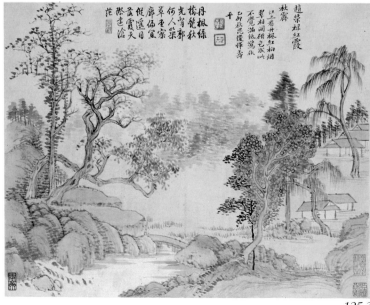

125.3

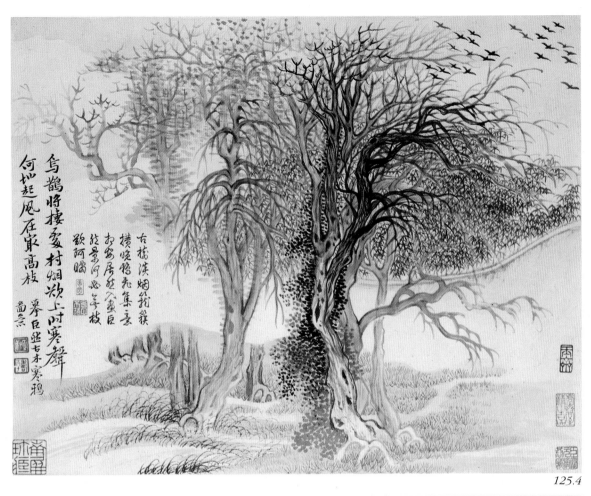

125.4

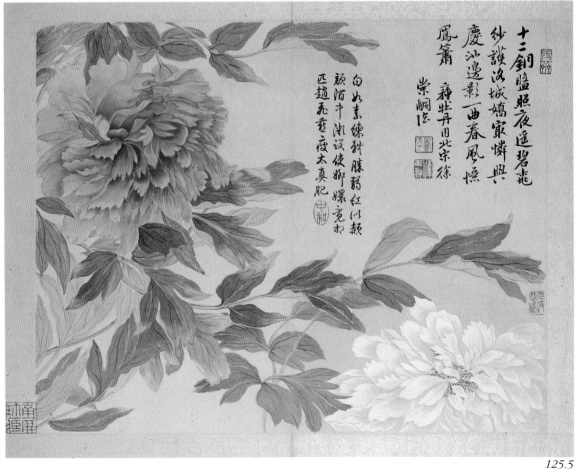

125.5

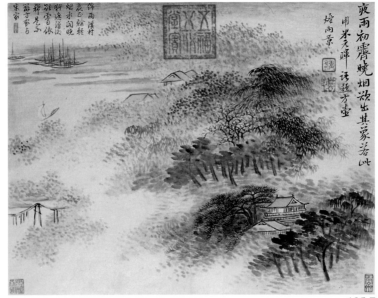

夜雨初霽曉煙欲出其家落此
用米天暉 詩題方壺

煙雨景

錦雨溪村
夜已黯穠
煙水泓曉
驛庭曉晚
驛雲依
辭見而與
羅方與
朱窬

125.7

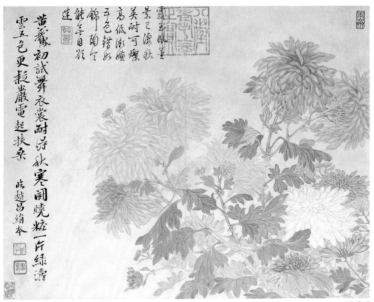

黃蕊初試舞衣裳耐得秋寒開曉粧一片綠濤
雲五色更綵嚴電起扶桑

臨趙昌絹本

125.8

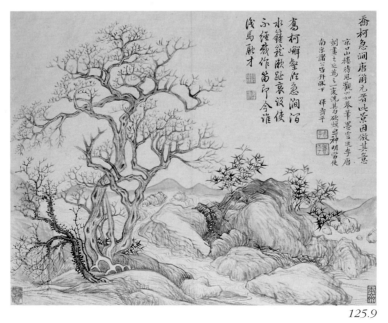

喬柯急澗唐解元著此意因做其意

京口樓待風覽如卷筆雲雪迷李唐
別畫之運為三友洗其煥與硯燒神明當使

南宋諸公皆拜林下 惲壽平

寫柯嶼塞陷急澗湝
水鐘龍潄晚迤袁設使
亦緬歲作萬印令誰

淺馬融才

125.9

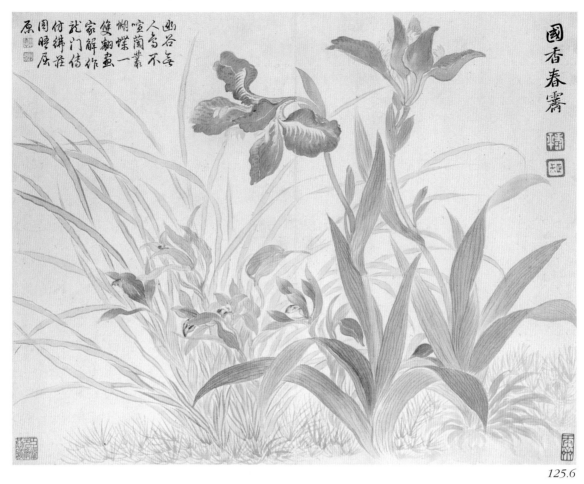

125.6

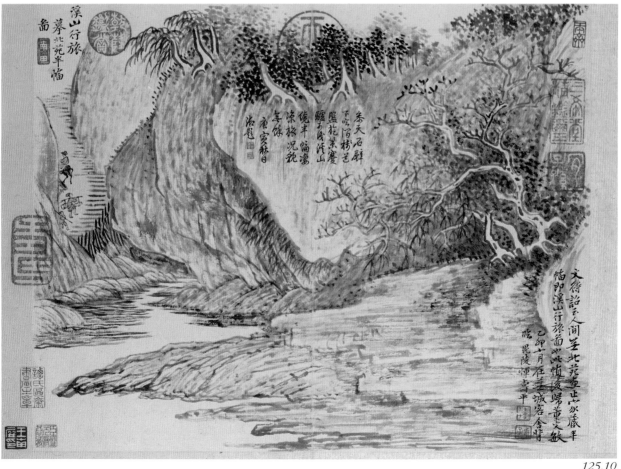

125.10

126

惲壽平　一竹齋圖卷

紙本　墨筆　縱28.8厘米　橫71.2厘米

Yizhu Study of Tang Yujian
By Yun Shouping
Handscroll, ink on paper
28.8 x 71.2cm

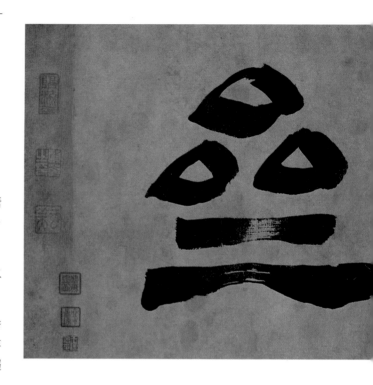

本幅左上自題：「上元甲子春正月，南田壽平為一竹齋主人唐
子畫。」鈐「叔子」（朱文）、「壽平」（白文）。（本幅及卷後自題、
題跋見附錄）

題文年款「甲子」為康熙二十三年（1684），惲壽平時年五十二
歲。上款「一竹齋主人」即唐宇肩，字若營，江蘇常州人。

《一竹齋圖》是惲壽平為其友的精心之作，他以淡墨工細的秀
潤之筆皴染勾勒周圍房舍及庭園樹石，然後用重墨精繪一竿
長竹，以清雅素淡的氛圍突出了「一竹齋」的主題。其畫風趨
於蒼鬱拙樸，惟樹石畫法已具筆墨老禿荒率的晚筆之態。

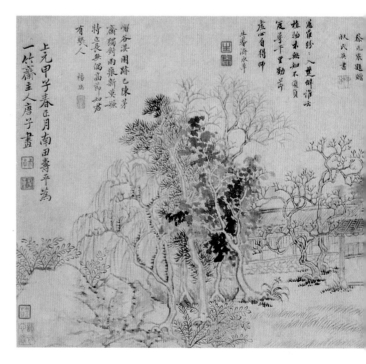

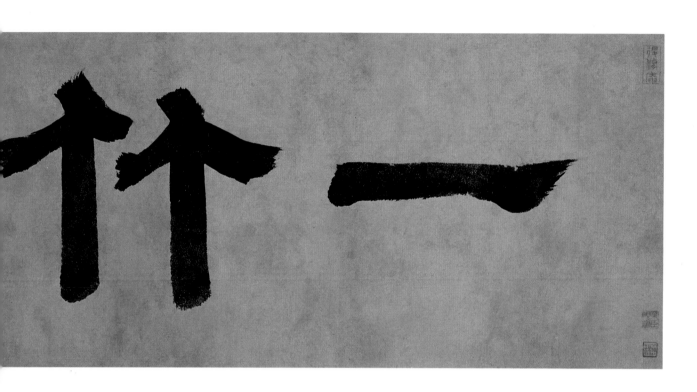

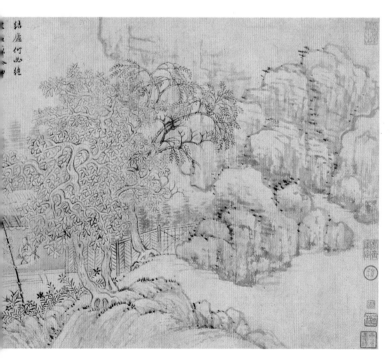

刻溪縣攜樽何須更

主人　長嘯此意揮

天壇一題飛花不許逃紫

把說公者實法藏後手

又一枝寒　题一竹齋翁

若壅道社仙

淮踌合釋手華

此人無怪懷寫此

蒼龍骨九之風雨來

飛騰作靈物

胡松友先生詩　書贈

一竹齋主人

京口弔卞時録

唐子彦定人希寧闡闡筆墨囊其
觀大孝吾晰輩先公張通小盂宗哭真華
曾親塘歸師資病不奪華　存類
其齋許洞簿道鎮余居廣許説甲口苦
紳佩空定鮮貝中圃以慶其外容寿高物
坤圃千此無碍清頗生太右失史得目在月
曾此隙多雲无愛珍吹許答當谷謂源
胸襟大此若不可璀琪逋賦者道唐子實位
之志節行不狂壽前木惟竹一行不必萬物
不為多一行更無對平摩青寅子凌靈
瑤令之文湖州南田寫其薬如卵之鏖室日
月送满洒袖濂千雷罄龍倒張唐琛
若壅年菊虜题一斫齋　七十九若佳觀正

一竹圃跋語
唐子若若別川先生之齋
弦遐先生居崑陵文亭刈誼
年壯為一代偉宗文亭刈
如太山少斗云今五營種學
禎文云呑歌祖頗剪為其志
不求聞達以一竹者于廬文
情韬序為之圃渓圃者子
嘯居此人名為物美於前
吳支竹之為物不并不實
彼香非物品英實為雖
社坦竹千千妨左墙地諳
竹千天竹石柱此唐子之
一竹妨它且將編竹務曳竹
一竹也此齋与其營務詳竹
之頼之墻間楮上峭若渓
圃一此無貝之

寄歲子藍楊子崑攖
手翰燕翔岣子藍發揭

觥湘為不氏華光弟歟

道光乙未八月庶四周之暑□周之歳四癬
觀南田此卷思惟玄生用清風万古後
民國戊午年室語薄音之刈可以諧逅
断圃辰玩敷逺不知今日方中也
昭文蔣宗齡

書畫題詞咕臻絶品而僕九倾倒南田畫後题
宇一斫為不見軍堂第一相河南枯桐賦真如六
不能遑是夫成午三月聯士戴照方疾逗妃

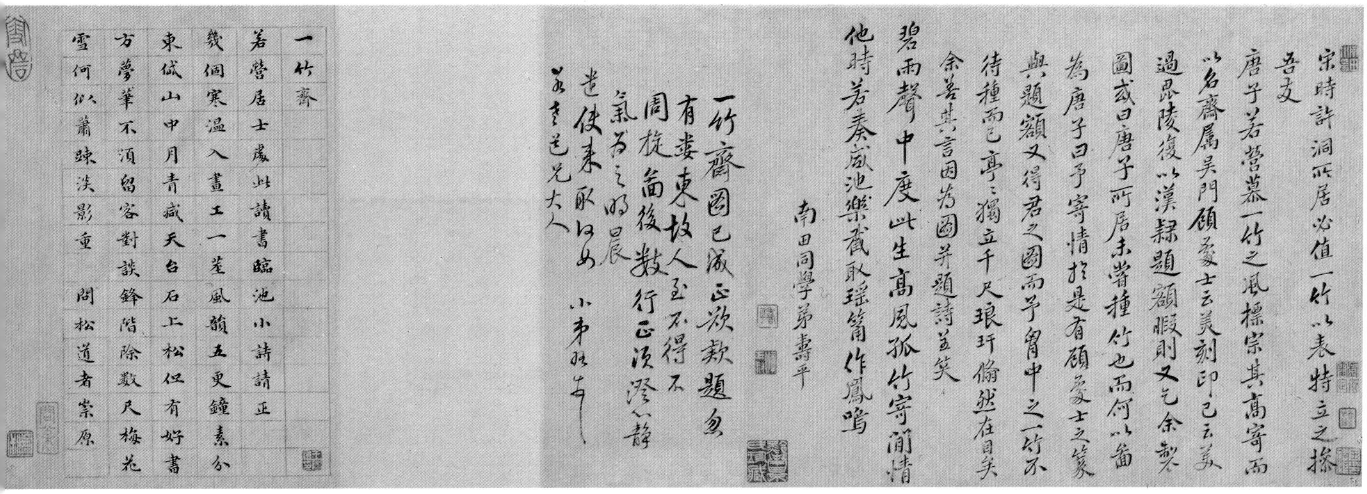

一竹齋

若營居士庭此讀書臨池小詩請正
幾個寒溫入畫工　一叢風韻五更鐘　素分
東城山中月青藏天台石上松但有好書
方夢筆不渦留客對談鋒階除數尺梅花
雪何似蕭踈洗影重
　　　　　間松道者宗原

一竹齋圖已滅正欲款題多
有妻東坡人至不得不
同惟畫後數行正須凌凌靜
氣為之明晨
造使未取也
　　　　　　　小弟秋千
芝翁邑兄大人
　　　　　　南田同學弟壽平

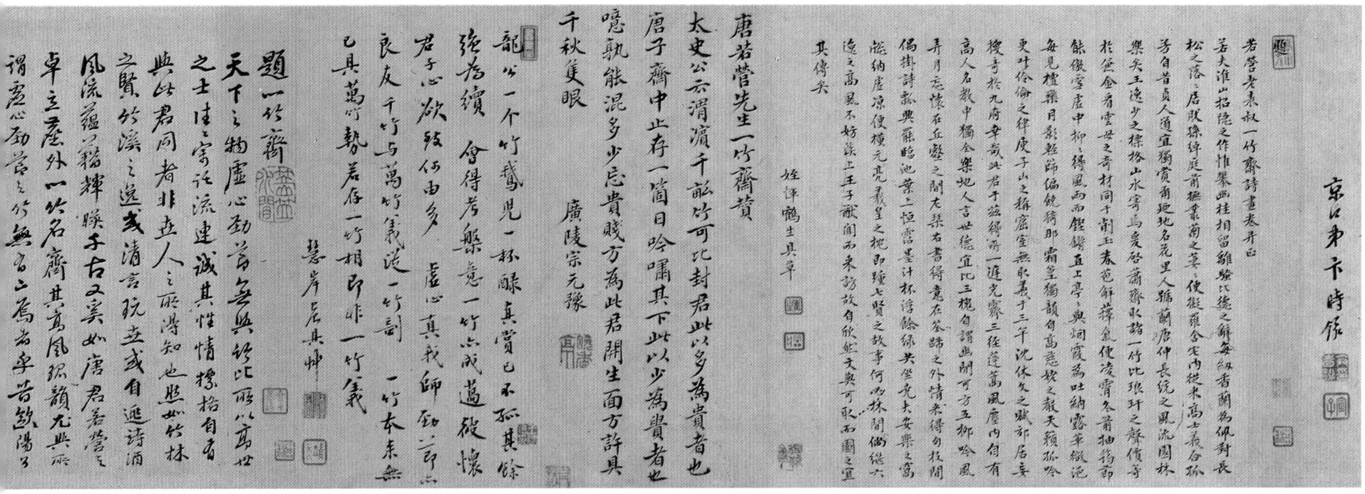

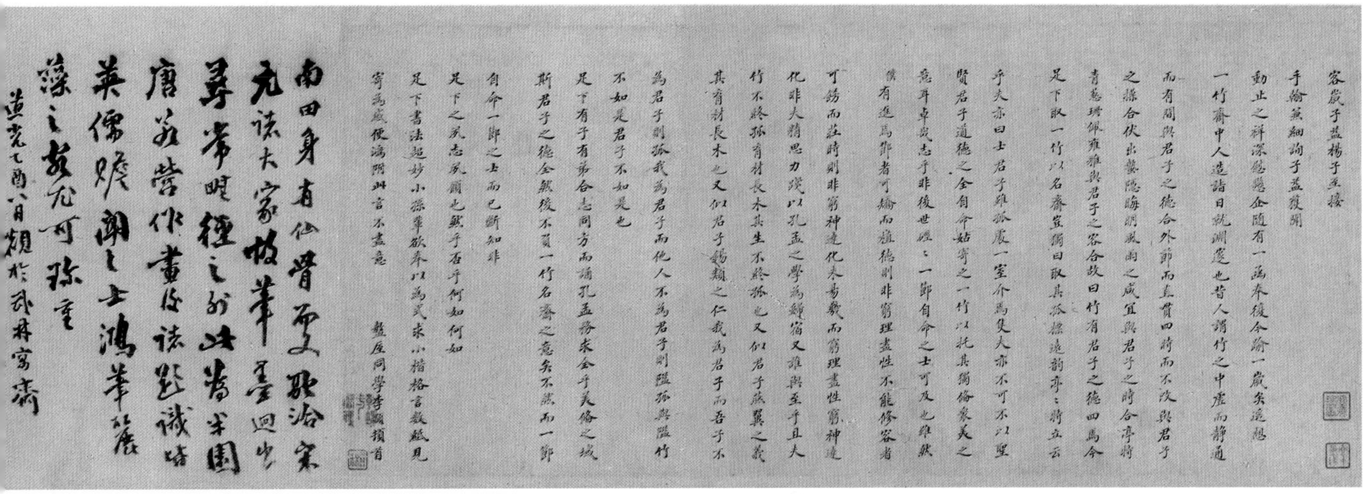

127

惲壽平 雙清圖軸

絹本 設色 縱88.5厘米 橫54厘米

Plum Blossoms and Narcissuses
By Yun Shouping
Hanging scroll, color on silk
88.5 x 54cm

本幅右上自題："雙清圖，雪晴何處覓春
光，纔見南枝破曉霜。未許春風到桃李，
先教鐵幹試寒香。揚補之墨梅，趙子固
水仙，皆墨林仙品，千古無與敵者。其用
筆如姑射神人，獨立天表，視彼抹綠塗
紅，霞披繡錯，都為減色。丙寅春甌香閣
臨，南田壽平。"鈐"壽平"（朱文）、"惲
正叔"（白文）、"將移我情"（白文）、
"寄岳雲"（朱文）。

右側王翬題跋："梅花以逃禪老人為第
一，余曾於白門購得長卷，自作柳梢青
詞十首題於後。真希世奇珍。南田此圖
能深得逃禪用筆意，所謂玉面鼠鬚，墨
光幽淡，非時史所能夢見也。王翬題。"
鈐"王翬之印"（白文）、"石谷"（白
文）。收藏印"展軸神怡"（朱文）、"昌伯
鑑藏"（朱文）。

題文年款"丙寅"為康熙二十五年
（1686），惲壽平時年五十四歲。

此圖惲氏自題中的"揚補之"，即南宋畫
家揚無咎，字補之，號逃禪老人，擅畫梅
竹。"趙子固"即趙孟堅，字子固，號彝
齋。美畫白描水仙等。故宮博物院藏揚
無咎《雪梅圖》一卷，墨筆畫野梅，疏竹，
以淡墨染絹，枝幹上部及圈花、雙勾竹
葉處留白，即借天然之色烘出半壓殘雪
之狀，所謂"倒暈法。"惲氏此圖兼採揚
無咎畫梅、趙子固白描水仙法，同時用
淡花青倒暈絹地，以烘雙清花色，為惲
氏花卉畫別具特色的一種表現。

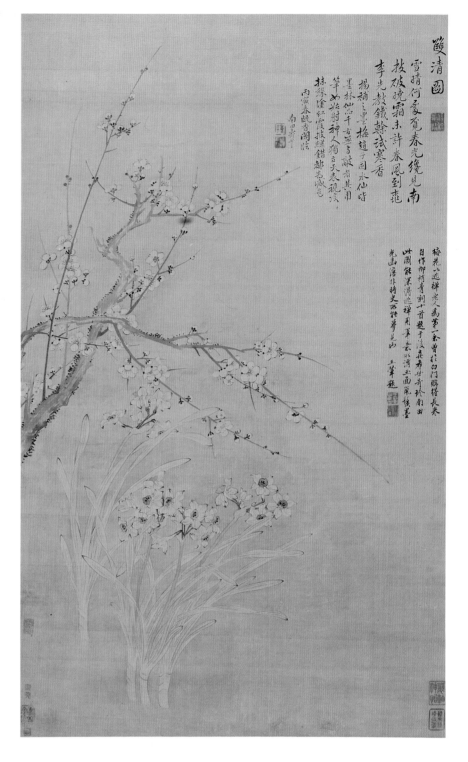

128

惲壽平　花卉圖冊

紙本（八開）　設色或墨筆　每開縱27厘米　橫33.1厘米

Flowers
By Yun Shouping
Album of 8 leaves, color or ink on paper
Each leaf: 27 x 33.1cm

此花卉圖冊，分別設色杏花、月季花、鳳仙花、魚藻、紫薇花、墨
筆海棠花、設色花卉、臘梅。每圖分別題識、款印，其中第一開、
第八開又分別署年款"丁卯春"、"丁卯冬日"。（見附錄）

按本冊題文年款"丁卯春"、"丁卯冬日"為康熙二十六年
（1687），惲壽平時年五十五歲。從季節"春"、"冬日"可知，此
冊歷時四季完成。此冊原為徐邦達先生收藏，其購進時杏花一
開對摺右半部分已遺失，經其補繪完整如初。

此《花卉冊》多以秀潤華美、幽雅清逸的筆墨渲染而成。其中
幾幅臨寫宋人筆意的皆施彩虛和，如其所言："近日寫生家多
宗余沒骨花圖，一變濃麗時習，足以悅目爽心，然傳模既久，將
為濫觴，余故亟稱宋人淡雅一種，欲使脂粉華靡之態復還本
色。"故此冊格調清新，具飄逸變幻之趣。

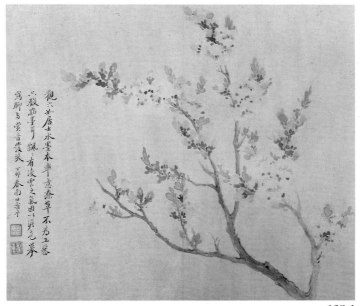

観六如居士水墨本率意塗草不爲工整
只數點墨可飄飄有淩雲之氣因以興允筆
寓師与紫音發笑 丁丑春南田恽寿平

128.1

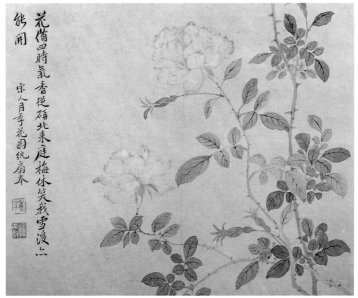

花備四時氣香德雄北宋庭梅休笑我雲後點
能開 宋人月季花圓紈扇本

128.2

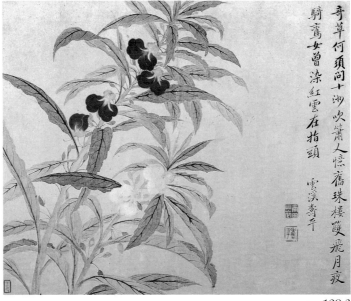

奇草何須問十洲吹簫人憶舊珠樓
騎鸞女曾染紅雲在指頭 雲溪寿平
莫飛月疲

128.3

270

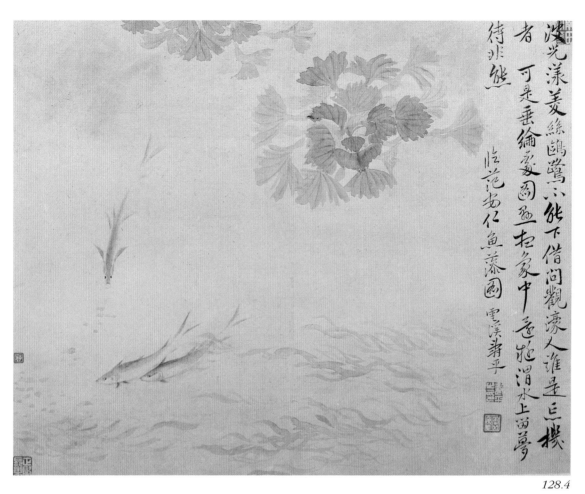

淡光漾漾菱絲亂鷗鷺六銖下借問觀漁人誰是主人機
者 可是垂綸菱圖孤負家中要把渭水上漁夢
待北熊
臨范安仁魚藻圖 雲溪翁平

128.4

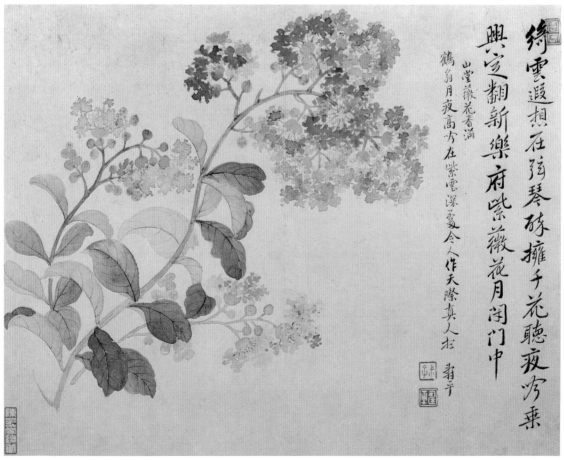

綺雲遮擁在瑤琴珠擁千花聽夜吟乘
興寫翻新樂府紫薇花月閉門中
山堂微花香滿
鶴翁月夜高吟在紫雲深處令人作天際真人也 翁平

128.5

271

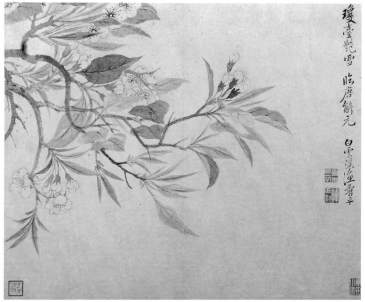

128.6

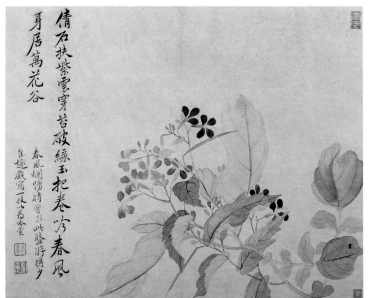

128.7

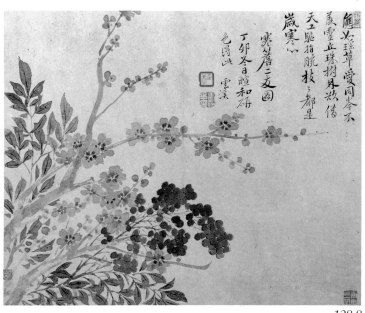

128.8

129

惲壽平　古木垂夢圖軸

紙本　設色　縱105.3厘米　橫43厘米

Old Tree with Wisterias
By Yun Shouping
Hanging scroll, Light color on paper
105.3 x 43cm

本幅自題："古木垂夢，高岩濺瀑圖。放
筆藤花落研池，夜來移石有雲知。開軒
長掛南山影，何必東籬泛菊時。毘陵惲
壽平。"鈐"園客"（朱文）、"壽平"（白
文），引首鈐"墨滂"（朱文），右下鈐"南
田草衣客"（朱文）、"正叔敖古"（朱
文）、"遊戲筆墨"（白文）。收藏印"虛齋
審定"（白文）、"柏氏家藏"（朱文）、
"孫煜峯珍藏印"（朱文）、"柏成樑鑑賞
章"（朱文）。

此圖構畫高岩、古木，雖景物突兀奇拔，
而意境清俊秀逸。惲氏論畫有云："畫以
簡貴為尚，簡之入微，則洗盡塵滓，獨存
孤迥，煙鬟翠黛，斂容而退矣。"故畫家
雖仿學董源畫法，則全以簡筆為之。又
據徐邦達先生研究惲畫："早、中年大都
尖鋒圓瘦，秀逸輕清。"此圖用尖鋒圓
筆，而筆法頗為凝練，當是畫家中年的
精品之作。

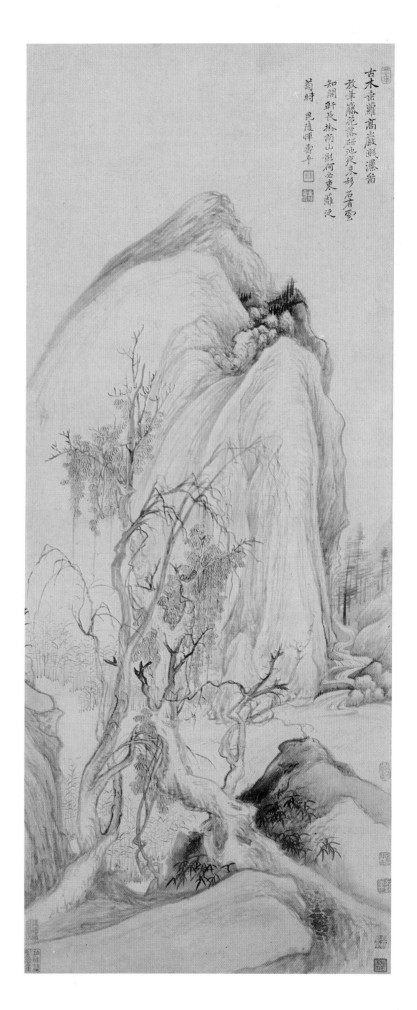

273

130

惲壽平　松竹圖軸

紙本　設色　縱135.8厘米　橫61.3厘米

Pines and Bamboos
By Yun Shouping
Hanging scroll, color on paper
135.8 × 61.3cm

本幅右上自題五絕一首："徒倚白雲外，
盤恒陶徑深。相看惟石友，同有歲寒心。
甌香館製，白雲溪外史壽平。"鈐"南田
草衣"（白文）、"壽平"（朱文），引首鈐
"寄岳雲"（朱文）。收藏印"仲麟鑑藏"
（白文）、"婁東陸愚卿願吾氏祕篋圖
書"（朱文）。

按題詩"徒倚白雲外"及名款"白雲溪外
史"，可知此松竹圖是惲壽平晚年作品。

此圖所繪松、竹、石是文人畫家慣寫題
材。按惲氏晚年遷居白雲溪，因自號白
雲溪外史，題畫詩中首句"徒倚白雲外"
當為實寫。陶淵明《歸去來辭》中有句：
"景翳翳以將入，撫孤松而盤恒。歸去來
兮，請思交以絕遊。""盤恒陶徑深"是畫
家擬學陶淵明而歸隱白雲溪以度晚年
之意。然其所畫《松竹圖》卻非"景翳
翳"的暮景，而是出以蒼松、翠竹、秀石，
畫面的明潔秀逸，正是畫家晚居時悠然
淡逸心境的寫照。

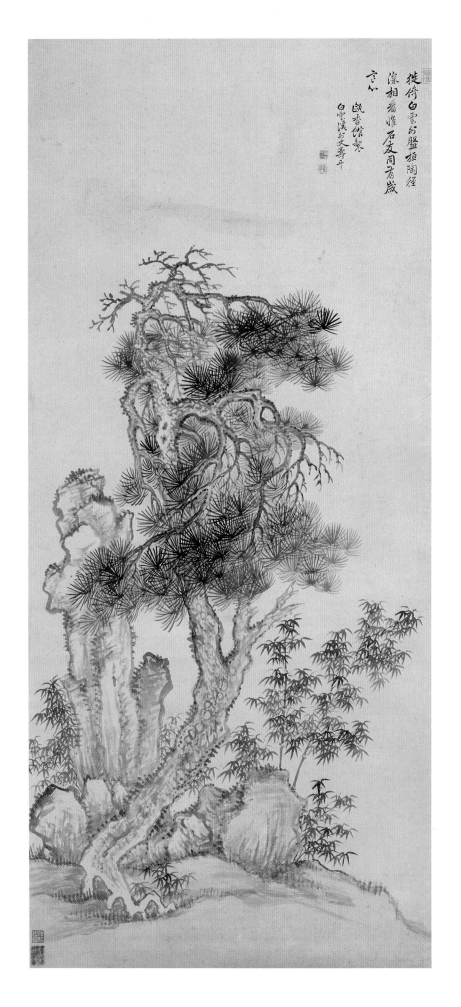

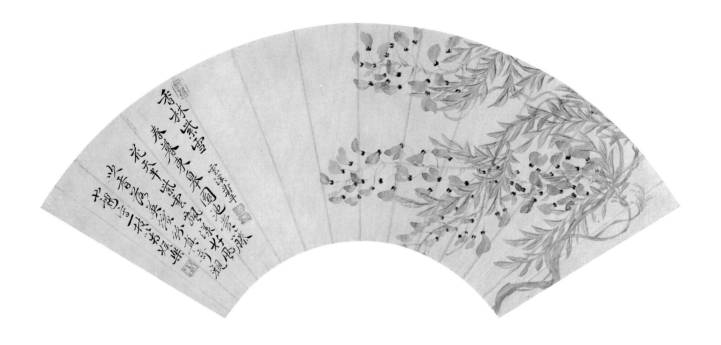

131

惲壽平　紫藤圖扇

紙本　設色　縱17.8厘米　橫53.3厘米

Chinese Wistaria
By Yun Shouping
Fan leaf, color on paper
17.8 x 53.3cm

本幅左側題名："香林紫雪，雲溪壽平。"引首鈐"吹萬"（朱文），"園客"（白文）。題識："春暮東皋園池，賞藤花天半，紫雲飄漾，好風吹香，落英繽紛，真奇觀也，戲寫一枝，以為娛樂。"

鈐"壽平"（白文）。

按題款"雲溪壽平"是惲壽平晚年遷居城南白雲溪旁時常用的字號。雲溪是白雲溪的簡稱。據洪亮吉《外家紀聞》，白雲溪是洪舅氏蔣穎若（字啟宸）宅邊一條溪水的名稱。南京博物院藏有一件惲氏在藤花下寫沒骨法藤花扇面，題名為《香林紫雪》，是康熙二十一年（壬戌）春所畫。此扇為惲壽平暮春所繪，自題《香林紫雪》，與南京博物院《香林紫雪》在時間上不會相差太遠，故亦應為50歲所作。

此圖以秀逸淡雅的沒骨技法表現紫藤的輕盈疏秀，筆墨瀟灑，全以五彩敷染而成。是其晚年的成熟作品。

132

惲壽平　花卉山水圖冊

紙本（十二開）　設色或墨筆　每開縱22.8厘米　橫34.6厘米

Landscapes, Flowers and Plants
By Yun Shouping
Album of 12 leaves, color or ink on paper
Each leaf: 22.8 x 34.6cm

此花卉山水圖冊，分別繪設色桃花柳樹、綠竹蘭石、垂柳半月、牽牛花、山水、花石蘭竹、水墨雲山、設色秋海棠、墨筆岩石大樹、設色菊花、墨筆雪景山水、墨筆梅花。每圖均鈐印款。（詳見附錄）

此冊八開花卉，四開山水。在八開花卉當中有兩開臨仿徐崇嗣和王淵，惲壽平採用精細的雙勾、渲染手法，力求接近古人勾染遺法。其他幾幅以清淡自然，色澤典雅的格調，直接敷彩而成。在山水畫中，《米家山水》一開特點尤為突出，筆墨表現宋人山水"不在工，而在逸"的韻味，多雨迷蒙，變幻無常，有戲墨之趣。全冊畫法秀逸，色彩清新，應是惲氏較為成熟的代表作品。

《虛齋名畫錄》著錄。

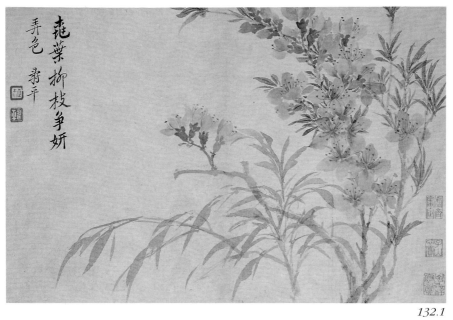

132.1

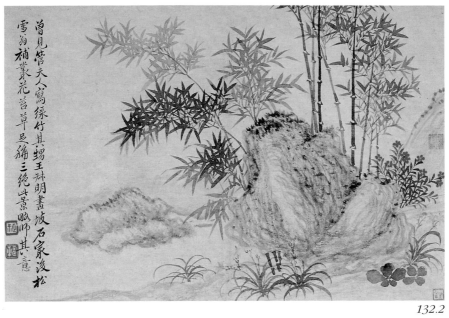

132.2

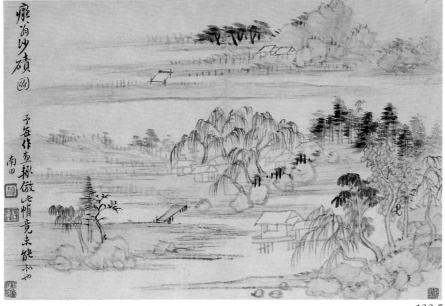

132.5

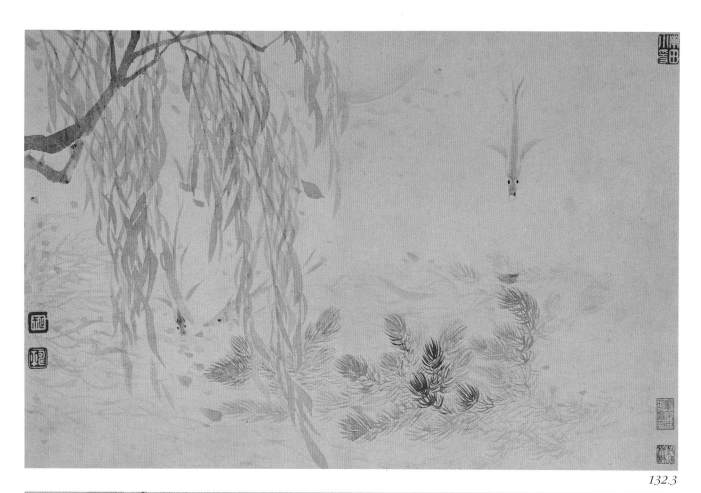

132.3

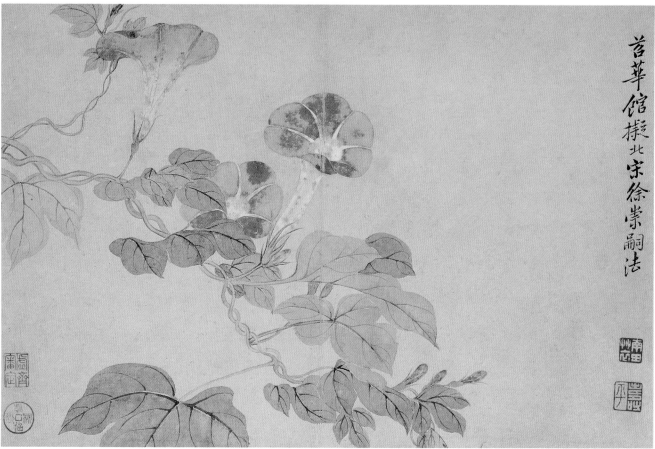

菩華館擬北宋徐崇嗣法

132.4

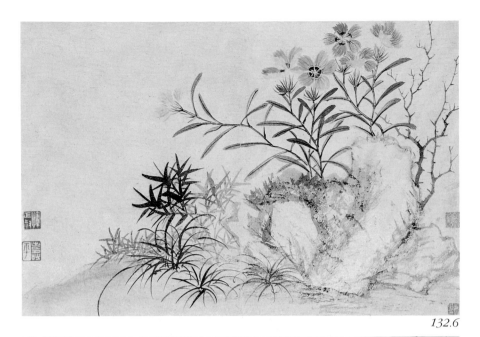

132.6

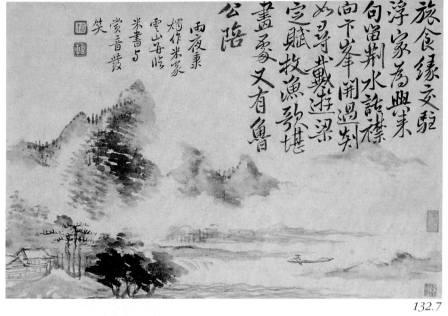

旅食緣交馳
浮家為與寐
句當荊水話襟
向下峯開過刹
如尋戴逰梁
宣賦投漁歌堪
畫家又有魯
公陷

雨夜秉
燭作米家
雲山苦臨
米書与
賞音聲
笑

132.7

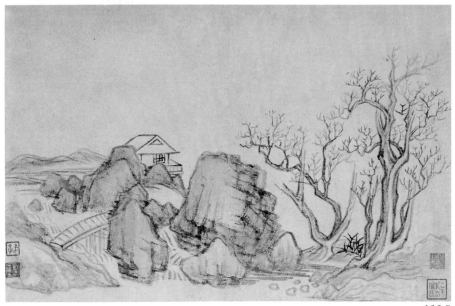

132.9

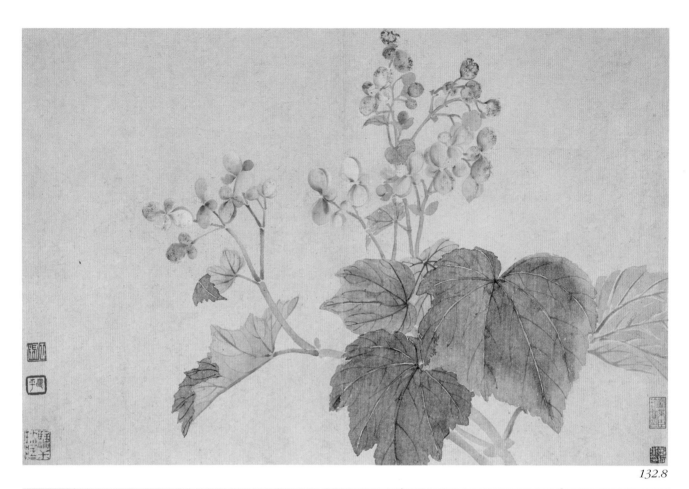

132.8

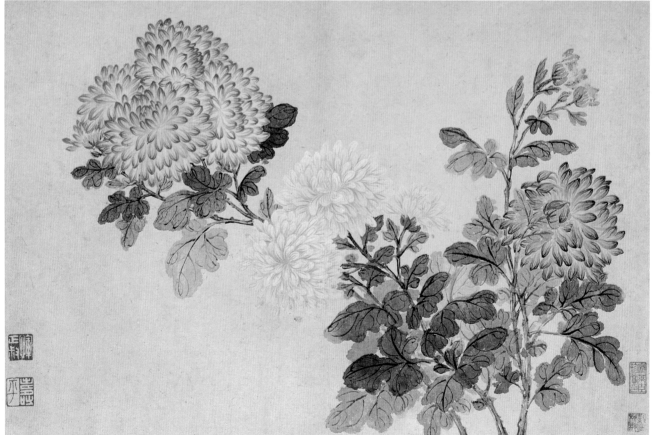

132.10

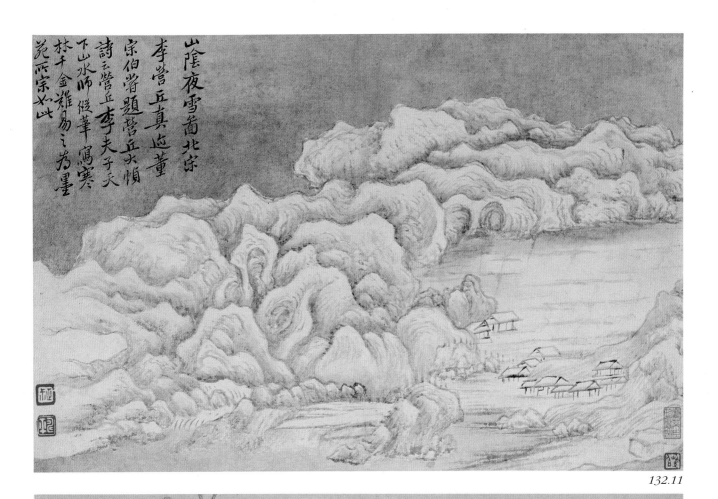

山陰夜雪畫北宗
李營丘真迹董
宗伯嘗題營丘一幀
詩云營丘李夫子天
下山水師儗葦寫寒
林千金雜易之為墨
苑所宗也此

132.11

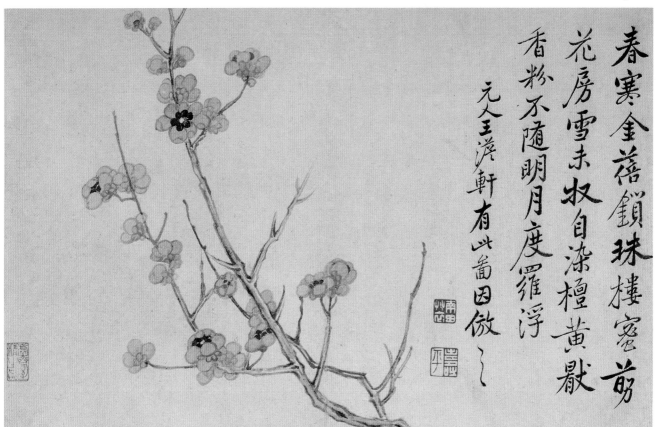

春寒金蓓鎖珠樓竅舫
花房雪未收自染檀黃皺
香粉不隨明月度羅浮
元人王澹軒有此畫因倣之

132.12

281

133

惲壽平　雜畫圖冊

紙本（十開）　墨筆或設色　每開縱24厘米　橫37.2厘米

Miscellaneous Paintings
By Yun Shouping
Album of 10 leaves, ink or color on paper
Each leaf: 24 x 37.2cm

此雜畫圖冊，分別繪設色柳燕、梅花、墨筆牡丹、魚藻、葡萄、墨
竹、墨松、設色荷花、墨筆桂花、蘭菊。每圖分別有題識、款印。
（見附錄）

此冊題簽："惲南田寫生冊。"心遠草堂祕笈戊寅中秋用宋大
中祥符研、冬心墨題，吳湖帆。鈐"吳湖帆"（陰陽文）、"東莊"
（朱文）。

《雜畫冊》落款多為"白雲外史"及"雲溪"或"雲溪漁父"。此
名號是惲壽平晚年遷居白雲溪所立。由此可知是他晚年作品。
他隱居白雲溪以後，生活環境發生了很大變化，在繪畫創作上
能極妍盡態，悅澤風神。《雜畫冊》諸花鳥古樹皆用沒骨法所
為，施敷淡色而不留水漬痕迹，畫法秀潤放逸，富有天然妙趣。

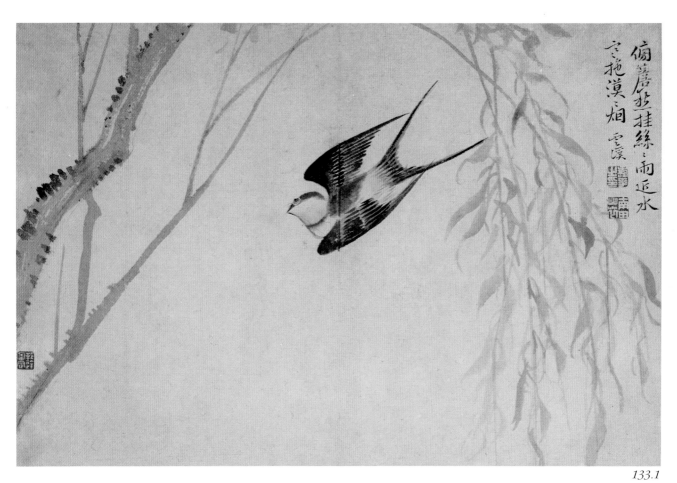

偏蘀廣垂掛絲
雨近水
忘抛漠漠烟
雲溪
133.1

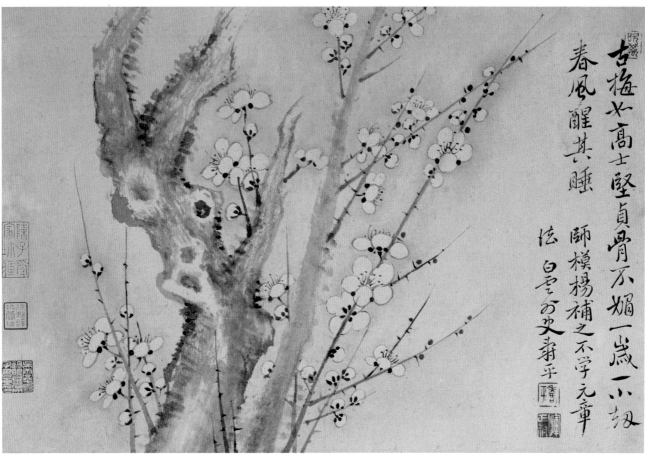

古梅如高士堅貞骨不媚
一歲一枝
春風醒其睡
師模楊補之不學元章
法白雲
司史翁平
133.2

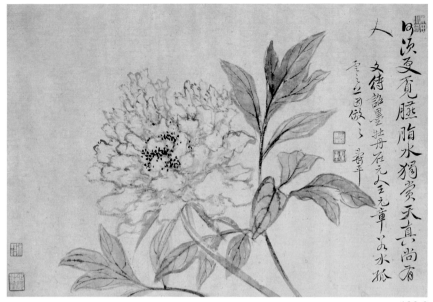

日涉夏覓脂水狷賞天真尚有
人文待詔墨牡丹在元人王元章尚水孤
雲之圃倣之 壽平

133.3

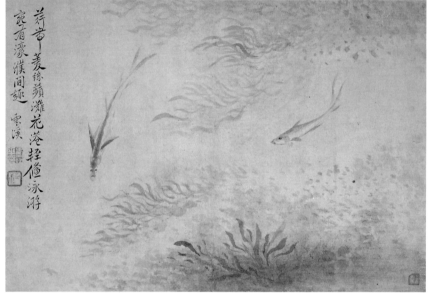

荇華菱絲蘋灘花港輕條泳游
窊有濠濮間趣 雲溪

133.4

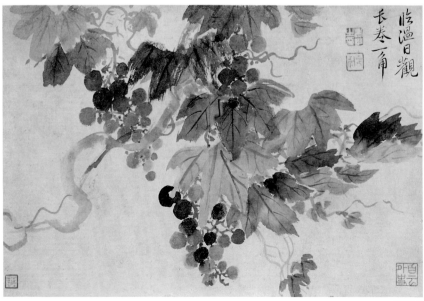

臨溫日觀
長卷一角

133.5

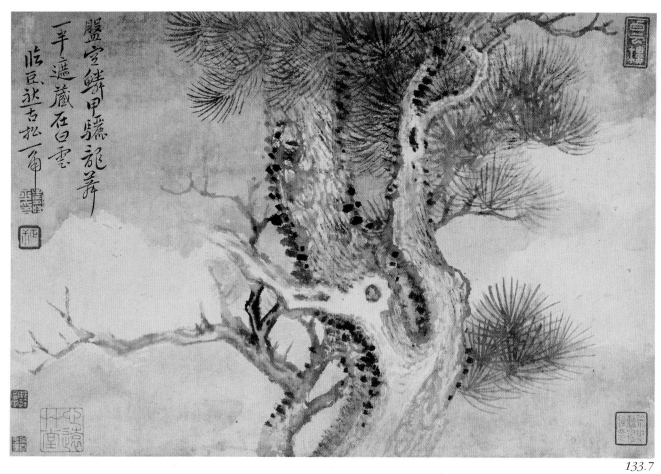

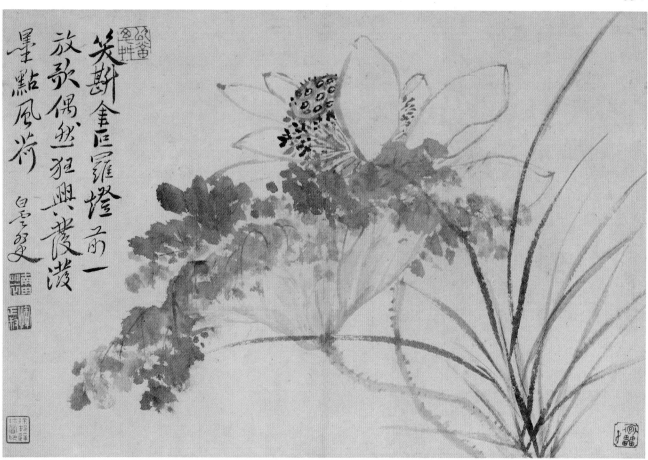

133.7

133.8

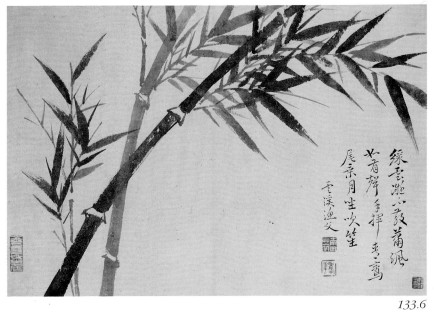

綠雲滿砌發蒲颿
花有辭爭禪其鳶
屋乘月生吹笙
雪溪漁叟

133.6

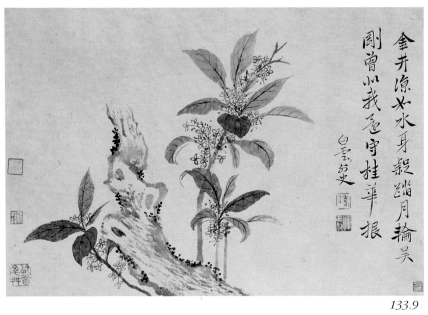

金井涼水身穀踏月輪吳
剛曾小我色守桂華振
白雲老史

133.9

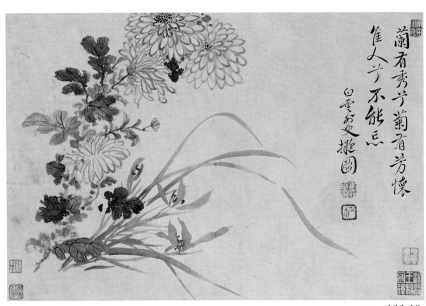

蘭有秀兮菊有芳懷
佳人兮不能忘
白雲老史摘圖

133.10

134

惲壽平　蓼汀魚藻圖軸

紙本　設色　縱135厘米　橫62.5厘米

Islet with Knotweed along a River with Fish and Aquatic Plants
By Yun Shouping
Hanging scroll, color on paper
135 × 62.5cm

本幅左上自題："青山園池蓼花汀上得
此景，白雲溪外史，壽平剪燭戲圖。"鈐
"壽平之印"（白文）、"正叔"（朱文）
"以當萬舛"（朱文）。收藏印"孫氏弘一
齋印"（朱文）、"煜峯鑑賞"（白文）、
"麓雲樓書畫記"（朱文）、"士元珍藏"
（朱文）。

按題文落款"白雲溪外史"，故《蓼汀魚
藻》為惲壽平晚年之筆。此圖佈局左方
玲瓏石，後竹枝、蘆荻、蓼花叢生。右下
清泉一泓，游魚三尾。水底荇藻隱約可
辨。用筆設色簡潔素雅，描繪形象生趣
盎然，意態頗佳，體現了惲氏沒骨花卉
清逸淡雅的又一種風格。

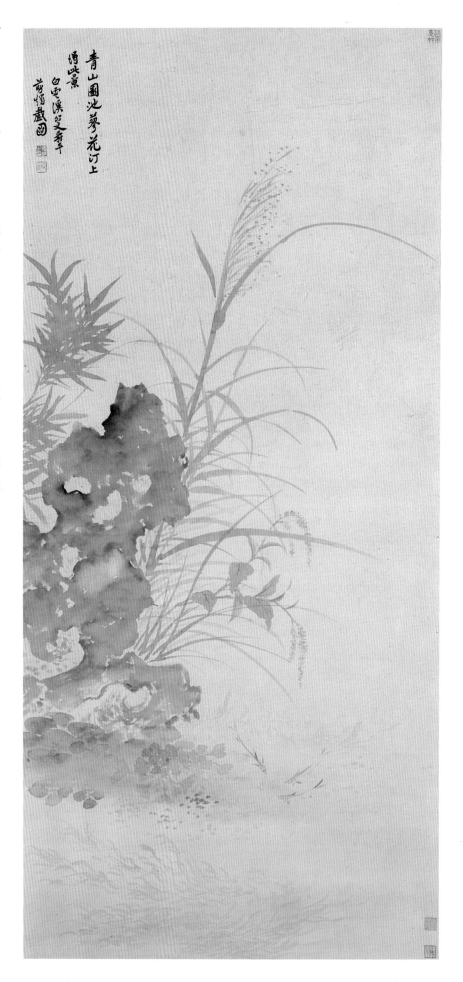

135

惲壽平　臨唐寅桃花圖軸

紙本　設色　縱133厘米　橫55.5厘米

Peach Blossoms in Imitation of Tang Yin
By Yun Shouping
Hanging scroll, color on paper
133 x 55.5cm

本幅左上自題："習習香薰薄薄煙，杏遲
梅早不同妍。山齋盡日無鶯蝶，只與幽
人伴醉眠。甌香館臨唐解元壽平。"鈐
"壽平之印"（白文）、"正叔"（朱文）、
"白雲外史"（朱文），引首鈐"寄岳雲"
（朱文）。收藏印"湖颿鑑賞"（白文）、
"元和顧子山祕笈之印"（朱文）。裱邊
吳湖帆題記，費念慈題簽。

按題款"甌香館"及印章"白雲外史"，
此圖應是惲壽平晚年之作。圖面桃花一
株，繁花倒垂，敷色秀逸淡雅，用沒骨法
并施以淡彩精繪而成。雖言臨唐寅，但
更極淡雅之功。

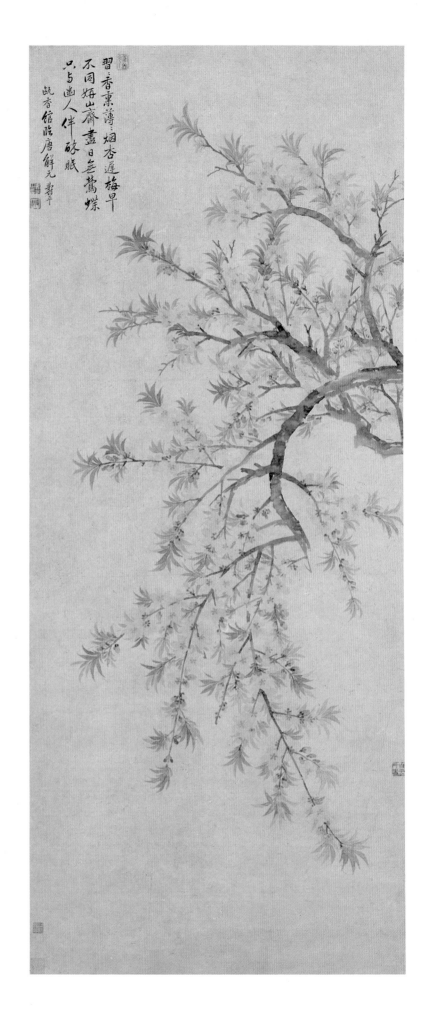

136

惲壽平　叢篁澗泉圖軸

紙本　墨筆　縱138厘米　橫49.3厘米

Bamboo Grove by the Mountain Stream
By Yun Shouping
Hanging scroll, ink on paper
138 x 49.3cm

本幅右上自題：雲西老人叢篁澗泉，宛
有塵外之致。白雲外史壽平在甌香館
製。"鈐"惲正叔"（白文）、"壽平"（朱
文），引首鈐"寄岳雲"（朱文）。收藏印
"廷雍曾觀"（白文）、"虛齋審定"（白
文）、"萊臣心賞"（朱文）。

題文中"雲西老人"是元曹知白，字又
玄，一字貞素，號雲西。華亭（今上海松
江）人。為崑山教諭，意甚不樂，遂辭去，
隱居讀易，放筆圖畫，善長山水。按落款
"白雲外史"應為惲壽平晚年遷居白雲
溪所繪。

惲壽平此圖仿曹知白所繪《叢篁澗泉
圖》，意在欣賞此圖的"塵外"之意，因此
在畫法上重點表現溪澗的幽靜和雜木
叢林的豐茂。用濃淡相間的墨色勾勒皴
擦，筆調簡潔而意韻協調，與其晚年所
繪《松竹圖》是為同調佳作。

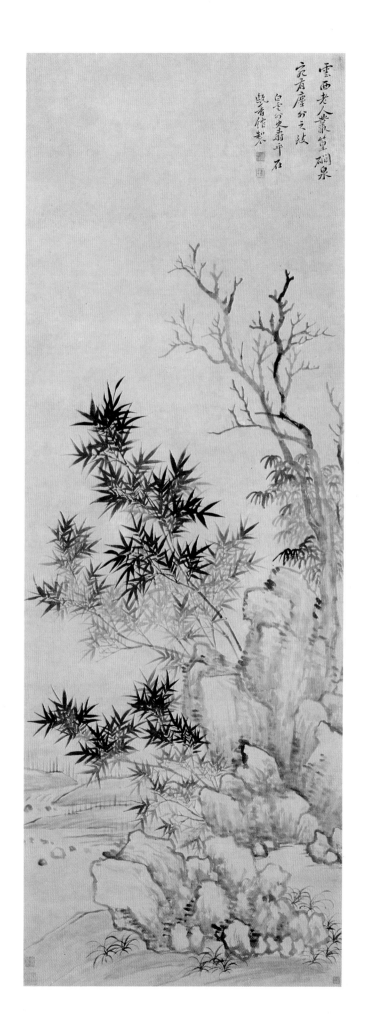

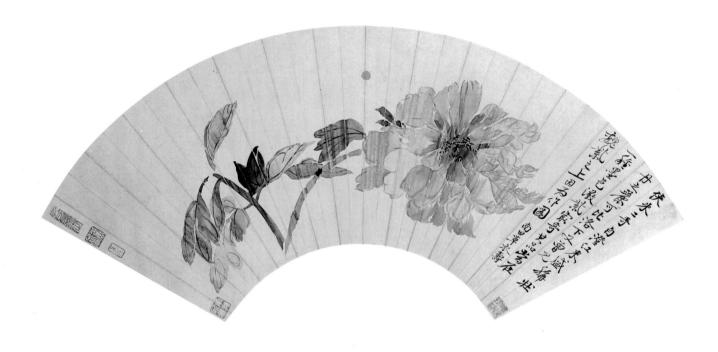

137

惲壽平　牡丹圖扇

紙本　設色　縱17.5厘米　橫52.9厘米

Peony
By Yun Shouping
Fan leaf, color on paper
17.5 x 52.9cm

此扇右側自題："俠朱二哥自澄江來,盛稱牡丹之麗可比洛下,
又曾見一種墨色微紫,最奇,其品當在魏紫之上,因為作圖。南
田草衣壽。"收藏印"孔氏鑑定"(朱文)、"少唐心賞"(白文)、
"甫拙所藏"(白文)、"懷民珍祕"(朱文)等。

題文中"魏紫"是牡丹名,據宋歐陽修《文中集》中〈縣舍不種
花……因戲書七言四韻詩〉:"伊川洛浦尋芳徧,魏紫姚黃照
眼明"句,魏紫又稱魏紅。歐陽修《洛陽牡丹記》言:"魏家花
者,千葉肉紅,花出魏相家。"魏相即魏仁浦,字道濟,後周世宗
及宋太祖朝為相。他養殖的牡丹色澤紫艷而獨佔春風,故以
"魏紫"得名。

惲壽平《牡丹扇》,據其所見"墨色微紫"的牡丹,應是最名貴
的"黑牡丹"一種。畫家用沒骨法繪之,生動地描畫出此種牡
丹的色澤、艷態,是畫家工於寫生和長於敷色的藝術表現。

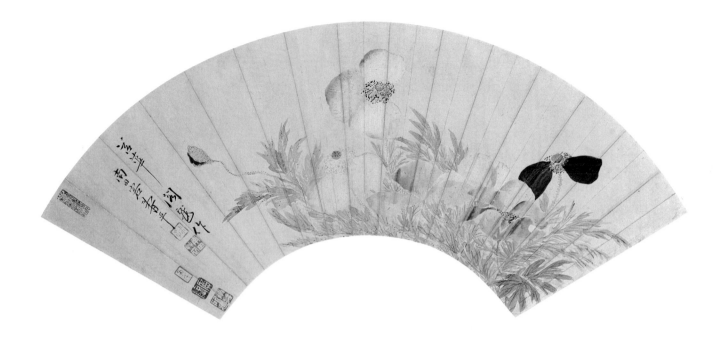

138

惲壽平　罌粟花圖扇

紙本　設色　縱16.2厘米　橫50.5厘米

Poppy Flowers
By Yun Shouping
Fan leaf, color on paper
16.2 x 50.5cm

本幅左側自題："甌華閣戲作，南田客壽平。"鈐"叔子"（朱
文）、"南田草衣"（白文）。收藏印"嶽雪樓印"（朱文）、"孔
氏"（朱文）、"廣陶"（白文）、"甫拙所藏"（白文）。

此扇是惲壽平在自己的畫室"甌華閣"所作。惲氏另一幅以罌
粟花為題材之作在《石渠寶笈重編·御書房》中記載："康熙二
十一年（壬戌）四月，用沒骨法作《罌粟花》一軸"，並題詩。此
扇亦用沒骨法，設色濃淡兼施，花色秀麗明艷，頗有韻味。孔廣
陶《嶽雪樓書畫錄》著錄。

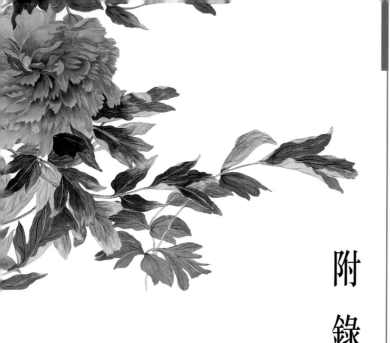

圖11

王時敏　仿古山水冊

冊後王時敏長跋："吾年來為賦役所困，塵坌滿眼，愁鬱填胸，於筆硯諸緣久復落落。此冊為兒子捴裝以乞畫者，日置案頭，每當煩懣交併，無可奈何，輒一弄筆以自遣。而境違神滯，心手相乖，如古井無瀾，老蠶抽繭，了無佳思以發奇趣。諸幀雖借古人之名漫為題仿，實未能少窺其藩，落筆不禁顏汗。然坡公有言：'論畫以形似，見與兒童鄰'，則臨摹古迹尺尺寸寸而求其肖者，要非得畫之真。吾畫固不足以語此，而略曉其大意，因以知文章之道亦然。山谷詩云：'文章最忌隨人後，自成一家始逼真'，正當與坡公語並參也。壬寅余月晦日。西廬老人識。"下鈐"遜之"（朱文）、"西廬老人"（朱文），上鈐引首章"真趣"（朱文）。

圖18

王時敏　作杜甫詩意圖冊

後頁王時敏自題云："少陵詩體弘眾妙，意匠經營，高出萬層。其奧博沉雄，真有挈鯨魚探鳳髓之力。故宜標準百代，冠古絕今。余每讀七律，見其所寫景物瓌麗高寒，歷歷在眼，恍若身遊其間，輒思寄興磅礡。適旭咸賢甥以巨冊屬畫，寒窗偶暇，遂拈景聯句點染成圖。顧以肺腸枯涸俗賴，填塞於作者意愜飛動之致，略未得其毫末詩中字字有畫，而畫中筆筆無詩。漫借強題，鈍置浣花翁不少，慼慼愧愧。西廬老人王時敏題。"鈐"王時敏印"（白文）、"西田遺老"（朱文）、"偶諧"（朱文）。

圖22

王鑑　仿王蒙山水圖軸

"曩在都門，王廉州時為比部郎，余與孫伯觀中翰、陸叔度明經、王志不司農晨夕往還，共論琴畫。別來廿載，廉州掛冠歸婁東，余承乏吳郡。先是廉州遊濟上，歸時，余將解組矣。會晤甚難，動淹旬月，欲如曩日，過從無間，好友追攀，豈可復得也。廉州罷郡在強仕之年，顧盼林泉，肆力畫苑，筆墨之妙，海內推為冠冕。吳自沈文後，茲道久已荒榛，得廉州而復震，予獲觀其盛大，為吳門吐氣，故樂得而稱道焉。客有持此畫來索題，知為得意之作，余不暇論，惟有深服其畫品之高，並敘其俯仰今昔之情如此。丙申中春會稽張學曾。"

圖23

王鑑　夢境圖軸

王鑑自題："畫山水而兼園亭，自摩詰《輞川》、《盧鴻草堂》圖始，後至元季趙文敏好寫此景，絕無畫院習氣。叔明乃其甥也，故每效之，更加風韻。曾見其《南村草堂圖》，為得意之筆，真迹向藏新安吳氏。後王越石持一贗作售之閑仲叔祖，得值甚厚。余正其非，遂欲退還，而越石狡甚，返謂余欲得此畫，故造此論，叔祖信之，復珍重如天球拱璧。乏其眼而好古，未有不受人欺者，雖賞鑑小事，其中亦難言也。客歲遊燕，真定梁大司馬玉立、曹少司農秋岳，皆屬余作《草堂圖》，尚未有以應之。蓋兩先生方作長安貴人，籌邊計國，何暇及此，更俟幾年寫以寄之，代北山移文可耳。今六月避暑半塘，無聊晝寢，忽夢入山水間，中有書屋一區，背山面湖，迴廊曲室，琴几瀟灑，花竹扶疏，宛似輞川軒外捲簾，清波浩渺，中流一叟乘棹垂綸，曠然自得。予趺坐中堂，觀左壁畫乃思翁筆,幽微澹遠,不覺撫掌讚歎,遂爾驚醒,鼻端拂拂猶作異香,令人有天際真人之想。嗟余焉能真有此境,便當老是鄉矣。然余年已四十八,顛毛種種,縱至七十,亦不過二十年一夢耳,況未能必,又安知此夢非真境耶?起而滌硯伸紙,記境成圖,不爽毫髮,懸之座右,以當望梅止渴而已,擲筆惘然。丙申夏六月哉生明,王鑑識。"

圖29

王鑑　仿古山水圖冊

冊後畢瀧題跋:"四王先生中,惟廉州能運筆中鋒,其合作處,堪與董華亭對壘。此仿古十二幀,聚精會神。丘壑位置,渲染古雅,得宋元人之神髓,不徒以形似稱能者也。畫作於太倉東門外之小祇園,即弇州先生藏經之所,今祇園頹廢,而斯冊如新。昔人云:筆墨之壽於金石也,信然。乾隆辛亥春仲重裝於靜逸菴因識。竹痴畢瀧。"鈐"畢瀧"夔龍印、"廣堪齋主"(朱文)。又每開分鈐"虛齋審定"等龐萊臣藏印。

圖49

王翬　雲溪高逸圖卷

本幅卷末惲壽平題跋:"水閣秋陰覆研池,夜來移石有雲知。鬱岡臥作雲溪想,正是王郎破墨時。觀其崖瀨奔會,林麓隱伏,寂焉澄懷,悄焉動容,蓋已近跨六如、遠追洪谷,孤行法外,軼宕之致盡矣。當鬱岡先生秋堂隱几,遊想雲溪,而王山人已隔牖含毫,分雲置壑。兩公神契,無言默成,耽玩勝趣,真足鼓舞,天倪資其霞舉,尚哉斯圖。毘陵惲壽平在北山草堂識。"下鈐"壽平"(朱文)、"園客"(朱文),引首章"雲在"(白文)。

圖50

王翬　仿古山水四段卷

一、第三、四段圖間隔水上自題:
"凡作畫遇興到時即運筆潑墨,頃刻間煙雲變化,峯巒萬重,蒼莽淋漓,諸法畢具,真若有神助者。此為天真,得天真而成逸品。逸品在神品之上,所謂神品者,人力所能至也。所謂逸品者,在興會時偶合也。癸丑六月三日,荊溪道中書。石谷子。"鈐"王翬之印"(朱白文)、又:"一山一水一草一木必互相映發,位置天然,雖尺幅間而有千尋之勢者,惟吳仲圭能之。烏目山人王翬再識。"鈐"石谷子"(朱文)、"王翬之印"(白文)及引首章"烏目山人"(朱文)。

二、第四段圖後隔水上自題:
"每下筆當思古人玄妙處,意在筆外,悟此自能畫善。所謂筆簡意到者是也。今人刻意繁密而於切要處絕不經意,則去古人遠矣。十月既望同金陵陳孚薦,金沙周己山觀又書。時在維揚李氏之仁安堂。劍門樵客。"鈐"石谷子"(朱文)、"王翬之印"(白文),前鈐"上下千年"(朱文)"墨禪"(朱文)。

三、各段間副隔水上另有史鑑宗、惲壽平、周衍等題跋多處。

四、卷後尾紙有馮金伯跋及費念慈、木居士觀款。

五、全圖前後共龐萊臣收藏印十三方:"萊臣心賞"(朱文)、"虛齋審定"(朱文)……及顧文彬收藏印"顧子山祕篋印"(朱文)二方。

圖57

王翬　晚梧秋影圖軸

本幅惲壽平題跋:"魚窺人影躍清池,綠掛秋風柳萬絲。□岸散衣閑立久,碧梧蔭下納涼時。丙寅秋與石谷王子同客玉峯(今江蘇崑山)園池,每於晚涼翰墨餘暇與石谷立池上商論繪事,極賞心之娛。時星漢晶然,清露未下,暗睹梧影,輒大叫曰:'好墨葉!好墨葉!'因知北苑、巨然、房山、海岳點墨最淋漓處必濃淡相兼,半明半暗。乃造化先有此境,古匠力為摹仿,至於得意忘言,始灑脫畦徑,有自然之妙。此真我輩無言之師。王郎酒酣興發,戲為造化留此景致,以示賞音,抽毫灑墨,若張顛濡髮時也。修翁先生見而愛之,因以為贈。他日貽之文孫蔚兄以成世契。南田惲壽平。"下鈐"壽平"(朱文)、"惲正叔"(白文)。前鈐引首章"寄岳雲"(朱文)。

圖73

王原祁　送別詩意圖軸

本幅自題:"吳門旅雁兩三聲,我去西江君北征。一片樓頭寒夜月,桃花流水隔年情。

兩載相思南北分,孤舟誰浦忽逢君。離愁一夜連牀話,湖岸西風浪接雲。

意止圖成點染新,一山一水未能真。知君夙有煙霞癖,側理重貽拂舊塵。

侵晨扣戶喜盤桓,無那霜花入硯寒。促迫由來多疥癩,掛君素壁不須看。

戊寅夏秋，敬立表叔讀書余齋，余為作意止齋圖長卷，甫成而北行，復購紙相待。歷年以來彼此往來南北，僅於清淮一晤。今始得都門聚首，歡甚。連日過寓齋堅索前約，呵凍遂成此圖。因題四絕，以誌我兩人離合之迹云。"

圖80

王原祁　仿古山水圖冊

第一開　"六法中氣韻生動，至北苑而神逸兼到，體裁渾厚，波瀾老成，開以後諸家法門，學者罕窺其涯際。余所見半幅董源及《萬壑松風》、《夏景山口待渡》卷皆畫中金針也。學不師古如夜行無火，未見者無論，幸而得見，不求意而求迹，余以為未必。余奉敕作董源設色大幅，未敢成稿，先以此試筆並識之。麓臺祁。"鈐"王原祁印"（白文）、"麓臺"（朱文）、御賜"穀詒堂"印。

第二開　"張伯雨題大痴畫云：'峯巒渾厚，草木華滋。以畫法論，大痴非痴，豈精進頭陀，而以釋巨然為師者耶'。余仿其筆並錄數語。"鈐"王原祁印"（白文）、"麓臺"（朱文）、"石師道人"（白文）、"興與煙霞會"（朱文）。

第三開　"桃源處處是仙踪，雲外樓台映碧松。惟有吳興老承旨，毫端湧出翠芙蓉。趙松雪畫為元季諸家之冠，尤長於青綠山水。然妙處不在工而在逸，余《雨窗漫筆》論設色，不取色而取氣，亦此意也。知此，可以觀《鵲華秋色卷》。"鈐"原祁之印"（白朱文）、"麓臺"（朱文）、"掃華庵"（朱文）。

第四開　"董宗伯評房山畫，稱其'平淡天真，近於董、米，與子昂並絕。'余亦學步，久而未成，方信古今人不相及也。"鈐"原祁之印"（白朱文）、"麓臺"（朱文）、"蒼潤"（朱文）。

第五開　"叔明少學右丞，後酷似吳興，得董巨墨法，方變化本家體。瑣細處有淋漓，蒼莽中有嫵媚，所謂奇而一歸於正者。雲林贈以詩云：'王侯筆力能扛鼎，五百年來無此人'，不虛也。"鈐"王原祁印"（朱白文）、"茂京"（朱文）、"古期齋"（朱文）。

第六開　"大痴畫，經營位置可學而至，其荒率、蒼莽不可學而至。若平林、層岡、沙水、容與，尤出人意表，妙在着意不着意間，如《姚江曉色》、《沙磧圖》是也。若不會

本源，臆見揣摩，疲精竭力以學之，未免刻舟求劍矣。"鈐"王原祁印"（白文）、"麓臺"（朱文）、"掃華庵"（朱文）。

第七開　"雲林畫法，一樹一石皆從學問、性情流出，不當作畫觀，至其設色尤借意也。董宗伯試一作之，能得其髓。先奉常仿作《秋山》最為得意，謹識於後。"鈐"王原祁印"（白文）、"麓臺"（白文）、"蒼潤"（朱文）。

第八開　"巨然在北苑之後，取其氣勢，而觚棱轉折處融和淡蕩，脫盡力量之迹。元季大痴、梅道人皆得其神髓者也。此圖取《溪山行旅》、《煙浮遠岫》意，而運筆未能舒展，此工力之未純。若云紙澀拒筆，則自諉矣。"鈐"王原祁印"（白文）、"麓臺"（白文）、"我心寫兮"（朱文）。

第九開　"大痴元人筆，畫法得宋派。筆花墨沈間，眼光窮天界。徙壑密林圖，可解不可解。一望皆篆籀，下士笑而怪。尋繹有其人，食之如沆瀣。余仿大痴題此，質之識者。"鈐"王原祁印"（白文）、"麓臺"（白文）、"古期齋"（朱文）。

第十開　'梅花庵主墨精神，七十年來用未真'，此石田句也。石田學巨然，得梅道人衣鉢，欲發現生平得力處，故有此語，然猶遜謝若此。余方望崖涉津，欲希踪古人，其可得耶？"鈐"原祁茂京"（朱文）、"別號麓臺"（朱白文）、"得失寸心知"（白文）。

第十一開　"荊關遺意，大痴則之，容與渾厚，自見嵌嵌，刻劃圭角，纖巧韋脂，以言斯道，皆非所宜，學人須慎，毫釐有差。《天池石壁》粉本，吾師大痴《天池石壁》有專圖，《浮巒暖翠》中亦用此景，皆傳作也。誤用者每蹈習氣，余故作箋語。"鈐"王原祁印"（白文）、"麓臺"（朱文）、"掃華庵"（朱文）。

第十二開　"董宗伯題雲林畫云：'江南士大夫以有無為清俗'，卷帙中不可少此筆也。今真虎難遘，欲摹其筆，輒百不得一。此幅亦清潤可喜。匡吉甥篤學嗜古，從余學畫有年，筆力清剛，知見甚正，楷模董巨、倪黃正宗，囑余仿八家，名曰：'液萃'。余信手塗沫，稍有形似者弁之曰仿某氏，如'痴人説夢'、'夏蟲語冰'，不足道矣。耳目心思，何所不到，出入諸賢三昧，闡盡蠶叢，頓開生面。良工苦心，端有厚望，不必問途於老馬也。康熙乙酉重陽日王原祁題於穀詒堂。"鈐"王原祁印"（白文）、"麓臺"（朱文）、"御書畫圖留與人看"（白文）。

圖86

王原祁　仿古山水圖冊

第一開　墨筆。64×35.2厘米。自識："秋月讀書圖,用荊關墨法。秋月秋風氣較清,聲光入夜倍關情。讀書不待燃藜候,桂子飄香到五更。庚寅冬日為丹思(王敬銘)畫畢,賦此於勷。麓臺祁"。鈐"茂京"(朱文)、"石師道人"(白文),右側石上又鈐"古期齋"(朱文)。

第二開　設色。58.6×31.3厘米。自識："崇岡幽澗,仿范寬。峯迴壑轉拱天都,下有喬柯結奧區。要識水窮雲起處,清流不盡入平蕪"。左下角鈐"王原祁印"(白文)、"麓臺"(朱文)。

第三開　設色。59.6×33.7厘米。自識："余癸酉秦中典試,路經潼關太華,直至省會,仰眺終南山勢雄杰,真百二鉅觀也。海淀寓窗,追憶此景,輒仿范華原筆意而繼之以詩。終南互地脈,遠翠落人間。馬迹隨雲轉,客心入嶂閑。晴沙橫古渡,槲葉滿深山。領略高秋意,歸來但閉關。石師。"鈐"王原祁"(朱白文)。

第四開　墨筆。52.3×31.9厘米。自識："畫道至董巨而一變,以六法中氣運生動至董巨而始純也。余學步有年,未窺半豹,但元人宗派,溯本窮源俱在於此,苦心經營,或冀略存梗概耳。庚寅清和海淀寓直筆。"鈐"王原祁"(朱白文)、"麓臺"(白文)"三昧"(朱文)。

第五開　墨筆。54.9×33厘米。自識："戊子仲春用巨然賺蘭亭圖墨法。宋人筆墨宗旨如北苑之半幅、巨然之賺蘭亭是也。余故標出之要求用心進步處。"鈐"麓臺"(白文)。

第六開　青綠設色。58×34.8厘米。自識："南山秋翠。余仿松雪春山,意猶未盡,此圖復寫秋色。祁。""祁"字上鈐"麓臺"(朱文)。

第七開　墨筆。58.3×33.6厘米。自識："位置本心苗,相投若針芥。施設稍失宜,良莠為菶稗。匠意得經營,庖丁眘然解。元季有山樵,蕩軼而神怪。出沒蒼靄間,咫尺煙雲灑。我欲溯源流,董巨其真派。羅紋結角處,卷舒意寧口。慎勿恣遠求,轉眼心手快。丁亥仲冬下澣,長宵燒燭為丹思擬叔明筆,兼論畫理,偶成古體八韻並錄出示之。麓臺祁。"鈐"麓臺"(朱文)。

第八開　墨筆。56×34.7厘米。自識："溪山秋霽,仿梅道人。山村一曲對朝暉,秋霽林光翠濕衣。欲得高人無盡意,更看岡複與溪圍。高峯積蒼翠,訪勝到柴門。莫待秋光老,淒涼淨客魂。寫畢又題二絕,丁亥嘉平五日。"鈐"原祁之印"(白文)。

第九開　墨筆。56.9×31.9厘米。自識："廿年行腳老方歸,菴主精神世所稀。脫盡風波覓無縫,好將緗素換天衣。仿梅道人大意,作偈頌之。"鈐"原祁之印"(白文)"麓臺"(白文)。

第十開　墨筆。51.2×32.4厘米。自識："巨然雪景。此宋人變格,如大痴之九峯雪霽亦元人變格也。凡作此等畫,俱意在筆先,勿拘拘右丞、營丘模範,並不拘巨然、大痴常規。元筆兼宋法,此教外別傳也。具眼者試辨之。原祁。"鈐"古期齋"(朱文)。又"戊子冬初寫於海淀寓直,庚寅立冬日重展觀,更稍加點染並題數語,亦寓直時也。"

圖125

惲壽平　山水花鳥圖冊

第一開　鵝羣。自題"鵝羣,臨石田本"。鈐"壽平"(白朱文)。有一段乾隆題："新水平沙嫩草青,鵝羣分隊伴蘭亭。山陰道士甫相贈,應是書完道德經。"鈐"會心不遠"(白文)、"德充符"(朱文)。收藏印"乾隆御覽之寶"(朱文)、"乾隆宸翰"(白文)、"石渠寶笈"(朱文)、"石渠鑑定"(朱文)、"淳化軒"(朱文)、"淳化軒圖書珍祕寶"(白文)、"信天主人"(朱文)、"寶笈重編"(白文)、"譚氏區齋書畫之章"(朱文)、"玉齋"(朱文)、"臣龐元濟恭藏"(朱文)。

第二開　荷花。自題："衝泥抽柄曲,貼水鑄錢肥。西風吹不入,長護美人衣。出水芙蓉,擬北宋沒骨畫法,壽平。"鈐"正叔"(朱文)、"壽平"(白文)。乾隆題詩："初發芙蓉出水鮮,纖塵不染淨而娟。設方明遠評詩語,應致延年愧自然。"鈐"會心不遠"(白文)、"德充符"(朱文)。收藏印"玉齋"(朱文)、"元濟恭藏"(朱文)、"南屏珍藏"(朱文)。

第三開　山水。自題："趙榮祿紅霞秋霽,江上看丹楓紅柏,煙翠相間,研色成此,不覺滿紙驚秋。乙卯秋毗陵惲壽平。"鈐"壽平"(白文)、"正叔"(朱文)、"澂觀"(朱文)。乾隆題七絕詩:"丹楓綠樹艷秋光,背郭何人築草堂。寥廓偏宜縱遙目,落霞天際遠滄茫。"收藏印"臣龐元濟恭藏"(朱文)、"虛齋至精之品"(朱文)、"玉齋"(朱文)。

自題中"趙榮祿"為元代書畫家趙孟頫，字子昂，號松雪，湖州人。曾任榮祿大夫，故稱趙榮祿。

第四開　古木寒鴉。自題："烏鵲將棲處，村煙欲上時。寒聲何地起，風在最高枝。摹巨然古木寒鴉圖意。"鈐"正叔"（白文）、"壽平"（朱文）。乾隆題詩："古樹淡煙籠簇攢，晚鴉飛集意相安。居然入畫巨然景，何必無枝歎阿瞞。"鈐"含輝"（朱文）、"會心不遠"（白文）。收藏印"臣龐元濟恭藏"（朱文）、"虛齋至精之品"（朱文）、"玉齋"（朱文）、"南屏珍藏"（朱文）。

第五開　牡丹。自題："十二銅盤照夜遙，碧桃紗護洛城嬌。最憐興慶池邊影，一曲春風憶鳳簫。二種牡丹用北宋徐崇嗣法。"鈐"壽平"（朱文）、"惲正叔"（白文）。乾隆題七言詩："白如素練體勝弱，紅似頹顏酒中微。設使嫏嬛竟相匹，趙飛燕瘦太真肥。"鈐"中和"（朱文）。

第六開　蘭花蝴蝶花。自題："國香春靄。"鈐"壽平"（白文）、"正叔"（朱文）。乾隆題七絕："幽谷無人鳥不喧，蘭叢蝴蝶一雙翻。畫家解作龍門傳，彷彿莊周晤屈原。"收藏印"臣龐元濟恭藏"（朱文）、"玉齋"（朱文）。

第七開　夜雨初霽。自題："夜雨初霽，曉煙欲出，其象若此，用米元暉語題方壺煙雨景。"鈐"園客"（朱文）、"壽平印"（白文）。乾隆題七絕："綿雨溪村夜正瞑，輕煙水閣曉猶遮。瀟湘欲霽依稀是，不辨方家與米家。"鈐"席上珍"（白文）。收藏印"臣龐元濟恭藏"（朱文）、"玉齋"（朱文）、"五福五代堂寶"（朱文）。

題文"米元暉"即米芾之子，名友仁，字元暉。與米芾稱大小米。擅用水墨作雲煙山水，風格獨特，自成一派。"方壺"即方從義，字無隅，號方壺，山水多師米芾。

第八開　菊花。自題："黃鵝初試舞衣裳，耐得秋寒鬥曉妝。一片綠濤雲五色，更疑巖電起扶桑。臨趙昌絹本。"鈐"壽平"（朱文）、"園客"（朱文）。乾隆題詩："露玉風金景已淒，秋英耐可爛高低。微嫌五色錯如錦，陶令能無目欲迷。"鈐"叢雲"（朱文）、"八徵耄念之寶"（朱文）。收藏印"元濟恭藏"（朱文）、"玉齋"（朱文）。

第九開　墨筆喬柯急澗。自題："喬柯急澗，唐解元有此景，因仿其意，京口山樓待風，觀六如卷，筆墨靈逸，李唐刻畫之迹為之一變，洗其勾斫，煥然神明，當使南宋諸公皆拜牀下。惲壽平。"鈐"叔子"、"壽平"（朱文）。乾隆題七絕詩："喬柯嶵嵲臨急澗，澗水鐘籠漱趾哀。設使不經裁作笛，即今誰識馬融才。"鈐"幾暇怡情"（白文）。

文）、"得佳趣"（白文）。收藏印"元濟恭藏"（朱文）、"玉齋"（朱文）。

第十開　溪山行旅。右上自題："溪山行旅，摹北苑半幅圖。"鈐"南田"（白文）。右下自題："文待詔云：人間無北苑畫止。家藏半幅，即溪山行旅圖也。此幀後歸董文敏。乙卯十月在蕪城客舍背臨，毘陵惲壽平。"鈐"壽平"（朱文）、"叔子"（朱文）。乾隆題詩："參天石壁下臨澗，棧道盤旋策蹇驢。可識溪山才半幅，淒涼旅況貌無餘。庚寅秋日御題。"鈐"古香"（白文）、"太上"（朱文）、"古稀天子"（朱文）、"乾隆鑑賞"（白文）、"壽"（白文）、"三希堂精鑑璽"（朱文）、"宜子孫"（白文）。收藏印"臣龐元濟恭藏"（朱文）、"譚氏區齋書畫之章"（朱文）、"王南屏印"（白文）、"玉齋"（朱文）。

題文中"文待詔"即文徵明。五十四歲由諸生被舉薦為翰林待詔，故稱文待詔。明代中期著名書畫家。"董文敏"即晚明著名書畫家董其昌，謚號文敏，故稱董文敏。

圖126

惲壽平　一竹齋圖卷

本幅另有楊瑀題詩："嶻谷淇園迹已陳，茅齋獨對雨痕新。莫嫌特立長無偶，高節如君有幾人，楊瑀。"鈐"雪臣"（白文）。濟永題詩："蕙茝紛紛入楚辭，誰云植物木無知。不須負笈尋千里，勁節虛心自得師。生菴濟永草。"鈐"牛"、"庵"（聯珠朱文）。蔡元宸題詩："結廬何必絕塵區，廓爾神清與俗殊。坐對亭亭一竿玉，道心無疑豈嫌孤。蔡元宸題贈叔氏英書。"鈐"子猷"（朱文）。收藏印"韻初心賞"（朱文）、"壺公心賞"（朱文）。"壺中墨緣"（朱文）。"澍"（朱文）、"虛齋審定"（朱文）、"萊臣心賞"（朱文）、"虛齋至精之品"（朱文）等。前顧苓引首"一竹齋"隸書。戴熙篆書題簽"一竹齋圖"。汪洵篆書題簽"南田草衣一竹齋圖"。

本幅卷後自題："宋時許洞所居必埴一竹，以表特立之操。吾友唐子若營慕一竹之風標，宗其高寄而以名齋，屬吳門顧處士云美刻印。已云美過毘陵，復以漢隸題額，暇則又乞余製圖。或曰：'唐子所居未嘗種竹也，而何以圖為？'唐子曰：'予寄情於是，有顧處士之篆與題額，又得君之圖，而予胸中之一竹不待種而已亭亭獨立，千尺琅玕，脩然在目矣。'余善其言，因為圖並題詩呈笑：碧雨聲中度此生，高風孤竹寄閑情。他時若奏咸池樂，截取瑤簫作鳳鳴。南田同學弟壽平。"鈐"壽平"（朱文）、"惲正叔"（白文），引首印"南田小隱"（白文）。又自題："一竹齋圖已成，正欲款題，忽有婁東故

296

人至,不得不周旋,圖後數行正須澄心靜氣為之,明晨遣使來取何如?若老道兄大人,小弟格頓首。"卷後問松道者崇原今釋、陸粲、卞時鈗、惲鶴生、宗元豫、惲宸、徐枋、華元訥、李顥、張廷濟、蔣寶齡、戴熙題跋。

圖*128*

惲壽平 花卉圖冊

第一開 杏花。自題:"觀六如居士水墨本,率意潦草,不為工麗,只數點墨耳,飄飄有凌雲之氣,因以淡色摹寫,聊與賞音發笑。丁卯春南田壽平。"鈐"園客"(白文)、"壽平"(白文)。

第二開 月季花。自題:"花備四時氣,香從研北來。庭梅休笑我,雪後亦能開。宋人月季花圖紈扇本。"鈐"壽平"(朱文)、"惲正叔"(白文)。

第三開 鳳仙花。自題:"奇草何須問十洲,吹簫人憶舊珠樓。雙飛月夜騎鸞女,曾染紅雲在指頭。雲溪壽平。"鈐"南田草衣"(白文)、"壽平"(朱文)。

詩中"十洲"即仇英,字實父,號十洲。明代著名畫家,擅山水人物,刻畫精細,色彩富麗。

第四開 魚藻。自題:"波光漾菱絲,鷗鷺不能下。借問觀濠人,誰是忘機者。可是垂綸處,圖懸想象中。還疑渭水上,留夢待非熊。臨范安仁魚澡圖,雲溪壽平。"鈐印"壽平"(白文)、"園客"(白文)。收藏印"子受"(白文)、"正學長樂"(白文)。

題文中"范安仁"即宋代寶祐間畫院待詔,俗稱范癲子,錢塘(浙江杭州)人,善畫魚。"非熊"即呂尚,周代東海人,文王將出獵,卜之言:"非龍非彲,非熊非羆,所獲者霸王之輔。"過渭水之陽得呂尚,後輔武王滅紂。

第五開 紫薇花。自題七絕詩:"綺雲遐想在弦琴,醉擁千花聽夜吟。乘興定翻新樂府,紫薇花月閉門中。山堂薇花香滿,鶴翁月夜高吟,在紫雲深處,令人作天際真人想。壽平。"鈐印"叔子"(朱文)、"壽平"(白文)。收藏印"陳子受珍藏"(白文)。

第六開 海棠花。自題:"瓊花艷雪,臨唐解元,白雪溪漁。壽平。"鈐"南田草衣"(白文)、"惲正叔"(白文)。收藏印"子受祕玩"(朱文)。

第七開 花卉。自題五絕詩:"倩石扶紫雪,穿苔破綠玉。把卷吟春風,身居萬花谷。春風爛熳時,曾於此盤遊,得少佳趣,戲寫一枝,以為吟賞。"鈐"叔子"(朱文)、"壽平"(白文)、"園客"(白文)。收藏印"子受"(白文)。

第八開 臘梅、天竹。自題七絕詩:"應如瑤草愛同岑,不羨靈丘珠樹林。欲借天工驅指腕,枝枝都是歲寒心。寒簷二友圖,丁卯冬日暄和研色得此,雲溪。"鈐"正叔"(朱文)、"壽平印"(白文)、"南田草衣"(白文),引首鈐"吹萬"(朱文)。收藏印"昌伯所得"(朱文)。

圖*132*

惲壽平 花卉山水圖冊

第一開 設色桃花、柳樹。自題:"桃葉柳枝,爭妍弄色。壽平。"鈐"正叔"(朱文)、"壽平"(白文)。

第二開 綠竹蘭石。自題:"曾見管夫人寫綠竹,其甥王叔明畫坡石,最後松雪翁補叢花、苔草,足稱三絕,此景略師其意。"鈐"正叔"(朱文)、"壽平"(白文)。收藏印"虛齋鑑藏"(朱文)、"紫伯"(朱文)。

題文中"管夫人"名道昇,字仲姬,浙江吳興人,元代書畫家趙孟頫的夫人。善畫梅竹蘭,亦工山水。"松雪"即趙孟頫,字子昂,號松雪道人。

第三開 垂柳、半月,魚藻。鈐"正叔"(朱文)、"壽平"(白文)、"南田小隱"(白文)。收藏印"龐萊臣珍賞印"(朱文)、"紫伯祕玩"(朱文)。

第四開 藍牽牛花。自題:"苕華館擬北宋徐崇嗣法。"鈐"南田草衣"(白文)、"壽平"(白朱文)。收藏印"虛齋審定"(朱文)、"紫伯祕玩"(古幣印)。

題文中"苕華館"是惲氏的畫室。

第五開 山水。自題:"痴翁沙磧圖,予每作畫,輒仿此幀,竟未能似也,南田。"鈐"正叔"(朱文)、"壽平"(白文)。收藏印"章綬徵印"(白文)。

第六開 花石蘭竹。鈐"惲正叔"(白文)、"壽平"(白朱文)。收藏印"章綬徵印"(白文)、"虛齋鑑藏"(朱文)。

第七開 水墨米氏雲山。自題五言詩:"旅食緣交駐,浮家為興來。句留荊水話,襟向卞峯開。過刻如尋戴,遊梁定賦枚。漁歌堪畫處,又有魯公陪。雨夜秉燭作米家雲山並臨米書與賞音發笑。"鈐"正叔"(朱文)、"壽平"(白文)。收藏印"龐萊臣珍賞印"(朱文)、"紫伯祕玩"(朱文)。

題文中"魯公"即唐代書法家顏真卿。

第八開　秋海棠。鈐"正叔"(朱文)、"壽平"(白文)。收藏印"龐萊臣珍賞印"(朱文)、"章綬銜印"(白文)、"颿叔珍藏"(朱文)。

第九開　岩石大樹。鈐"叔子"(朱文)、"壽平"(白文)。收藏印"虛齋鑑賞"(朱文)、"章紫伯鑑藏"(朱文)。

第十開　菊花。鈐"惲正叔"(白文)、"壽平"(白朱文)。收藏印"龐萊臣珍賞印"(朱文)、"紫伯祕玩"(朱文)。

第十一開　雪景山水。自題:"山陰夜雪圖,北宋李營丘真迹。董宗伯嘗題營丘大幀詩云:營丘李夫子,天下山水師。縱筆寫寒林,千金難易之。為墨苑所宗如此。"鈐"正叔"(朱文)、"壽平"(白文)。收藏印"紫伯"(朱文)、"龐萊臣珍賞印"(朱文)。

第十二開　雙勾梅花。自題:"春寒金蓓鎖珠樓,蜜剪花房雪未收。自染檀黃厭香粉,不隨明月度羅浮。元人王澹軒有此圖,因仿之。"鈐"南田草衣"(白文)、"壽平"(白朱文)。收藏印"紫伯"(朱文)、虛齋至精之品"(朱文)。

題文中"王澹軒"即王淵,字若水,號澹軒,杭州人,花鳥師黃筌。

圖133

惲壽平　雜畫圖冊

第一開　柳燕。自題:"傍簷愁挂絲絲雨,近水寒拖漠漠煙。雲溪。"鈐"壽平之印"(白文)、"南田草衣"(白文)。收藏印"邦達審定"(白文)。

第二開　梅花。自題:"古梅如高士,堅貞骨不媚,一歲一小劫,春風醒其睡。師模楊補之,不學元章法。白雲外史壽平。"鈐"壽平"(朱文)、"惲正叔"(白文)"吹

萬"(朱文)。收藏印"陳子受家珍藏"(朱文)、"徐邦達珍賞印"(朱文)、"吳雲平齋過眼金石文字書畫印"(白文)。

第三開　牡丹。自題:"何須更覓臙脂水,獨賞天真尚有人。文待詔墨牡丹在元人王元章、若水、孤雲之上,因仿之。壽平。"鈐"園客"(白文)、"壽平"(白文)。收藏印"徐邦達"(白文)、"心遠草堂"(朱文)。

第四開　魚藻。自題:"荇帶菱絲,蘋灘花港,輕鯈泳游。宛有濠濮間趣。雲溪。"鈐"壽平印"(白文)、"正叔"(朱文)。收藏印"徐高"(白文)。

第五開　葡萄。自題:"臨溫日觀長卷一角。"鈐"壽平之印"(白文)、"正叔"(朱文)、"白雲外史"(朱文)。收藏印"心遠居士"(朱文)。

第六開　墨竹。自題:"綠雲凝不散,蕭颯如有聲。手揮青鸞尾,乘月坐吹笙。雲溪漁父。"鈐"南田草衣"(白文)、"壽平"(朱文)。收藏印"邦達審定"(白文)、"金石壽世之居"(白文)。

第七開　古松。自題:"盤空鱗甲驪龍舞,一半遮藏在白雲。臨巨然古松一角。"鈐"壽平印"(白文)、"正叔"(朱文)、"白雲樓"(白文)。收藏印"邦達審定"(白文)、"心遠草堂"(朱文)、"徐懋勳鑑藏印"(朱文)、"吳雲平齋"(白文)。

第八開　荷花。自題:"笑㪠金叵羅,燈前一放歌。偶然狂興發,潑墨點風荷,白雲外史。"鈐"南田草衣"(白文)、惲正叔"(白文)、"以當萬舛"(朱文)。收藏印"徐邦達珍賞印"(朱文)、抱罍子"(朱文)。

第九開　桂花。自題:"金井涼如水,身疑踏月輪。吳剛曾似我,還守桂華根。白雲外史。"鈐"壽平"(朱文)、"惲正叔"(白文)、"以當萬舛"(朱文)。收藏印"子受祕玩"(朱文)、"徐邦達"(白文)。

第十開　菊蘭。自題:"蘭有秀兮菊有芳,懷佳人兮不能忘。白雲外史擬圖。"鈐"壽平印"(白文)、"正叔"(朱文)、"南田小隱"(白文)。收藏印"漢梁王相同後"(白文)、"徐邦達"(白文)、"師酉二朗之齋"(朱文)等。